경영과학의 이해와 활용

• 이 저서는 2016학년도 동의대학교 교내연구비에 의해 연구되었음(201600760001).

경영과학의 이해와 활용

Understanding &
Applications of
Management Science

양정식 지음

율곡출판사

들어가는 글

Preface

제2차 세계대전 이후 기업 활동에 관련된 문제를 해결하기 위하여 운영연구가 도입되고 사용된 지 거의 70여 년의 성상이 흘렀다. 운영연구의 수학적 방법론이 기업문제의 해결에 사용되어 많은 성과를 거두자 운영연구자들이 대거 기업으로 이동을 하였고, 아울러 대학에서도 도입되고 연구되기 시작하였다. 이후 기업과 대학에서 운영연구의 여러 방법론들이 경영문제의 분석과 해결에 사용되었고, 경영학 문제해결의 기본 패러다임으로 공인되면서 경영학을 경영과학으로 부르고 있다.

1950년대 중반부터 1990년대 말에 이르기까지 전 세계 대학에서 경영과학이라는 이름으로 학과가 생기거나 기존 경영학과에서 경영과학을 강의하고, 경영과학의 다양한 성과에 대한 연구와 보고서가 간행되어 왔다. 1980년대 이후부터 우리 대학에서는 경영과학을 경영학의 필수교과목으로 지정하였고 학생들은 경영과학을 필히 이수해야 했다. 그런데 최근에 들어서는 각 대학에서 필수교과목에서 빠지거나 선택과목으로 전환되고 있고 심지어는 개설도 되지 않는 학교도 생겨나고 있다.

경영과학은 경영학을 학문의 영역으로 승격시킨 주요 도구라는 인식과 가치를 설명하지 않더라도 그 중요성은 아주 크다. 과거와 달리 경영의 문제는 규모와 복잡성에 있어 엄청난 변화를 보이고 있다. 그러기에 이러한 문제에 대한 최적해를 구하는 절차는 의사결정자의 개인적 · 주관적 판단에 의존하기에 그 위험이 너무 크다. 문제의 속성에 따라 여러 대안을 설계하는 것도 어려울 뿐만 아니라 각 대안들의 해를 구하고 이를 평가하는 것도 엄청난 시간과 비용을 초래한다. 어떤 문제는 수작업으로 한다면 평생을 풀어야 할지도 모른다.

경영문제의 해를 구하는 방법은 공정하고 객관적이어야 한다. 문제를 해결하는데 필요한 데이터와 이를 처리할 수 있는 적정 모델의 구축 그리고 데이터와 모델을 이용하여 적정 해를 구하고, 이들 간의 비교 평가를 통하여 최적해를 찾는 것이 중요하다. 이와 함께 이를 기업 활동에 관련된 현실문제의 해결책으로 해석하는 것도 아주 중요한 절차이다. 이러한 문제에 가장 적합한 최상의 방법이 경영과학의 활용이다.

경영과학은 기업문제에 관련된 다양한 의사결정에 필요한 수리모델과 이를 통해 해를 구하는 절차를 제시하고 있다. 기업이 직면하는 주요한 문제들은 현재의 기업 활동에서 발생한 것도 있지만 대부분 미래의 기업 활동에 관련된 것들이다. 따라서 이러한 문제의 최적해를 찾는 과정에서 사용되는 데이터는 주로 과거 데이터와 현재의 데이터이다. 그렇기 때문에 경영과학의 제 모델의 분석과 처리를 통해 얻게 되는 최적해는 미래에 반드시 그렇게 발생할 것이라고 단정지을 수 있는 것은 아니다. 이것은 반드시 감수되어야 하는 의사결정에 따른 불확실성이다. 그렇지만 위의 방법보다 미래의 불확실성에 따른 리스크를 더 최소화하는 방법은 아직 없다.

최근 의사결정에서 사용되는 모델은 어느 하나라고 단정지을 수 없다. 때에 따라서는 다양한 모델들을 함께 통합하여 사용한다. 그리고 이를 가능하게 하는 것은 정보기술이다. 엄청난 하드웨어의 발달도 이에 기여하지만, 중요한 것은 많은 경영과학 기법들이 컴퓨터를 통한 활용을 위해 다양한 솔루션으로 개발되었다는 것이다. 예를 들어 저렴한 비용과 손쉬운 방법으로 데이터를 입력하고 검색하며, 심지어 이를 처리하는 기능을 가진 엑셀(EXCEL)의 활용은 경영과학의 해를 구하는 절차를 쉽게 확인할 수 있게 한다.

경영과학은 컴퓨터의 사용과 떼려야 뗄 수 없는 관계를 가진다. 그렇기에 대부분의 경영과학 교과서는 컴퓨터를 통한 문제처리 과정을 기본적으로 담고 있다. 그런데 이러한 과정에 필수적인 사항은 수강하는 학생들의 컴퓨터 활용능력이 뛰어나야 한다는 것이다. 그렇지 않다면 경영과학 수업은 컴퓨터 실습으로 끝날 가능성이 있다. 경영과학 수업에서 경영과학의 수많은 기법들을 학습하고 이해하며 활용할 수 있으려면 많은 문제들을 직접 계산하고 풀어봐야 한다. 현재의 교과과정에서 경영과학의 원리를 이해하고 컴퓨터를 활용한 최적해 구하기 실습을 병행한다는 것은 어려울 것 같다.

본서는 경영과학이 무엇이며, 경영과학을 통해 기업이 당면하고 있는 문제를 해결하기 위하여 어떻게 접근해야 하고, 이러한 과정을 통해 구해진 결과를 이해하고 사용할 수 있도록 현실구조 속에서 이를 해석하는 절차를 전달하기 위하여 서술되었다. 따라서 경영과학의 개념화에 많은 비중을 두고 접근하였으며, 다양한 많은 모델들을 설명하기보다는 사용빈도가 높은 기법들을 중심으로 원리와 다양한 예제를 제시하고 해를 구하는 절차를 상세하게 제시하였다. 컴퓨터를 이용한 문제해결 솔루션에 대한 설명은 본서에서 제외하였다.

본서는 가능한 1학기 교과과정 내에서 경영과학의 기본을 이해하고 학습하는데 필요한 최소한의 분량과 내용만을 다루려고 했다. 최근 경영수학을 개설하지 않는 대학의 수가 점점 많아지고 있는 실정을 고려하여 행렬의 원리와 활용을 본서에 포함시켰다.

끝으로 본서가 나오기까지 오랜 시간 인내하며 본서의 탈고를 기다려준 율곡출판사 모든 분들에게 감사드린다.

2016년 8월

엄광산 자락에서

저자 씀

차 례
Contents

제3장 행렬

제4장 선형계획법

제5장 수송모형

제6장 네트워크 모형 : PERT/CPM

제7장 마아코프 분석

제8장 의사결정 이론

chapter 1

경영과학이란?

본 장은 경영과학에 대한 이해를 돕기 위하여 경영과학의 태동과 발전 및 특징들을 살펴보고, 경영과학이 경영학 교육에서 중요한 이유와 경영과학에서 제공한 기법과 도구들이 기업경영의 어떤 측면에서 도움을 주는지를 설명하고 있다. 그러면서 현실 문제의 해결을 위한 최적해를 찾는 절차에 대한 경영과학 접근법을 설명하기로 한다.

1.1 경영과학의 정의와 특성

경영과학이 무엇이며 경영과학은 무엇을 위해 사용될 수 있는지를 설명하기에 앞서 먼저 경영이라는 개념을 간략히 살펴보자. 경영(management)은 자원(사람, 돈, 에너지, 자재, 공간, 시간)을 사용하여 조직의 목표를 달성하기 위한 프로세스이다. 경영자가 직무를 성공적으로 수행했는가의 여부는 조직의 투입과 산출물의 비율로 측정되어진다. 이러한 비율은 조직의 생산성을 나타낸다.

생산성은 조직과 조직 구성원의 건전성을 나타내기 때문에 조직의 주요 관심사이다. 생산성은 또한 국가 수준에서 가장 중요한 이슈들 중의 하나이기도 하다. 국가의 생산성은 모든 조직들과 개인들의 생산성의 합이며 생활수준과 고용률, 국가의 경제적 상태를 결정한다. 생산성 수준 혹은 경영의 성공적 이행은 기획과 조직화, 지휘 및 통제와 같은 특별한 관리 기능의 실행에 의존한다. 이러한 기능들을 수행하기 위하여 경영자들은 지속적인 의사결정 과정에 참여한다. 따라서 경영은 수많은 의사결정들과 동일한 것으로 간주된다.

여러 해 동안 경영자들은 의사결정을 장기간 동안의 경험(시행착오를 통한 학습)을 거쳐 획득되는 재능(talent)과 같은 순수한 기예(art)로 간주하였다. 왜냐하면 다양한 개개인의 스타일들이 실제 기업실무에서 관리적 문제들에 접근하거나 성공적으로 해를 구하는데서 사용되어질 수 있기 때문이었다. 이러한 스타일들은 체계적인 분석기법이라기보다는 차라리 생산성, 판단, 직감에 종종 의존하기도 한다.

그러나 경영을 반드시 필요로 하는 환경은 변화하고 있다. 기술적인 진보는 우리들의 삶의 속도를 나타내고 있으며 이러한 기술에서의 진보는 경영시스템의 동시적인 발전 없이는 만들어질 수도 지속될 수도 없다.

중소기업이나 대기업의 도산의 이유를 조사해 보면 도산은 하나의 잘못된 의사결정의 결과라는 것을 종종 발견하게 된다. 1970년대와 80년대 초우량기업으로 등장한 미국의 이스트만 코닥사, 모토롤라, 제록스와 같은 기업은 어느 기업들보다도 많은 혁신과 변화를 주도해 왔지만 한순간의 전략적 판단의 미스는 기업의 존폐에 영향을 끼쳐 이제는 역사 속의 기업으로 이름만 남기고 있다. IBM사는 이와는 조금 다른 경우이지만 역시 컴퓨터 하드웨어의 최고 강자로 전 세계를 휘어잡았지만 IT의 변화추세를 간과하다가 전략적 의사결정의 잘못으로 하드웨어의 강력한 위치는 이미 다른 회사로 넘어가고 이제는 소프트웨어를 기반으로 하는 IT 서비스업체로 명맥을 유지하고 있다. 일본의 SONY도 비슷한 경험을 하고 있다.

오늘날 경영과 경영환경은 과거 어느 때보다도 훨씬 복잡하며 지속적으로 복잡성은 증가할 것이다. 오늘날의 의사결정은 세 가지 이유로 과거의 의사결정보다 훨씬 더 복잡해지고 있다. 첫째, 대안의 수가 훨씬 많아졌다. 둘째, 의사결정의 결과는 증가하는 불확실성 때문에 예측하기가 더욱 어려워졌다. 끝으로, 의사결정의 판단 미스로 인한 비용이 과거 어느 때보다도 더욱 커져가고 있다. 의사결정의 실수로 인한 영향이 얼마만큼 기업에게 심각한지를 보여줄 수 있는 사례를 미국 폴로라이드 사의 경우로 살펴보자.

1970년대 초 폴로라이드의 경영진은 새로운 카메라 SX-70을 개발하는데 수백만 달러를 투자했다. 카메라에 대한 필름을 판매하여 거대한 이익의 창출에 대한 기대감이 거대 투자를 정당화하였다. 그런데 1975년 7월 2일 미국 다우존스 산업지수는 거의 16포인트나 곤두박질쳤고 연중 최저인 790에 마감되었다. 하락을 가져온 주요 이유는 고가의 대형주인 폴로라이드의 몰락이었다. SX-70 필름의 판매는 회사 전체 판매예상의 3분의 1로 떨어졌고, 그 여파로 주가가 32% 하락하였으며 하룻밤 사이 3억6천만 달러 이상의 폴로라이드 주식의 가치를 감소시켰다. 비록 폴로라이드가 파산을 신청하지는 않았지만 그 영향이 너무 커서 수입은 수년에 걸쳐서 곤두박질쳤다.

이러한 추세와 변화의 결과는 기업경영에 특별히 주요한 요소들을 포함한 문제의 의사결정에서 최적해를 구하기 위하여 시행착오 접근법의 사용을 아주 어렵게 만들고 있다. 경영자는 반드시 점점 더 정교해져야 하며, 경영영역에서 발전되어 온 새로운 도구들과 기법들을 학습해야 한다.

경영과학의 정의

경영과학이 무엇인가에 대한 정의를 살펴보면 다음과 같은 고전적인 2개의 정의가 있다.

1. 경영과학은 문제의 해를 구하는 활동을 통제 하에서 시스템의 운용을 포함한 과학적 방법, 기법, 도구들을 응용하여 최적해를 구하는 활동
2. 경영과학은 거대하고 복잡한 조직이나 활동들의 운용 연구에 과학적 방법을 적용하는 것

본서에서는 경영과학을 **관리적 의사결정 문제의 분석과 솔루션에 대한 과학적 방법의 적용**이라고 정의한다. 경영과학은 종종 운영연구, 운영분석, 계량분석, 계량적 방법, 시스템 분석, 의사결정 분석 등의 이름으로 사용되기도 한다. 그렇게 많은 이름이 있는 이유는 각 이름과 관련된 전문적인 소사이어티를 대부분 가지고 있고 각 영역이 다른 소사이어티에 비하여 상대적으로 새롭다고 인식하고 있으며 각 영역이 포함하고 있는 지식의 체계에 대해 통일을 위한 일반적인 합의가 없기 때문이다.

경영과학이라는 개념은 관리적 문제의 분석에 계량기법들을 채용하는 의사결정과 아주 밀접하게 연관이 되어 있고, 방법론의 기초가 되는 수학의 연구와 개발을 표시하기 위하여 운영연구(operation research)라는 이름이 전형적으로 사용된다.

경영과학의 특징

경영과학의 주요 특징들은 다음과 같다. 이들 특징들은 모든 경영과학 과제들을 해결하는 과정에서 정도의 차이는 있지만 종종 발견된다.

1. 관리적 의사결정이 주요 관심영역
2. 과학적 접근법을 채택
3. 시스템 관점으로 문제와 해를 조망
4. 학제적인(interdisciplinary) 프레임워크를 활용
5. 공식적인 수리모델에 의존
6. 컴퓨터의 광범위한 사용

경영과학의 도구와 기법

경영과학의 도구와 기법들은 경영과학의 특성들로부터 발전해 왔다. 경영과학자들은 문제를 진단하고 솔루션을 제안하며 때때로 솔루션을 실행하기 위하여 방문하는 스탭 지원가(staff assistant) 또는 컨설턴트의 역할을 수행한다. 경영과학자들은 문제를 분석(진단)하고 문제의 미래 진행을 예측하며 최상의 처방(솔루션)을 제안하는 것을 가능하게 하는 도구를 가지고 작업한다.

관리적 의사결정 문제들의 일부는 아주 표준화(구조화)되어 있다. 예를 들면 재고의 부적절한 수준과 관련된 문제들은 이미 표준화되어 있고, 이들 표준화된 문제들은 표준화 도구를 이용하여 해결된다. 특정 유형의 자원 할당문제를 해결하기 위하여 선형계획이라 불리는 도구들이 개발되었다. 더 복잡한 할당문제들을 해결하기 위하여 정수계획법이나 동적계획법이라 불리는 도구들도 개발되어 사용되고 있다.

이러한 도구에 추가하여 경영과학자들은 다른 원리들로부터 빌려온 표준 도구들을 또한 사용한다. 예를 들면 제안된 솔루션들 사이에서 유의한 차이를 결정함에 있어 통계적 도구들이 사용되며 계획한 처리 결과를 예측하는데 있어

예측모델(forecasting model)이 사용된다. 비슷하게 계량경제 모델, 재무, 마케팅 그리고 조직행동 모델들이 분석을 위해 종종 통합되어 사용되기도 한다. 끝으로 복잡한 문제해결을 위하여 경영과학자들은 특별한 도구를 만들기도 한다. 경영자는 반드시 이러한 도구들을 인지해야 하고 그들 중 일부를 어떻게 사용하며 해석해야 하는지 그리고 언제 전문가들에게 자문을 구해야 하는지를 알아야 한다.

경영과학의 사용 범위와 한계

경영과학의 사용을 통해 조직이 얻는 이익의 증가나 비용의 감소 그리고 사용 범위에 관한 많은 논문들과 보고서 그리고 서적들이 경영과학이 도입된 이후 70여 년이 지난 지금까지 계속 간행되고 있다. 경영학회에서는 경영과학의 도입 초기부터 경영과학을 사용하는 기업들을 선정하여 실증적으로 개선과 이익 그리고 비용절감 부분에 대한 조사를 하고 이를 발표하고 있다. 이를 보면 모든 기업이 긍정적인 성과만을 거둔 것은 아니지만 대다수의 기업이 경영과학의 기법들을 의사결정에 활용하거나 관리활동에 적용함으로써 적용 이전보다 상당한 이익을 거두고 있는 것으로 조사되었다.[Forgionne, 1983]

경영과학 기법들을 사용하는 기업들의 실증조사에 의하면 경영과학 기법들 중에서 가장 많이 사용되는 것은 시뮬레이션과 PERT/CPM, 그리고 선형계획법인 것으로 나타났다.[Shannon, 1980 ; Morgan, 1989] 그리고 조사 기업들은 경영과학의 사용에 만족을 나타내고 있지만 일부 기업들은 이론과 현실의 차이에 대한 불만족도 있음을 보여주고 있다.

경영과학은 다른 어떤 관리 도구처럼 좋은 경영을 대체할 수 있는 것은 아니다. 경영자들은 여전히 무엇에 투자할 것인가, 계량화될 수 없는 요소들에 대하여 무엇을 해야 하는가, 과학적 분석의 결과를 어떻게 해석할 것인가를 결정해야 한다. 경영과학의 성공적 적용을 위해서는 유능하고 좋은 자질을 갖추며 경험이 많은 인력의 도움이 필요하며 많은 시간과 돈이 든다. 경영과학을 사용하여 그 어느 때보다도 획기적인 의사결정을 이루려고 하거나 부정확한 데이터나 부적절한 모델을 사용한다면 단순히 개인적인 직감에 의존하는 판단을 할 때 보다 더 큰 비용을 지불할 수도 있음을 잊어서는 안 된다.

경영과학은 기업에게 잠재적인 이익을 제공한다고 보증할 수 없다. 그러나 시간과 노력 그리고 비용 측면에서 가치가 있는 투자이다. 경영과학으로부터 얻을 수 있는 이익과 한계를 제시하면 다음과 같다.

이익(benefit)	**한계**(limitation)
• 의사결정에 체계적이고 논리적인 접근법을 제공 • 다양한 영역에서 전문가의 컨설팅을 통해 조직내부와 커뮤니케이션을 지원 • 대안들의 많은 옵션에 대한 충분한 분석을 허용 • 불확실한 상황의 평가가 가능 • 의사결정의 효과성 증대 • 빠르게 가능한 최상의 해를 확인 가능 • 많은 수의 대안들을 빠르면서 저렴하게 검사 가능 • 의사결정자가 주어진 문제를 해결하기 위해 얼마나 많은 데이터를 모아야 하는가를 지원 • 모델을 통한 실험이 가능하며 실제 실험 동안 실수로 인한 비용을 제거 가능	• 시간이 소요 • 의사결정자가 채택하기 어렵다. • 불확실성의 평가를 얻기 어렵다. • 때때로 현실을 너무 단순화한 모델을 사용한 의사결정을 평가한다. • 문제의 크기에 비하여 상대적으로 수행비용이 비싸다. • 여러 가지 이유로 연구결과가 묵살되기도 하여 비생산적인 비용이 발생한다.

경영과학의 사용 분야

기업 활동에서 경영과학을 이용하여 직면하고 있는 많은 문제들의 해를 구하거나 개선시킬 수 있다. 이러한 영역들을 제시하면 다음과 같다.

- 재고관리, 설비설계, 제품배합(product mix) 결정, 수송계획, 정보시스템 설계, 희소자원의 배분, 새로운 설비에 대한 투자결정, 생산에서 사용할

기계 설정문제

- 품질관리결정, 신제품 의사결정, 프로젝트 관리, 일정계획과 순서결정
- 포트폴리오 분석(증권), 흡수-성장 분석(merger-growth analysis), 판매력 확충계획, 시장연구분석, 유전탐사결정, 가격정책수립, 유통문제, 인력계획과 통제 결정, 신용정책 분석, 연구개발 효과성 분석

1.2 경영과학의 발전

경영과학이 언제 시작되었는가를 이야기하는 것은 어렵다. 경영에 대한 과학적 접근법은 산업혁명 시대나 혹은 그 이전의 시대로 거슬러 올라가야 한다. 테일러(Frederick w. Taylor)는 과학적 관리법을 창시하고 산업공학의 시작을 열었다. 그 비슷한 시기에 수리모델을 사용하여 경영문제 해결에 많이 기여한 연구들을 살펴보면 대기라인 문제를 해결한 엘랑(Erlang)의 연구, 전쟁게임에 관한 란체스터(F. Lanchester)의 연구, 경제적 주문량 공식으로 재고관리를 발전시킨 해리스(F. W. Harris)의 연구가 있다. 영국과 미국에서 경영과학이 그 자체의 독립된 원리들을 구축하기 시작한 것은 제2차 세계대전 이후였다.

독일의 프랑스 침공으로 시작된 유럽의 전란은 제2차 세계대전으로 확대되었고, 이후 독일에 의한 영국에 대한 공습공격과 그 후 무차별적인 해상공격은 영국과 미국을 중심으로 하는 연합국의 대응을 촉발시켰다. 영국과 미국 정부는 기술적으로 훈련된 전문가들과 민간 연구자들로 팀을 구성하여 난감한 전략과 전술문제를 해결하는데 있어 전장의 지휘관을 지원하며, 전시자원을 효율적으로 사용하는 군사작전(military operation)의 효과를 극대화하는 연구(research)를 수행하게 하였다. 일련의 연구팀들은 그들의 정상적인 전문 역량으로부터 문제를 해결하는 것을 알게 되었다. 그들은 전자학에서의 문제를 시험하기 위하여 생물학자에게 질의하였고, 분자의 운동이라기보다 사람의 움직임 견지에서 생각하기 위하여 물리학자에게 문의하였으며 군인들의 생존기회를 높

이기 위하여 확률이론을 적용하기 위해 수학자에게 물었다. 화학문제가 아닌 시스템의 균형을 연구하기 위하여 화학자에게 질의하였다. 전문가 팀은 복잡한 군사시스템의 비용과 효과성을 평가하기 위한 문제에서부터 대잠수함 전투에 부과된 깊이의 최적 배치 문제에 이르기까지 여러 문제들을 연구했다. 이들의 연구활동을 운영연구(operation research)라고 지칭하였다.

운영연구는 제2차 대전 후 70여 년의 기간 동안 모든 산업과 서비스 영역까지 확장을 포함하여 기법들의 극적인 발전과 개선을 가져왔다. 게다가 경영과학에 의해서 공격받았던 관리적 문제의 복잡성도 과거보다 더욱 증가하였으나 시뮬레이션 기법과 같은 거대하고 효율적인 접근법 이용과 컴퓨터의 도움으로 신속하고 정치한 해를 얻을 수 있게 되었다.

1970년대 경영과학의 활용은 범죄의 정의, 건강보호, 교육과 같은 거대하고 사회적인 그리고 도시 시스템으로 확장되었다. 1980년대에는 새로운 차원이 시작되었는데 경영과학 속에 경영정보시스템이 통합되었다. 이러한 통합은 의사결정지원시스템(DSS)이라는 급격히 발전하는 영역에서 일어나고 있었다. 끝으로 데이터 마이닝을 위한 다양한 분석기법과 딥 러닝(deep learning) 기법의 개발과 함께 인공지능 영역에서 최근의 발전은 경영과학자와 실무자들에게 강력한 분석적인 도구를 제공하고 있다.

1.3 관리적 의사결정

의사결정 지원을 위한 프레임워크

관리적 의사결정은 2가지 관점에서 접근할 수 있다. 하나는 행동적 관점이고 다른 하나는 의사결정 지원 관점인데 주요 관심사는 후자이다. 의사결정 프로세스를 쉽게 이해하려면 의사결정 지원을 위한 프레임워크가 필요하다. 고리(Gorry)와 스캇-머튼(Scott-Morton)은 의사결정 지원 프레임워크를 제시하였는데, 이 프레임워크는 크게 2부분으로 구성된다. 프레임워크의 전반부는 사이먼

(Simon)의 의사결정 3단계를, 후반부는 앤쏘니(Anthony)의 모델을 통합하여 제시했다.

프레임워크의 전반부는 고도로 구조화된 문제에서부터 고도로 비구조화된 문제까지의 의사결정 프로세스를 보여주었다. 구조화된 프로세스(structured process)는 표준화된 솔루션이 존재하는 일상화된 또는 반복적인 프로세스에 사용된다. 비구조화된 프로세스(unstructured process)는 표준화된 솔루션 방법이 없는 애매모호한 복잡한 문제에 사용된다.

의사결정 문제에 집중하려면 의사결정 프로세스를 이해해야 하는데 이 프로세스는 3단계로 나누어진다.

1. **탐색**(intelligence) : 의사결정을 요구하는 조건을 탐색
2. **설계**(design) : 가능한 활동 과정을 발명하거나 개발 그리고 분석하는 것
3. **선택**(choice) : 가능한 활동 대안들 중에서 하나를 선택하는 것

완전 구조화된 문제는 모든 단계가 구조화된 문제이다. 구조화된 단계는 절차가 표준화되어 있고, 목표가 명확하며, 투입과 산출이 명확히 구체화되어 있는 단계이다. 비구조화된 문제는 3단계 중 어느 하나라도 구조화되어 있지 않은 것이며, 반구조화된 문제(semi-structured problem)는 모두는 아니지만 단계들 중 일부가 구조화된 문제로 정의된다.

구조화된 문제에서 최상의 해를 구하거나 적어도 충분히 좋은 해를 구하는 절차는 알려져 있다. 예를 들어 적정 재고수준을 구하는 문제나 최상의 투자전략을 구하는 문제의 경우 문제해결을 위한 의사결정의 목표는 분명하게 정의된다.

비구조화된 문제의 경우 인간의 직감은 여전히 의사결정의 기본이 된다. 전형적인 비구조화 문제로는 제공할 새로운 서비스를 계획하거나 관리자를 고용하는 문제이다. 구조화된 문제와 비구조화된 문제 사이에 놓이는 반구조적인 문제는 표준적인 해를 구하는 절차와 개인의 판단 모두를 포함하고 있다. 반구조

적인 문제의 예를 들면 채권 거래, 소비재를 위한 마케팅 예산결정, 자본획득분석 수행 등이 있다.

프레임워크의 후반부는 앤쏘니의 분류법(taxonomy)에 의존하고 있는데 모든 관리적 활동을 3가지의 광범위한 카테고리로 분류, 정의하고 있다.

1. **전략계획**(strategic planning) : 장기 목적과 자원할당을 위한 정책
2. **관리통제**(management control) : 조직의 목적을 달성하기 위한 자원의 사용과 획득
3. **운영통제**(operation control) : 구체적인 과업의 효율적이면서 효과적인 실행

앤쏘니와 사이먼의 분류 단계를 결합하여 고리와 스캇-머튼은 [표 1-1]과 같이 9가지 셀로 구성된 의사결정 지원 프레임워크를 제시하였는데 표에서 오

표 1-1. 의사결정 지원 프레임워크

통제유형 / 의사결정 유형	운영통제	관리통제	전략통제	필요한 지원
구조적	미수계정 주문입력	예산분석 단기예측 인적 보고서 제조/구매분석	재무관리(투자) 데이터저장고 입지 유통시스템	경영과학 기타 계량분석
반구조적	생산 스케줄링 재고관리	신용평가 예산준비 설비배치 프로젝트 일정계획 보상시스템 설계	신설비 구축 흡수합병(M&A) 신제품계획 보상계획 품질보증 계획	DSS ES ELS
비구조적	잡지표지 선정 SW 구매 대출 승인	협상 경영자 채용 HW 구매 로비활동	R&D 기획 신기술개발 사회/책임 기획	DSS ES ELS

른쪽 열은 다양한 의사결정을 지원하는데 요구되는 도구들을 가리키고 있다.

의사결정과 지원

관리적 의사결정을 지원하기 위하여 여러 기법들이 개발되었다. 개별적으로 사용되든 통합되어 사용되든 간에 의사결정과학(decision science)의 원칙들을 구축했다. 다양한 도구들에 의해 제공되는 지원의 속성은 [표 1-1]에 제안되어 있는 프레임워크와 관련된다.

구조적 의사결정의 지원 : 특별히 운영통제나 관리통제 수준에서 이들 의사결정들은 계량분석 기법들로부터 지원을 받는다. 구조적 의사결정을 지원하는데 사용될 수 있는 통계나 재무, 회계 그리고 기타 계량모델뿐만 아니라 본서에서 기술하는 경영과학과 같은 많은 도구들이 있다.

반구조적 그리고 비구조적 의사결정 지원 : 고리와 스캇-머튼은 전통적 경영과학과 기타 계량모델들은 이러한 상황들을 해결하는데 불충분하다고 제안한다. 따라서 그들은 지원정보시스템(supportive information system)의 사용을 제안했는데 이를 의사결정 지원시스템(Decision Support System)이라고 불렀다. DSS는 모델을 사용한다. 일부 모델들은 구조적 의사결정문제에서의 모델과 동일하다. 그 외 모델들은 특별히 DSS를 위하여 구축되었다. 이러한 이유로 일부 사람들은 DSS를 경영과학의 도구라고 보지만 그 외 사람들은 경영과학은 DSS의 일부라고 생각하기도 한다. 어려운 문제에 가장 적합한 시뮬레이션 기법은 종종 DSS와 함께 사용된다. 특별히 관리통제와 전략계획에 사용되는 최소 구조적인 문제들은 전문적인 지식을 요구한다. 전산화된 전문기술은 전문가시스템(expert system, ES)에 의해 제공된다.

경영과학 접근법(The Management Science Approach)

경영과학 접근법은 의사결정의 실질적인 부분으로 (1) 측정되어질 현상을 분석하기, (2) 계량적으로 표현되어질 수 있는 관계를 결정하기, (3) 그것의 내적일관성을 실험적으로 검증될 수 있는 인과관계를 결정하기로 구성된다. 따라서 이 접근법의 목표는 가능한 많은 경영 현상들을 표준화된 혹은 구조화된 의사결정 영역으로 가져가는 것이다.

1.4 경영과학과 정보기술의 발전

운영연구가 경영에 도입된 이후 경영과학으로 발전하면서 경영과학 기법도 개선과 발전을 하였고 경영에 관한 의사결정 지원 영역도 점점 확대되어 가고 있다. 이와 함께 정보기술의 발전은 다양한 솔루션의 등장과 함께 의사결정의 정확성과 신뢰성이 더욱 높아지고 있다. 특히 의사결정을 지원하는 목적으로 개발된 의사결정 지원시스템과 전문가시스템은 문제해결에 직접적으로 도움을 주는 다양한 모델의 개발과 활용 그리고 사용자의 정보기술 사용 용이성이 개선되면서 기업의 폭넓은 경영층의 의사결정 기능을 지원하고 있다.

엑셀(EXCEL)을 이용하여 주어진 문제의 최적해를 구하는 것이 시간과 비용 측면에서 계량기법의 이용자에게 큰 이익을 준다. 일부 기법에서 엑셀을 이용한 수식입력이 너무 길어 지루하거나 사용을 어렵게 하는 것도 최근 엑셀QM이라는 스프레드시트의 추가기능의 도입으로 이를 해결하고 있다. 엑셀QM은 사용자들에게 사용하기 쉬운 대화상자나 수식이 입력되어 있는 특별 스프레드시트를 제공하여 엑셀을 이용한 문제해결을 더욱 쉽게 한다. 이러한 연유로 최근 많은 경영과학 관련 교재에서 엑셀을 이용한 문제해결 과정이 교재의 많은 부분을 차지하고 있다.

1.5 본서의 구성

본서는 8장으로 구성된다. 먼저 제1장은 경영과학의 본질과 특징 그리고 활용 영역에 대한 설명으로 이루어진다. 경영과학의 발전과정과 경영과학의 특징들 그리고 경영과학의 효익과 한계를 설명한다. 이와 함께 본서의 전반적인 구성을 설명한다. 제2장은 경영과학의 주요 관심사인 의사결정의 내용과 절차의 설명과 경영과학을 이용한 기업의 문제해결 과정을 설명한다. 이를 통해서 경영과학의 문제해결 프로세스에 대한 학습과 경영과학의 의미와 활용법을 학습하게 된다.

제3장은 경영과학의 기법들을 이해하고 활용하기 위하여 기초 수학부분으로 행렬을 다룬다. 본서에서 행렬은 선형계획법과 마아코프 분석을 이해하는데 필요한 기초수학이다. 행렬 외에 필요한 수학영역으로는 미적분과 통계가 있지만 본서에서는 행렬만 다루기로 한다. 제4장은 선형계획법을 설명한다. 선형계획법은 기업의 의사결정 시 가장 많이 활용하는 계량기법으로 경영의 많은 부문에서 문제해결의 최적해를 구하는데 사용된다. 그리고 선형계획법을 위한 다양한 컴퓨터를 이용한 솔루션들이 출시되어 있어 오늘날 기업의 문제해결을 위해 가장 많이 사용하는 경영과학 기법들 중의 하나이다.

제5장은 선형계획법의 응용영역으로 수송모델을 설명한다. 수송계획 모델은 선형계획법을 이용하여 해를 구할 수도 있으나 수송계획문제에 특화하여 개발된 도구로 간단한 해를 구하는 절차를 통해 최적해를 얻을 수 있기 때문에 많이 사용된다. 제6장은 실질적으로 기업에서 새로운 계획이나 전략 또는 프로젝트를 수행하고자 할 때 의사결정 특히 일정과 비용에 관련된 의사결정 문제의 해결에 최적적인 방법으로 네트워크 분석 또는 PERT/CPM 분석을 설명한다.

제7장은 마아코프 체인 분석 또는 마아코프 프로세스라고 하는 확률적 프로세스 분석기법을 설명한다. 마아코프 분석은 의사결정에 직면하는 불확실성 문제를 설명하기 위하여 확률이론을 도입하고 있다. 제8장은 의사결정 이론을 설명한다. 의사결정론에서는 앞 장에서 설명한 의사결정 문제의 해결기법들 외

에 기업이 직면하게 되는 문제해결을 위해 확률을 이용하거나 의사결정 트리를 이용한 문제해결 절차를 보여준다. 특히 베이스(Bayes) 정리를 이용하여 과거 데이터로부터 산출된 확률이 아닌 좀 더 현실적인 확률(사후확률)을 이용하는 의사결정 과정을 설명한다.

경영과학에 관련된 많은 좋은 도구들과 기법이 있으나 본서에서는 이들 중에서 대체적으로 기업에서 많이 사용되고 있는 기법을 중심으로 이들 기법들의 원리와 활용을 설명하기로 한다. 최근 간행된 경영과학의 도서들을 보면 경영과학 기법의 설명과 함께 컴퓨터를 이용한 해를 구하는 절차를 제시하고 있다. 그런데 문제는 경영과학을 수강하는 학생들이 충분한 컴퓨터 활용능력을 가지고 있어야 한다. 경영과학이라는 1학기 수업으로 컴퓨터의 활용의 이해와 경영과학의 원리의 이해를 함께 하기에는 시간이 턱없이 부족하다. 학생들의 개인 학습으로 남겨놓기에도 다소 문제가 있다. 그렇지만 본서는 경영과학의 본질을 충분히 이해하고 경영과학의 기법과 도구에서 학생들이 무엇을 학습하고 이해해야 하는가에 초점을 맞추기로 하였다. 경영과학의 수업을 통해 기업에서 직면하는 문제를 이해하고, 이를 풀기 위하여 어떤 절차를 거쳐야 하며, 그 과정에서 도움을 받을 수 있는 많은 과학적 방법들이 무엇이며, 이를 어떻게 적용하는가에 대한 이해와 절차를 학습한다면 이보다 더 큰 교훈이 없을 것으로 판단하였다. 그러한 이유로 본서에서는 컴퓨터를 이용한 해를 구하는 방법에 대해서는 설명하지 않았다.

연습문제

01. 경영과학을 정의하고 주요한 특징을 제시하시오.

02. 경영과학을 사용함으로써 얻을 수 있는 이익과 한계점을 설명하시오.

03. 구조적 문제와 비구조적 문제를 비교하여 설명하시오.

04. 의사결정시 경영과학 접근법이란? 이를 설명하시오.

chapter 2

의사결정과 모델링

의사결정은 경영과학에서 가장 큰 관심을 갖는 영역이며 체계적인 프로세스를 가진다. 특히 관리자가 더 나은 의사결정을 하고자 할 때 계량분석 도구를 개발하고 사용하는 것을 가능하게 한다.

본 장에서는 계량분석 도구의 특징과 경영과학 프로세스라고 하는 의사결정 프로세스의 각 단계 및 모델링 작업을 설명한다. 이러한 작업은 경영과학 기법들을 실제 의사결정 문제에 적용하고자 할 때 의사결정자가 사용할 수 있는 문제해결의 기본 단계를 설명하는 것으로 문제 전체의 개념화와 해결과정을 이해하는데 도움을 준다.

2.1 의사결정의 주요 초점

의사결정이란 조직의 주요 목적을 달성하기 위하여 가능한 여러 실행 대안들 중에서 하나를 선택하는 과정으로 기본적인 원리는 사이몬(H. A. Simon)의 의사결정 과정과 유사하다. 사이몬은 관리적 의사결정은 조직의 전체 경영기능으로 기획, 조직화 그리고 통제 기능을 모두 포함하고 있다고 하였다. 기획은 무엇을 해야 하며, 언제, 어떻게, 어디에서, 누구를 위하여와 같은 것을 포함하고 있는 일련의 의사결정이며 그 외 조직화와 통제도 의사결정 프로세스에 포함되어 있다.

의사결정과 문제해결

문제해결을 위한 체계적인 접근법은 문제의 상황과 관계없이 일반적으로 다음과 같이 4단계로 구성된다.

1. 문제를 정의하기
2. 대안 활동과정을 탐색하기
3. 대안들을 평가하기
4. 대안을 선택하기

위의 단계에서 어디까지가 문제해결이며, 어디까지가 의사결정인가에 대하여 다소 혼란이 있을 수 있다. 혹자는 1~4단계가 문제해결 과정이고, 의사결정은 4단계만이라고 주장하며, 혹자는 의사결정을 위의 1~4단계에다 최적안의 실행까지를 포함하여 주장하기도 한다. 그런데 많은 교과서를 보면 일관성 견지에서 의사결정과 문제해결을 서로 구별없이 사용하고 있어 이를 동일한 개념으로 보는 것이 바람직하다.

2.2 과학적 접근법

데카르트의 주장 이후 과학적 접근법은 다음과 같이 6단계로 구성된다[Turban & Meredith, 1991].

1단계 : 분석을 위한 문제가 정의되고 관찰을 위해 조건들이 결정된다.
2단계 : 문제에 포함된 시스템의 행동을 결정하기 위하여 상이한 조건 하에서 관찰이 이루어진다.
3단계 : 관찰에 근거하여 포함된 요인들이 어떻게 상호작용하며, 문제에 대한 최적해가 무엇인가를 서술하기 위하여 가설이 고안된다.
4단계 : 가설을 검정하기 위하여 실험이 설계된다.
5단계 : 실험이 행해지고, 측정치들이 획득되고 기록된다.
6단계 : 실험의 결과들이 분석되고 가설이 채택되거나 기각된다.

그림 2-1 과학적 방법과 의사결정 프로세스의 관계

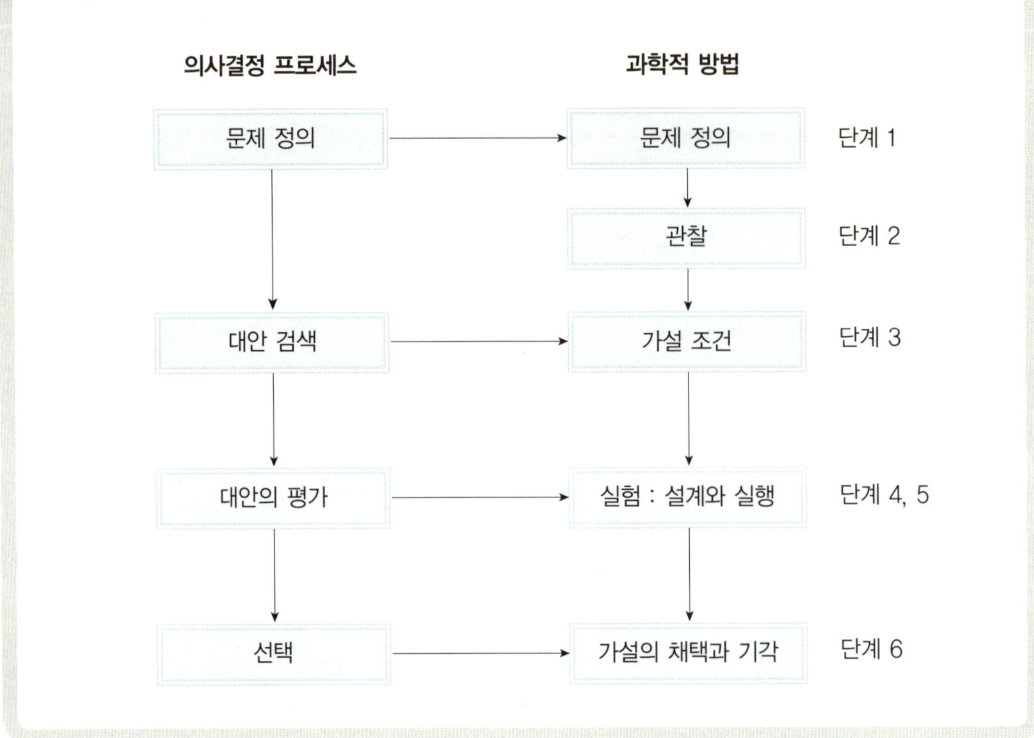

6단계의 과학적 접근법은 의사결정에 적용될 수 있다. 예를 들면 대안의 평가는 실험을 통해 과학적으로 적용된다. 과학적 접근법과 의사결정 프로세스와의 전체 관계는 〈그림 2-1〉에 설명되어 있다. 경영과학은 문제해결을 위하여 과학적 접근법을 채택한다.

조직의 특정 영역에서 이루어지는 의사결정은 특정 영역에 주요한 영향을 끼칠 뿐만 아니라 조직의 다른 영역에도 주요한 영향을 끼친다. 따라서 경영과학은 전체 조직의 관점에서 문제해결을 시도한다. 이러한 접근법을 시스템 접근법 또는 문제해결의 시스템 관점의 적용이라고 한다. 시스템 접근법에서 사용되는 최적화(Optimization)와 부분최적화(Suboptimization)의 개념이 경영과학에서 사용된다. 이를 위해 시스템의 개념과 구성요소 그리고 특징들을 설명해야 하나 이러한 부분은 경영정보시스템(MIS) 과정에서 학습하길 바란다. 다만 경영학 전체에서 사용되는 주요 개념이면서 동시에 경영의 목적이라고 할 수 있는 효과성과 효율성을 설명하면 다음과 같다.

효과성(System Effectiveness)과 효율성(System Efficiency)

효과성은 목적의 달성 정도로 정의된다. 따라서 시스템의 산출물 혹은 결과와 관련되며 성과와 동의어이다. 효율성은 때로는 생산성의 개념과 동일하게 사용된다. 보통 투입 대 산출의 비율과 동일시한다. 효율성을 높이려면 투입을 일정하게 유지하고 산출을 늘리거나, 산출을 일정하게 가정한 후 투입을 줄이는 방법이 있다.

효과성은 종종 효율성과 개념의 혼란을 일으킨다. 효과성은 목적의 달성 정도를 측정하지만 효율성은 조직이 자원을 얼마나 잘 사용했는가를 측정한다. 효과성은 효율성을 필수적으로 의미하지 않는다. 시스템은 시스템의 목적을 달성하기만 한다면 이를 위해 엄청난 비용이 소요되어 비효율적이더라도 효과적일 수 있다. 반면에 시스템은 비효과적이더라도 효율적일 수 있다. 시스템의 목적을 달성하지 못했다고 하여도 자원을 최상으로 사용했을 경우이다.

경영과학은 관리적 의사결정을 개선시키는데 관심을 갖는다. 궁극적으로 최적성(optimality)이라고 불리는 상황인 최고의 생산성을 가져다 주는 의사결정에 도달하려고 한다. 인적 서비스의 제공과 관련된 관리시스템에서 시스템의 효과성과 효율성의 측정은 주요한 관리적 의사결정 문제를 형성한다. 이러한 문제에 포함되는 간접적인 비용과 이익 그리고 종종 계량화할 수 없는 목적의 존재는 문제해결을 어렵게 한다. 이러한 연유로 전기한 시스템에서의 효과성과 효율성을 측정하기 위하여 시스템 분석, 비용-효과분석(cost-effectiveness), 비용-편익분석(cost-benefit analysis), 편익-비용비율(benefit-cost ratios) 등의 이름으로 다양한 방법론들이 개발되어 사용되고 있다.

2.3 모델(models)

모델 특히 수리적 모델의 사용은 경영과학의 핵심이다. 모델은 현실을 단순화시킨 표현 또는 추상적 개념이다. 현실은 너무 복잡해서 정확하게 표현하는 것이 어려울 뿐만 아니라 많은 복잡성은 실질적으로 구체적인 문제에 부적절하기 때문에 보통 단순화된다. 그러나 단순화와 표현의 특징은 현실에서 동시적으로 달성하기 어렵다. 예를 들면 모델은 단순하지만 실제 상황을 표현하는 것은 아니다. 현실을 표현하는 추상의 정도에 따라 다양한 모델(Iconic model, Analog model, Mathematical model)이 있지만 여기서는 수리모델만 설명하기로 한다.

수리모델(mathematical model)

어떤 시스템이든 간에 관계의 복잡성 때문에 물리적으로 표현하기가 어렵다. 혹은 시스템을 물리적으로 표현한다는 것은 시간이 너무 들고 어리석은 일이기도 하다. 따라서 수학의 도움을 받아 좀 더 추상적인 모델을 사용한다. 대부분의 경영과학 분석에서는 수리모델을 사용하는데 그 주요한 이유는 다음과 같다.

1. 모델은 시간을 압축하여 사용한다. 운용시간은 분(minute) 혹은 초(second)와 같은 컴퓨터 시간으로 시뮬레이션 된다.
2. 모델의 조작은 실제 시스템을 조작하는 것보다 훨씬 쉽다. 따라서 실험은 더 쉽다.
3. 시행착오 실험 동안 실수에 따른 비용은 모델에서 수행될 때 훨씬 적다.
4. 오늘날의 환경은 상당한 불확실성을 내포하고 있다. 모델의 사용은 경영자가 의사결정 프로세스에서 리스크의 계산을 가능하게 한다.
5. 모델링 분석 비용은 유사한 실험이 실세계에서 수행될 때보다 훨씬 적다.
6. 모델은 학습을 향상시키고 강제한다.
7. 수리모델을 사용하면 아주 많은 때로는 무한대의 가능해를 분석하고 빠르게 확인하는 것을 가능하게 한다.

2.4 컴퓨터의 사용

많은 관리적 문제들은 복잡하고 문제에 관련된 요인들 간에 상호작용하고 있다. 대안 솔루션을 검색하고 평가하는 것은 엄청난 계산과정을 가져올지도 모른다. 특히 문제해결을 위한 모델이 복잡하면 할수록 더욱 그러하다. 많은 경우에 분석을 위한 계산절차의 수작업은 비현실적이거나 심지어 아예 불가능할지 모른다. 따라서 고속의 계산능력을 가진 컴퓨터의 도움이 있어야 문제들의 해를 구하는 것이 가능하다.

모델의 해를 구하기 위해 필수적인 계산의 실행뿐만 아니라 데이터의 수집과 저장, 검색과 분석을 위해서도 컴퓨터의 사용은 필수적이다. 그래프를 이용한 표현과 민감도 분석(what-if analysis)에 컴퓨터를 사용하거나 실행함으로써 경영자들이 모델의 결과를 이해하고 사용하는 것을 더욱 쉽게 한다.

컴퓨터의 사용은 계량분석과 경영과학과 밀접한 관련이 있는데 경영모델을 실험하거나 의사결정의 해를 구하는데 있어 훨씬 저렴하고 빠르며 정확성과 신축성을 제공한다. 정보기술은 경영과학에서 컴퓨터의 사용의 증가와 데이터 처리비용 및 계산비용을 더욱 감소시킨다. 컴퓨터를 이용한 경영과학 프로세스를 제시하면 다음과 같다.

경영과학 프로세스(management science process)는 〈그림 2-2〉와 같이 문제의 정의부터 해를 실행하므로 종결짓는 과정까지 6단계로 구성된다.

1단계 : 문제의 정의(definition of model)

1단계에서는 먼저 문제의 존재와 문제의 범위 및 그것을 정확히 정의하면서 문제의 징후가 무엇인지를 인식하는 것이다. 문제(예를 들어 과도한 비용)를 기술한다는 것은 단지 문제의 징후(예를 들면 부적절한 재고의 수준)일지도 모른다. 소위 현실문제는 서로 간에 상호 연결된 요인들에 의하여 복잡하기 때문에 징후와 문제들 사이를 구별한다는 것은 때때로 어렵다. 조직에서 문제의 존재는

그림 2-2 경영과학 프로세스와 경영자 및 경영과학자 역할

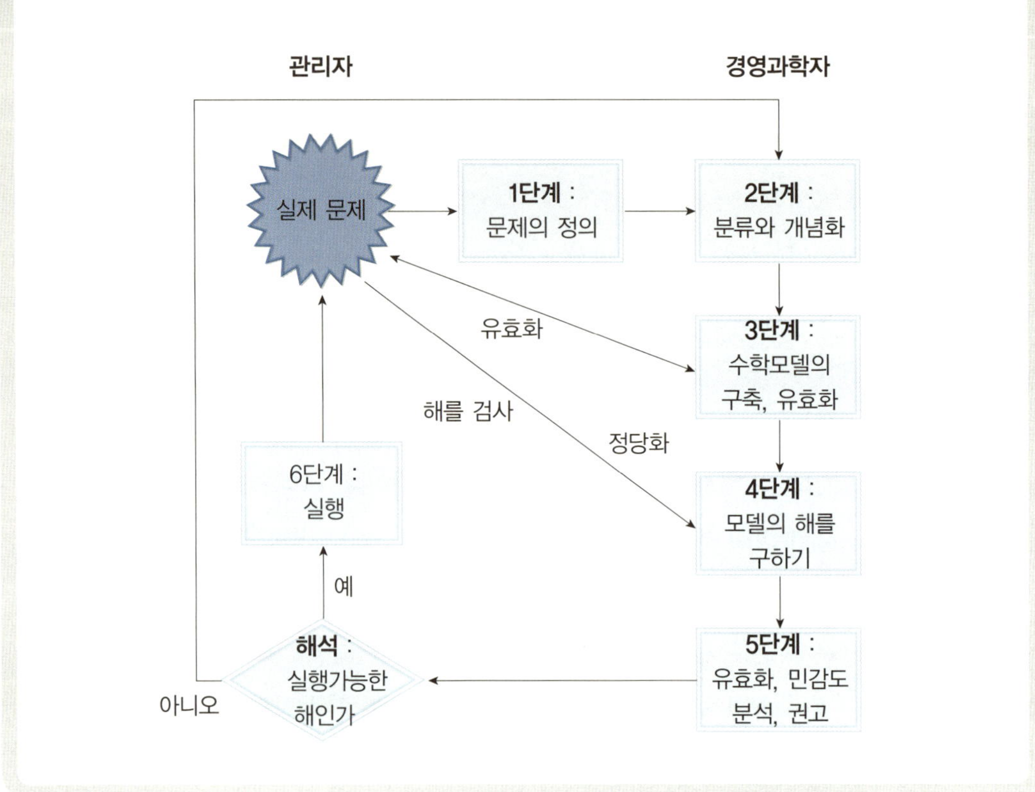

생산성 수준을 모니터링함으로써 평가될 수 있다. 그렇게 하려면 투입과 프로세스, 산출물들을 연구하는 것이 필요하다. 생산성의 측정은 모델의 구축과 함께 데이터에 의존한다.

데이터 수집

역사적인 데이터와 과거와 미래 데이터의 추정은 경영과학자들에게 가장 어려운 일 중의 하나이다. 데이터를 추정하는 가운데 발생할 수 있는 이슈들을 제시하면 다음과 같다.

시간(time) : 산출변수들은 서로 상이한 시간대에 기록되는 수익과 비용을

가지고 예정된 시간에 걸쳐 발생한다. 이러한 어려움을 극복하기 위하여 현재가치법이 미래의 가치를 포함한 모든 계산을 위해 사용되어야 한다. 할인을 위하여 선택되는 이자율의 이슈는 재무나 회계부서의 담당자들에게는 특별한 관심사이고 강조된다.

주관적 접근법(subjective approach) : 데이터 추정을 위해 주관적 방법이 종종 필요하다. 이러한 방법들 중의 하나로 낙관적(optimistic), 비관적(pessimistic), 가장 발생빈도가 높은(most likely-hood) 추정치들이 사용된다.

미래 조건(future condition) : 평가와 모델링을 위하여 사용되는 데이터는 미래의 조건을 반영하고 있는 것으로 추정된다. 그렇지 않다면, 변화의 속성을 예측해야 하고 분석에 그것을 포함해야 한다.

2단계 : 문제의 분류(classification of problem)

문제를 정의할 수 있는 범주 속으로 분류하기 위하여 문제의 개념화가 이 단계에서 필요하다. 일찍이 언급한 것처럼 문제는 2개의 주요 범주, 구조화 또는 프로그램화(표준 문제)와 비구조화 문제로 나누어진다. 문제를 주요 범주 속으로 나누는 것에 추가하여 문제를 정확한 원형(prototype) 속으로 분류하는 것도 필요하다. 그때 단순하게도 문제를 공식화하는 절차를 진행하는 것이 가능하다.

3단계 : 모델링(modelling)

모델링 또는 문제를 공식화하기는 문제를 개념화하거나 수리적인 형태로 추출하는 것이다. 종속변수(dependent variable)와 독립변수(independent variable)를 확인하고 변수들 간의 관계를 표현하는 방정식이 설정된다. 필요하다면 일련의 가정(assumption) 하에서 단순화가 이루어진다. 예를 들면 선형계획법에 적합하도록 2변수 간에 선형관계를 추정한다. 모델의 단순화 정도와 현실의 표현 사이에 적당한 균형을 찾는 것이 필요하다. 모델을 단순화하면 할수록 계산과 해를 찾기가 더욱 쉬워진다. 그러나 현실 문제를 다 표현하기는 어렵게 된다.

모델링 작업은 다음과 같은 방법론적인 중요한 이슈들을 포함한다.

a. **모델의 구성요소**(components of the model)
b. **모델의 구조**(structures of the model)
c. **수학적 관계**(the mathematical relationships)
d. **모델의 유효성**(validation of the model)

a. 모델의 구성요소

모든 수학모델들은 결과변수(result variable), 의사결정변수(decision variable), 비통제변수(uncontrollable variable)의 3가지 기본 구성요소를 갖는다. 이들 구성요소들은 수리관계식에서 연결된다.

결과변수 : 결과변수는 시스템의 효과성의 수준을 반영한다. 즉 시스템이 시스템의 목적을 얼마나 잘 수행하고 달성하였는가를 말한다. 보통 결과변수들을 종속변수라고 하며 시스템에서 다음과 같은 이름을 갖는다.

- 시스템의 산출물
- 성과 측정
- 효과성의 측정
- 이익(payoff)
- 결과
- 목표

의사결정변수 : 의사결정변수는 선택이 반드시 일어나야 하는 문제의 구성요소이다. 이 변수들은 조작 가능하고 통제 가능하다. 의사결정변수들은 알려져 있지 않은 변수로 독립적인 변수로 수학적으로 분류된다. 보통 이들 변수들은 x_1, x_2 또는 x, y, z와 같은 문자로 표기된다.

비통제변수 : 어떠한 의사결정 문제에서도 결과변수에 영향을 주지만 의사결정자의 통제를 벗어난 변수가 있다. 예를 들면 이자율, 법률제정, 조세규제,

공급자 가격 등이다. 대부분 이러한 요소들은 환경으로부터 나오기 때문에 통제 불능이며 주로 종속변수에 영향을 주기 때문에 독립변수들이다.

b. 수리모델의 구조(structure of mathematical model)

수리모델은 등식이나 부등식의 형태로 표현된 수식으로 이루어진다.

c. 모델에서 수식의 관계

경영과학에서 수식은 목적함수(objective function)와 제약식(constraints)으로 구성된다. 모델에서 목적함수는 독립변수와 관계를 맺는 종속변수를 표현하는데 예를 들면 아래의 형태로 표시된다.

$P = p_1x_1 + p_2x_2$, 여기서 P는 기업의 수익을 나타내는 기호이고, x_1과 x_2는 기업에서 생산하는 두 제품을 설명하며 또한 각 제품의 생산량을 나타낸다. 이때 p_1과 p_2는 시장에서 각 제품의 가격을 표시한다. 이를 설명하면 기업은 두 제품을 각각 x_1과 x_2만큼 생산하여 각각 p_1과 p_2의 가격으로 판매하여 수익 p를 얻는다는 것이다. 목표와 목적은 수익을 극대화하거나 발생비용을 극소화하는 것이다. 이러한 목표는 제약조건식에 의하여 제약된다.

제약조건식들은 규제나 경쟁, 자원의 희소성, 기술 또는 통제 불가능한 변수 때문에 관리시스템에 강요하는 제약들을 나타낸다. 예를 들어 시장의 제약조건식이 $x_1 + x_2 \leq 50$으로 표시되었다. 이는 2 제품의 판매량의 합이 최대 50개라는 의미이다.

d. 모델의 유효성(validation of model)

모델이 일단 구축되고 나면 모델이 현실을 얼마나 잘 표현하였는가를 알 필요가 있다. 즉 모델이 논리적으로나 프로그래밍 관점에서 정확한지의 여부를 알 필요가 있다. 이러한 작업은 모델의 유효성(정당성) 과정의 부분으로 모델이 완성된 연후 행해지며 해를 구할 수 있게 된다. 또한 유효성 검사는 해를 구한 후에 수행되기도 한다.

4단계 : 모델의 해를 구하기(solving model)

정의 : 모델에 대한 해란 바람직한 산출수준을 가져다 주는 의사결정변수의 특별한 가치를 발견하는 것을 의미한다.

표준화된 문제에 대한 해를 구하는 과정은 잘 개발되어 있고 이를 위한 컴퓨터 프로그램이 존재한다. 사용자가 별도로 이를 개발할 필요가 없다. 그러나 사용자가 이를 위한 단계와 방법론적인 이슈들에 대하여 이해하는 것은 중요하다.

a. 선택의 기준

해를 구하는 절차는 우리가 달성하고자 하는 것이 무엇인가에 달려 있다. 다양한 해를 찾는 방법론들 중에서 최상의 방법을 찾는 원칙이 존재한다. 이들 원칙은 의사결정자의 태도, 정책, 목표를 반영하고 있는데 최적화(optimazation), 부분최적화(suboptimazation), 충분한 혹은 만족하는(good enough or satisfying) 기준, 기타 선택의 원칙이 있다.

최적화는 보통 다음의 3가지 방법들 중의 하나로 달성된다.

1. 주어진 자원으로부터 최고의 수준으로 목적을 달성하는 것
2. 주어진 수준의 목적을 충족시키는데 가장 저렴한 비용을 쓰는 대안을 찾는 것
3. 비용 대비 가장 높은 비율의 목표달성도를 가진 대안을 찾는 것

조직이 조직 전체가 아닌 특정 영역의 문제에 관련된 의사결정만을 할 때, 특정 영역의 관점에서 최적화는 조직 전체의 관점에서 본다면 부분최적화가 된다. 모델을 만드는 사람은 의사결정 기준을 선택함에 있어 어려움에 직면하게 된다. 왜냐하면 낮은 수준의 목표는 높은 수준의 기준과 일치하지 않기 때문이다.

사이몬에 의하면 조직이든 개인이든 간에 대부분의 인간 의사결정은 최상은 아니지만 다소 부족하더라도 만족할 만한 해를 기꺼이 받아들인다고 한다.

이것은 사람들은 인간이 가지는 제한된 합리성(bounded rationality)에 의해 최적화를 달성할 수 없기 때문이다. 만족 모드에서 의사결정자는 의도하는 목표수준을 설정해 놓고 그것이 찾아질 때까지 목적을 충족하는 대안을 검색한다. 최적화이론에 따르면 판매자는 판매로부터 이익을 최대화하는 목표를 가정하면서 모든 제안을 검토하고 그중 가장 높은 제안을 선택한다.

최적화 원칙과 만족기준에 추가하여 비교적 덜 일상적이지만 다수의 선택기준이 있는데 의사결정 이론에서 다루기로 한다.

b. 모델의 실험과 평가

선택의 기준이 일단 결정되고 나면 최상의 해를 탐색하거나 만족할 만한 해를 찾는데 다음의 5단계를 포함한다.

1. 대안을 만든다.
2. 각 대안의 산출물을 추정한다.
3. 산출물을 목적에 연계시킨다.
4. 대안을 비교한다.
5. 대안을 선택한다.

5단계 : 모델의 유효화(model validation)와 민감도 분석(sensitivity analysis)

모델을 구축하고 나면 먼저 모델이 현실을 잘 반영하였는지를 아는 것이 필요하다. 종종 모델의 정확성은 모델의 해가 구해질 때까지 평가될 수 없다. 모델의 확인은 다음과 같은 질문을 요구한다. 모델에 의해 만들어진 추정치가 실증적으로 정확한가? 모델이 실제 환경 하에서 시스템의 행동을 대표하는가? 유효한 모델은 중요한 현상과 비슷한 방법으로 행동해야 한다.

모델의 확인 과정은 2단계 프로세스로 고려된다. 첫 단계는 표현하고자 하는 시스템을 표현하고 있는지의 여부를 결정하는 것이다. 두 번째 단계는 모델이 논리와 프로그래밍 견지에서 내적으로 정확한지의 여부를 결정하는 것이다.

모델을 정당화시키는 또 다른 방법은 작은 문제를 풀어보고 그 결과를 사용자가 이해하는지를 관찰한다.

민감도 분석(sensitivity analysis)은 정보의 상대적 중요성 또는 정확성이 불확실할 때 경영자를 도와주는 방법이다. 민감도 분석에서 변화가 문제의 제안된 솔루션의 산출 값에 어떠한 영향을 주는지를 알기 위하여 질문에서의 정보가 변경된다. 달리 말하면 민감도 분석의 목적은 종속변수의 값에 대한 독립변수의 변화의 영향을 결정하는 것이다. 예를 들면 이자율이 7%일 때 부동산 투자가 채권이나 주식투자보다 더 낫다는 최적결정이 이자율이 6%나 95로 변화했을 때도 여전히 최적인가를 분석하는 것이다.

6단계 : 해석과 실행(interpretation and implementation)

모델에 의해서 파생된 결과는 현실세계에 비하여 단순화된 시나리오에 대한 해를 나타낸다. 그리고 모델은 수리적이나 기술적인 용어들을 사용하여 표현된다. 그러므로 경영자에게 최적안이 권고되기 전에 해석되어질 필요가 있다.

경영과학자들의 역할은 권고안을 제출하는 것으로 끝나지 않는다. 프로세스를 완성하기 위하여 해는 반드시 실행되어야 한다. 경영과학의 솔루션을 실행한다는 것은 많은 경우에 있어 어려운 일이다. 모델을 구축하고 해를 구하는 것보다 해를 실행하기가 더욱 어렵다.

마키아벨리는 400년 전에 다음과 같은 말을 했다. "성공의 의심도 필요 없고 다루기가 더 어려운 것도 아닌데 새로운 것을 시작하는 것보다 더 어려운 것은 없다"라고 했다. 계획된 경영과학의 해를 실현한다는 것은 실제로 새로운 일을 하는 것이다. 다른 언어로 표현한다면 변화의 시작이다.

실행의 정의는 다소 복잡하다. 왜냐하면 실행은 시간이 많이 걸리며, 경계가 애매모호한 프로세스를 포함하고 있기 때문이다. 실행은 권고한 솔루션으로 작업을 시작하는 것이다. 즉 실행은 경영자가 과학적 노력의 결과를 사용하기 시작했다는 것이다.

실행은 또 다른 하나의 문제이다. 실행에 어떤 문제가 있는가? 그리고 실행을 위한 접근법이 있는가에 대해서도 논의될 필요가 있다. 그러나 이에 대한 논의는 본서의 학습목적을 넘어서는 관계로 본서에서는 이 문제를 더 이상 언급하지 않기로 한다.

연습문제

01. 문제해결의 일반적 절차를 제시하시오.

02. 효과성과 효율성을 정의하고 실제 예를 들어 설명하시오.

03. 모델링 작업 시 발생할 수 있는 주요 이슈들을 제시하고 구체적으로 설명하시오.

04. 경영과학의 기법들을 적용하여 문제해결을 할 때 컴퓨터의 도입은 이제 필수가 되었다. 그 이유는?

chapter 3

행렬

행렬은 선형방정식 체계에서 유용하게 사용되는 도구로 복잡한 방정식을 간략하게 나타낼 수 있도록 해준다. 그리고 연립방정식의 해가 존재하는지의 여부를 설명해 주며, 해가 존재한다면 해를 구하는 방법을 제공한다.

본장에서 행렬에 관한 원리를 설명하는 것은 제4장의 선형계획법과 제7장의 마아코프 프로세스를 설명할 때 필요한 기초 수학이기 때문이다. 행렬에 관한 기본 원리를 학습하지 않으면 경영과학의 많은 방법론들을 이해하기가 어려운 경우가 생긴다. 별도로 참고문헌을 이용하지 않아도 본서를 이용하여 행렬의 기본 원리와 활용을 학습할 수 있도록 본서에 도입되었다. 본서로 경영과학을 공부하는 학생들은 이점을 특히 오해하지 않기를 기대합니다.

3.1 행렬의 개념

행렬(matrix)이란 숫자, 변수 또는 파라미터 등을 직사각형(또는 정사각형)으로 배열해 놓고 ( )나 [ ] 등의 괄호로 묶은 것을 의미한다. 벡타와 달리 행렬은 여러 개의 행과 열로 구성되는데, 행과 열로 나누어 보면 행렬이 행벡타나 열벡타를 묶은 것처럼 보인다. 이러한 성질을 이용하면 앞으로 행렬의 연산에서 손쉽게 해를 구할 수도 있다.

행렬을 나타낼 때는 반드시 영문자로 표기하는데 벡타와 달리 인쇄체 대문자로 표기해야 한다. 가령 '행렬 A가' 또는 '행렬 C는' 과 같이 표기하나 '행렬 a는' 또는 '행렬 c는' 등으로 표시하지 않는다.

3.2 행렬의 정의

행렬 A가 다음과 같이 주어져 있을 때

$$A = \begin{bmatrix} a_{11} & a_{12} & a_{13} & \cdots & a_{1j} & \cdots & a_{1n-1} & a_{1n} \\ a_{21} & a_{22} & a_{23} & \cdots & a_{2j} & \cdots & a_{2n-1} & a_{2n} \\ \cdot & \cdot & \cdot & \cdots & \cdot & \cdots & \cdot & \cdot \\ \cdot & \cdot & \cdot & \cdots & \cdot & \cdots & \cdot & \cdot \\ a_{i1} & a_{i2} & a_{i3} & \cdots & a_{ij} & \cdots & a_{i(n-1)} & a_{i(n)} \\ \cdot & \cdot & \cdot & \cdots & \cdot & \cdots & \cdot & \cdot \\ \cdot & \cdot & \cdot & \cdots & \cdot & \cdots & \cdot & \cdot \\ \cdot & \cdot & \cdot & \cdots & \cdot & \cdots & \cdot & \cdot \\ a_{m1} & a_{m2} & a_{m3} & \cdots & a_{mj} & \cdots & a_{mn-1} & a_{mn} \end{bmatrix}$$

a_{ij}를 행렬 A의 i번째 행과 j번째 열의 원소(element, entry, component)라고 하며, 만약 2행과 3열의 원소라면 a_{23}으로, 5행과 1열의 원소라면 a_{51}로 표시된다. 그리고 행렬의 원소를 나열할 때는 벡타와 달리 행의 원소 사이에 콤마(,)를 넣지 않고 열의 원소는 위치에 따라 구분한다. 위의 예에서 행렬 A는 m개의 행과 n개의 열을 갖으며, $A_{m\times n}=(a_{ij})_{m\times n}$으로 표시한다. 이때 $m\times n$을 행렬 A의 차원(order)이라고 한다. 이것은 벡타의 차원(dimension)과는 다른 의미로 행렬에서는 2차원 행렬, 5차원 행렬, n차원 행렬 등과 같은 표현 대신에 $m\times n$행렬 A로 나타내고 m by n 행렬 A로 읽는다.

3.3 정방행렬

$A_{m\times n}=(a_{ij})_{m\times n}$의 표현에서 $m=n$일 때 행렬 A를 정방행렬(square matrix)이라고 하며 행의 개수와 열의 개수가 같은 행렬을 의미한다. 예를 들어 행렬 A와 B가 다음과 같을 때 이 두 행렬을 정방행렬이라고 한다.

$$A=\begin{pmatrix} 2 & 1 \\ -1 & 0 \end{pmatrix} \qquad B=\begin{bmatrix} 1 & -1 & 2 \\ 0 & 2 & 1 \\ -1 & 3 & 0 \end{bmatrix}$$

이와 달리 $m>n$이거나 $m<n$일 때 A를 장방형 행렬(rectangular matrix)이

라고 한다. 만약 $A=\begin{pmatrix} 2 & -1 & 0 \\ -1 & 1 & 1 \end{pmatrix}$일 때 A는 2×3행렬이며 2개 행과 3개 열을 갖는 행렬이다. 이때 행렬 A의 1행과 2열의 원소를 표기하면 $a_{12}=-1$이고, 2행과 3열의 원소는 $a_{23}=1$이다.

3.4 행렬의 전치와 대칭행렬

행렬의 전치(matrix transpose)란 주어진 행렬의 행과 열을 서로 교환함으로써 만들어진다. 예를 들어 행렬 A가 $A=(a_{ij})_{m\times n}$일 때 A의 전치행렬은 A^T 또는 A'라 표시하고 $A^T=A'=(a_{ij})^T_{m\times n}=(a_{ji})_{n\times m}$ 이다. 예를 들어 행렬 B가 $B=\begin{pmatrix} 1 & 2 \\ 0 & -1 \end{pmatrix}$이면 행렬 B의 전치행렬은 $B^T=\begin{pmatrix} 1 & 0 \\ 2 & -1 \end{pmatrix}$가 된다.

〈예제 3-1〉

행렬 C와 D의 전치행렬을 구하라.

① $C=\begin{pmatrix} 1 & -1 & 0 \\ -1 & 2 & 1 \end{pmatrix}$

② $D=\begin{pmatrix} 1 & 0 & 2 \\ 2 & 0 & 3 \\ -1 & 1 & 1 \\ 0 & 2 & 4 \end{pmatrix}$

풀이 ① 행렬 C의 order는 2×3로 이를 전치하면 3×2의 order를 갖는 행렬이 만들어진다. 즉 1행의 원소인 $(1, -1, 0)$이 1열의 원소가 되며, 2행의 원소인 $(-1, 2, 1)$이 2열의 원소가 되어

$C^T=\begin{pmatrix} 1 & -1 \\ -1 & 2 \\ 0 & 1 \end{pmatrix}$이 된다.

② $D^T=\begin{bmatrix} 1 & 2 & -1 & 0 \\ 0 & 0 & 1 & 2 \\ 2 & 3 & 1 & 4 \end{bmatrix}$이다.

그리고 어떤 행렬과 그 행렬의 전치행렬이 같다면, 즉 $B=(b_{ij})=(b_{ji})=B^T$인 경우 행렬 B를 대칭행렬(symmetric matrix)이라고 한다. 그런데 어떤 행렬이 대칭행렬이 되려면 반드시 정방행렬이어야 한다. 예를 들어 행렬 $A=\begin{pmatrix} -1 & 2 \\ 2 & 0 \end{pmatrix}$는 대칭행렬이나 $B=\begin{pmatrix} 1 & 0 & 2 \\ 0 & 2 & 1 \end{pmatrix}$는 대칭행렬이 아니다. 행렬의 전치는 다음과 같은 특성을 갖는다.

행렬의 전치의 특성

① $(C^T)^T=C$, ② $(A+B)^T=A^T+B^T$, ③ $(AB)^T=B^T A^T$

3.5 행렬의 연산(The Algebra of Matrices)

1) 행렬의 항등(Equality of Matrices)

행렬 A와 B가 서로 같기 위한 조건은 두 행렬의 차원이 같아야 하고, 구성하는 원소가 모두 같아야 한다. 수식으로 나타내면 다음과 같다.

행렬의 항등

$A=B$ if $(a_{ij})=(b_{ij})$, for every i, j

예를 들면 행렬 $A=\begin{pmatrix} 1 & -1 \\ 2 & 0 \end{pmatrix}$이고 $B=\begin{pmatrix} 1 & -1 \\ 2 & 0 \end{pmatrix}$이면 행렬 A와 B는 같다라고 한다.

2) 행렬의 덧셈과 뺄셈(Addition and Subtraction)

행렬 A, B가 있을 때 두 행렬의 덧셈 및 뺄셈은 두 행렬의 차원이 같아야만 가능하다. 덧셈과 뺄셈은 대응하는(동일한 위치에 있는) 원소끼리 더하고 빼면 된다. 그리고 아래의 정의에서 '∀' 기호는 for all의 의미로 '모든 i와 j에 대하여' 성립한다는 것이다.

행렬의 덧셈과 뺄셈

$$A \pm B = a_{ij} \pm b_{ij},\ \forall i,\ j$$

〈예제 3-2〉

① $\begin{bmatrix} 3 & 4 & 5 \\ 1 & 2 & 1 \\ -3 & 0 & 0 \end{bmatrix} - \begin{bmatrix} 6 & 5 & 7 \\ 0 & 3 & 2 \\ a & b & c \end{bmatrix} = \begin{bmatrix} 3-6 & 4-5 & 5-7 \\ 1-0 & 2-3 & 1-2 \\ -3-a & 0-b & 0-c \end{bmatrix}$

$= \begin{bmatrix} -3 & -1 & -2 \\ 1 & -1 & -1 \\ 3-a & -b & -c \end{bmatrix}$

② $\begin{pmatrix} -1 & 2 & 1 \\ 2 & -1 & 0 \end{pmatrix} + \begin{pmatrix} 1 & -1 & -1 \\ 1 & 1 & -2 \end{pmatrix} = \begin{pmatrix} -1+1 & 2-1 & 1-1 \\ 2+1 & -1+1 & 0-2 \end{pmatrix}$

$= \begin{pmatrix} 0 & 1 & 0 \\ 3 & 0 & -2 \end{pmatrix}$

3) 행렬의 곱(Multiplication)

행렬의 곱은 어떤 수(scalar)와 행렬의 곱과 행렬끼리의 곱으로 나누어 생각할 수 있다.

① 행렬의 스칼라 곱(scalar multiplication)

행렬에 어떤 수(scalar)를 곱한다는 것은 행렬의 모든 원소에 그 수를 곱하는 것이다. 즉 행렬 E가 행렬 A에 어떤 수 k를 곱하여 만들어졌다면

$E = kA$

$(e_{ij}) = k(a_{ij}) = (ka_{ij}) = (a_{ij})k$ 이다.

〈예제 3-3〉

행렬 $A = \begin{bmatrix} 6 & 5 & 7 \\ 0 & 3 & 1 \\ a & b & c \end{bmatrix}$ 일 때 $-3A$를 구하라.

풀이 $-3A = (-3) \times \begin{bmatrix} 6 & 5 & 7 \\ 0 & 3 & 1 \\ a & b & c \end{bmatrix} = \begin{bmatrix} 6 & 5 & 7 \\ 0 & 3 & 1 \\ a & b & c \end{bmatrix} \times (-3) = \begin{bmatrix} -18 & -15 & -21 \\ 0 & 9 & -3 \\ -3a & -3b & -3c \end{bmatrix}$

〈예제 3-4〉

$B = \begin{pmatrix} -1 & -2 \\ 1 & -1 \end{pmatrix}$ 일 때 $-3B$를 구하라.

풀이 $-3B = -3\begin{pmatrix} -1 & -2 \\ 1 & -1 \end{pmatrix} = \begin{pmatrix} -3 \times (-1) & -3 \times (-2) \\ -3 \times (1) & -3 \times (-1) \end{pmatrix} = \begin{pmatrix} 3 & 6 \\ -3 & 3 \end{pmatrix}$

② **행렬 간의 곱**(matrix multiplication)

두 행렬 A와 B가 있을 때, 이들의 곱 AB를 계산하기 위해서는 행렬 A의 열(column)의 계수와 행렬 B의 행(row)의 계수가 같아야만 곱의 계산이 가능하다. 일반적으로, A의 차원이 $m \times n$이고 B의 차원이 $p \times q$이면 행렬의 곱 AB가 가능하기 위해서는 반드시 $n = p$이어야 한다. 또한 두 행렬의 곱이 정의되면, 행렬의 곱 AB는 $m \times q$ 차원이 된다. 그리고 A, B, C 그리고 D의 4개 행렬이 있을 때 다음의 관계가 성립한다.

행렬의 곱

① $A_{m \times n} \times B_{n \times p} = C_{m \times p}$ ② $A_{m \times n} \times B_{n \times p} \times C_{p \times r} = D_{m \times r}$

예를 들어 A가 2×2행렬이고 B가 2×3행렬이면 두 행렬의 곱 $AB=C$는 $A_{2\times2}\times B_{2\times3}=C_{2\times3}$이다. 그리고 A가 2×5행렬이고 B가 5×7행렬이면 두 행렬의 곱은 $A_{2\times5}\times B_{5\times7}=C_{2\times7}$가 된다. 이제 두 행렬의 곱의 계산, $AB=C$를 나타내면 다음과 같다.

$$A_{2\times2}\times B_{2\times2}=\begin{pmatrix} a_{11} & a_{12} \\ a_{21} & a_{22} \end{pmatrix}\begin{pmatrix} b_{11} & b_{12} \\ b_{21} & b_{22} \end{pmatrix}=\begin{pmatrix} c_{11} & c_{12} \\ c_{21} & c_{22} \end{pmatrix}=C_{2\times2}$$

여기에서 C의 원소들은 다음과 같이 계산된다.

$$(c_{ij})=\begin{pmatrix} c_{11} & c_{12} \\ c_{21} & c_{22} \end{pmatrix}=\begin{pmatrix} a_{11}b_{11}+a_{12}b_{21} & a_{11}b_{12}+a_{12}b_{22} \\ a_{21}b_{11}+a_{22}b_{21} & a_{21}b_{12}+a_{22}b_{22} \end{pmatrix}$$

C_{11}은 A의 1행과 B의 1열에 있는 원소들을 순서대로 한 쌍씩 곱하여 합하면 된다. 같은 방법으로 C_{12}는 A의 1행과 B의 2열에 있는 원소들을 순서대로 한 쌍씩 곱한 후 더하면 된다.

일반적으로 A가 $m\times n$행렬이고 B가 $n\times p$행렬이며 아래와 같이 표시될 때

$$A=\begin{bmatrix} a_{11} & a_{12} & \cdots & a_{1n} \\ a_{21} & a_{22} & \cdots & a_{2n} \\ \cdot & \cdot & \cdots & \cdot \\ a_{i1} & a_{i2} & \cdots & a_{in} \\ \cdot & \cdot & \cdots & \cdot \\ a_{m1} & a_{m2} & \cdots & a_{mn} \end{bmatrix} \qquad B=\begin{bmatrix} b_{11} & b_{12} & \cdots & b_{1j} & \cdots & b_{1p} \\ b_{21} & b_{22} & \cdots & b_{2j} & \cdots & b_{2p} \\ \cdot & \cdot & \cdots & \cdot & \cdots & \cdot \\ \cdot & \cdot & \cdots & \cdot & \cdots & \cdot \\ \cdot & \cdot & \cdots & \cdot & \cdots & \cdot \\ b_{n1} & b_{n2} & \cdots & b_{nj} & \cdots & b_{np} \end{bmatrix}$$

$A\times B=C=(c_{ij})$에서 c_{ij}의 계산은 행렬 A의 i번째 행벡타와 행렬 B의 j번째 열벡타의 스칼라 적(scalar product)을 구하는 것과 같다.

$$c_{ij}=(a_{i1},\ a_{i2},\ a_{i3},\cdots,\ a_{ik},\cdots,\ a_{in})\begin{pmatrix} b_{1j} \\ b_{2j} \\ b_{3j} \\ \cdot \\ \cdot \\ b_{kj} \\ \cdot \\ \cdot \\ b_{nj} \end{pmatrix}$$

$$=a_{i1}\times b_{1j}+a_{i2}\times b_{2j}+\cdots+a_{in}\times b_{nj}$$

$$=\sum_{k=1}^{n} a_{ik}b_{kj},\ \text{for}\ \ i=1,\ 2,\cdots,\ m,\ \ j=1,\ 2,\cdots,\ p$$이다.

〈예제 3-5〉

$A=\begin{pmatrix} 2 & -1 \\ -1 & 3 \end{pmatrix}$이고 $B=\begin{pmatrix} 0 & 1 & -1 \\ 2 & -1 & 1 \end{pmatrix}$일 때 A와 B의 곱을 구하라.

풀이 $A\times B=\begin{pmatrix} 2 & -1 \\ -1 & 3 \end{pmatrix}\begin{pmatrix} 0 & 1 & -1 \\ 2 & -1 & 1 \end{pmatrix}$

$$=\begin{pmatrix} 2\times0+1\times2 & 2\times1+(-1)\times(-1) & 2\times(-1)+(-1)\times1 \\ (-1)\times0+3\times2 & (-1)\times1+3\times(-1) & (-1)\times(-1)+3\times1 \end{pmatrix}$$

$$=\begin{pmatrix} -2 & 3 & -3 \\ 6 & -4 & 4 \end{pmatrix}$$이다.

3개 행렬 A, B 그리고 C가 있을 때 다음 관계가 성립한다.

행렬의 곱의 특성

① $A\times B\neq B\times A$ ② $A(BC)=(AB)C$

③ $A(B+C)=AB+AC$ ④ $(AB)^T=B^TA^T$

4) 행렬의 나눗셈(Division)

행렬의 연산에서 덧셈, 뺄셈, 곱셈은 가능하지만 나눗셈은 정의되지 않는다. 말하자면 두 개의 행렬 A, B가 있을 경우 B/A는 불가능하다.

5) 행렬의 법칙

행렬의 연산에서 덧셈의 교환법칙과 결합법칙, 그리고 곱셈의 결합법칙과 분배법칙이 성립한다.

행렬의 법칙

① 덧셈의 교환법칙	$A+B=B+A$
② 덧셈의 결합법칙	$(A+B)+C=A+(B+C)$
③ 곱셈의 결합법칙	$(AB)C=A(BC)$
④ 곱셈의 분배법칙	$A(B+C)=AB+AC$

■ 덧셈과 뺄셈에서의 법칙

행렬의 덧셈과 뺄셈의 경우 교환법칙과 결합법칙이 성립한다. 다음은 덧셈의 경우에 두 법칙이 적용되는 보기이다. 뺄셈의 경우는 $A-B=A+(-B)$로 생각할 수 있기 때문에 따로 예를 들지 않는다.

• 교환법칙 $A+B=B+A$

〈예제 3-6〉

$A=\begin{pmatrix} 0 & 1 \\ 2 & 3 \end{pmatrix}$, $B=\begin{pmatrix} 2 & 3 \\ 4 & 5 \end{pmatrix}$일때

$$A+B=B+A=\begin{pmatrix} 0+2 & 1+3 \\ 2+4 & 3+5 \end{pmatrix}=\begin{pmatrix} 2 & 4 \\ 6 & 8 \end{pmatrix}$$

- **결합법칙** $(A+B)+C=A+(B+C)$

〈예제 3-7〉

$$A=\begin{pmatrix} 0 & 1 \\ 2 & 3 \end{pmatrix},\ B=\begin{pmatrix} 2 & 3 \\ 4 & 5 \end{pmatrix},\ C=\begin{pmatrix} 3 & 2 \\ 1 & 0 \end{pmatrix}\text{일 때}$$

$$(A+B)+C=A+(B+C)=\begin{pmatrix} 0+2+3 & 1+3+2 \\ 2+4+1 & 3+5+0 \end{pmatrix}=\begin{pmatrix} 5 & 6 \\ 7 & 8 \end{pmatrix}$$

■ 곱셈에서의 법칙

행렬의 곱셈에는 교환법칙이 적용되지 않으나 결합법칙과 분배법칙은 성립한다.

- **교환법칙** $AB \neq BA$

〈예제 3-8〉

$A=\begin{pmatrix} 0 & 1 \\ 2 & 3 \end{pmatrix},\ B=\begin{pmatrix} 3 & 2 \\ 1 & 0 \end{pmatrix}$일 때 $AB=BA$인가?

풀이 $AB=\begin{pmatrix} 0(3)+1(1) & 0(2)+1(0) \\ 2(3)+3(1) & 2(2)+3(0) \end{pmatrix}=\begin{pmatrix} 1 & 0 \\ 9 & 4 \end{pmatrix}$이지만

$BA=\begin{pmatrix} 3(0)+2(2) & 3(1)+2(3) \\ 1(0)+0(2) & 1(1)+0(3) \end{pmatrix}=\begin{pmatrix} 4 & 9 \\ 0 & 1 \end{pmatrix}$이다.

그래서 결론적으로 $AB \neq BA$이다.

- **결합법칙** $A(BC)=(AB)C=ABC$

〈예제 3-9〉

$A=\begin{pmatrix} 1 & 0 \\ 0 & 1 \end{pmatrix},\ B=\begin{pmatrix} 1 & 2 \\ 3 & 4 \end{pmatrix},\ C=\begin{pmatrix} 4 & 5 \\ 6 & 7 \end{pmatrix}$일 때 $A(BC)=(AB)C=ABC$가 성립하는가?

풀이

$$AB=\begin{pmatrix} 1 & 0 \\ 0 & 1 \end{pmatrix}\begin{pmatrix} 1 & 2 \\ 3 & 4 \end{pmatrix}=\begin{pmatrix} (1)1+(0)3 & (1)2+(0)4 \\ (0)1+(1)3 & (0)2+(1)4 \end{pmatrix}=\begin{pmatrix} 1 & 2 \\ 3 & 4 \end{pmatrix}$$

$$(AB)C=\begin{pmatrix}1 & 2\\3 & 4\end{pmatrix}\begin{pmatrix}4 & 5\\6 & 7\end{pmatrix}=\begin{pmatrix}(1)4+(2)6 & (1)5+(2)7\\(3)4+(4)6 & (3)5+(4)7\end{pmatrix}=\begin{pmatrix}16 & 19\\36 & 43\end{pmatrix}$$

$$BC=\begin{pmatrix}1 & 2\\3 & 4\end{pmatrix}\begin{pmatrix}4 & 5\\6 & 7\end{pmatrix}=\begin{pmatrix}(1)4+(2)6 & (1)5+(2)7\\(3)4+(4)6 & (3)5+(4)7\end{pmatrix}=\begin{pmatrix}16 & 19\\36 & 43\end{pmatrix}$$

$$A(BC)=\begin{pmatrix}1 & 0\\0 & 1\end{pmatrix}\begin{pmatrix}16 & 19\\36 & 43\end{pmatrix}=\begin{pmatrix}16 & 19\\36 & 43\end{pmatrix}$$

$(AB)C=\begin{pmatrix}16 & 19\\36 & 43\end{pmatrix}$ 이고 $A(BC)=\begin{pmatrix}16 & 19\\36 & 43\end{pmatrix}$이므로 성립한다.

3.6 행렬방정식(matrix equation)

연립방정식 체계를 행렬과 벡타를 이용하여 쉽게 표시할 수 있다. 다음과 같이 3원 1차 연립방정식이 있을 때 각 변수들의 계수를 모아서 이를 행렬 A라 하고, 변수 x_1, x_2, x_3를 모아 벡타 x로 그리고 방정식의 우변상수를 모아 벡타 b로 정의하자.

$$x_1+2x_2+3x_3=10$$

$$4x_1+5x_2+6x_3=20$$

$$7x_1+8x_2+9x_3=30$$

$$A=\begin{bmatrix}1 & 2 & 3\\4 & 5 & 6\\7 & 8 & 9\end{bmatrix} \qquad x=\begin{bmatrix}x_1\\x_2\\x_3\end{bmatrix} \qquad b=\begin{bmatrix}10\\20\\30\end{bmatrix}$$

위 연립방정식을 행렬과 벡타를 이용하여 표시하면 $Ax=b$ 로 나타낼 수 있는데 이를 행렬방정식이라고 한다. 또는 $\begin{bmatrix}1 & 2 & 3\\4 & 5 & 6\\7 & 8 & 9\end{bmatrix}\begin{bmatrix}x_1\\x_2\\x_3\end{bmatrix}=\begin{bmatrix}10\\20\\30\end{bmatrix}$의 형태로 나타낼 수 있다. 이를 일반화하기 위하여 n개의 변수와 m개의 방정식으로 이루어지는 선형방정식 체계를 예로 들어보자.

$$
\begin{array}{ccccccccccc}
a_{11}x_1 & + & a_{12}x_2 & +\cdots+ & a_{1j}x_j & + & \cdot\cdot & + & a_{1n}x_n & = & b_1 \\
a_{21}x_1 & + & a_{22}x_2 & +\cdots+ & a_{2j}x_j & + & \cdot\cdot & + & a_{2n}x_n & = & b_2 \\
\cdot & + & \cdot & +\cdots+ & \cdot & + & \cdot\cdot & + & \cdot & = & \cdot \\
a_{i1}x_1 & + & a_{i2}x_2 & +\cdots+ & a_{ij}x_j & + & \cdot\cdot & + & a_{in}x_n & = & b_i \\
\cdot & + & \cdot & +\cdots+ & \cdot & + & \cdot\cdot & + & \cdot & = & \cdot \\
a_{m1}x_1 & + & a_{m2}x_2 & +\cdots+ & a_{mj}x_j & + & \cdot\cdot & + & a_{mn}x_n & = & b_m
\end{array}
$$

위 식에서 a_{ij}의 2중 아래첨자는 i번째 방정식의 j번째 변수의 계수(coefficient)를 나타낸다. 예를 들면, a_{22}는 두 번째 식에 있는 변수 x_2의 계수이다. b_i는 i번째 방정식의 상수항을 의미한다.

위 방정식 체계를 a_{ij}로 구성되는 계수행렬 A와 x_1, x_2, $\cdots$, x_j, $\cdots$, x_n의 변수로 구성되는 벡타 x와 b_1, b_2, $\cdots$, b_m으로 구성되는 우변상수 벡타 b의 행렬방정식은 $Ax=b$ 또는 아래와 같이 계수행렬과 벡타 x의 곱으로 표현된다.

$$
A=\begin{pmatrix} a_{11} & a_{12} & \cdots\cdots & a_{1n} \\ a_{21} & a_{22} & \cdots\cdots & a_{2n} \\ \cdot & \cdot & \cdots\cdots & \cdot \\ \cdot & \cdot & \cdots\cdots & \cdot \\ a_{m1} & a_{m2} & \cdots\cdots & a_{mn} \end{pmatrix},\ x=\begin{pmatrix} x_1 \\ x_2 \\ \cdot \\ \cdot \\ x_n \end{pmatrix},\ b=\begin{pmatrix} b_1 \\ b_2 \\ \cdot \\ \cdot \\ b_m \end{pmatrix} \text{일 때}
$$

$$
\text{행렬방정식은} \begin{pmatrix} a_{11} & a_{12} & \cdots\cdots & a_{1n} \\ a_{21} & a_{22} & \cdots\cdots & a_{2n} \\ \cdot & \cdot & \cdots\cdots & \cdot \\ \cdot & \cdot & \cdots\cdots & \cdot \\ a_{m1} & a_{m2} & \cdots\cdots & a_{mn} \end{pmatrix} \begin{pmatrix} x_1 \\ x_2 \\ \cdot \\ \cdot \\ x_n \end{pmatrix} = \begin{pmatrix} b_1 \\ b_2 \\ \cdot \\ \cdot \\ b_m \end{pmatrix} \text{이다.}
$$

3.7 항등행렬(Identity matrix : I)과 영행렬(Null matrix)

1) 항등행렬(Identity matrix)

항등행렬은 정방행렬로서 I라고 표시하며, 주대각선(principal diagonal : 서북에서 동남으로 이어지는 선상)의 원소는 모두 1이고 나머지는 모두 0인 원소를 갖는 행렬을 말한다. I_n은 $n \times n$차원의 항등행렬이며 I_2는 2×2 항등행렬이고, I_3는 3×3 항등행렬을 의미한다.

$$I_2=\begin{pmatrix}1 & 0\\0 & 1\end{pmatrix},\quad I_3=\begin{bmatrix}1 & 0 & 0\\0 & 1 & 0\\0 & 0 & 1\end{bmatrix},\quad I_4=\begin{bmatrix}1 & 0 & 0 & 0\\0 & 1 & 0 & 0\\0 & 0 & 1 & 0\\0 & 0 & 0 & 1\end{bmatrix}$$

항등행렬은 대수에서 숫자 1과 비슷한 역할을 한다. 임의 수 a에 대해서 $1(a)=a(1)=a$인 것처럼 임의의 행렬 A에 대하여 $IA=AI=A$가 성립한다.

〈예제 3-10〉

$A=\begin{pmatrix}1 & 2 & 3\\3 & 2 & 1\end{pmatrix}$이라 하면 $IA=AI$ 가 성립하는가?

풀이 $IA=\begin{pmatrix}1 & 0\\0 & 1\end{pmatrix}\begin{pmatrix}1 & 2 & 3\\3 & 2 & 1\end{pmatrix}=\begin{pmatrix}1 & 2 & 3\\3 & 2 & 1\end{pmatrix}=A$

$AI=\begin{pmatrix}1 & 2 & 3\\3 & 2 & 1\end{pmatrix}\begin{bmatrix}1 & 0 & 0\\0 & 1 & 0\\0 & 0 & 1\end{bmatrix}=\begin{pmatrix}1 & 2 & 3\\3 & 2 & 1\end{pmatrix}=A$

따라서 $I \cdot A=A \cdot I$ 이다.

A가 2×3의 차원이므로 A에 I를 앞에서 곱할 때와 뒤에서 곱할 때는 각기 다른 차원의 항등행렬, 즉 I_2와 I_3가 곱해진다. $IA=AI=A$는 일반적인 법칙 $AB \neq BA$의 예외이다.

2) 영행렬(null matrix)

모든 원소가 0으로 이루어져 있는 행렬을 영행렬(null 또는 zero matrix)이라 하고 숫자의 0과 같은 역할을 한다. I와 다른 점은 항등행렬은 정방행렬인데 반해 영행렬은 정방행렬일 필요는 없다. 영행렬의 보기는 다음과 같다.

$$0_{2\times 2}=\begin{pmatrix} 0 & 0 \\ 0 & 0 \end{pmatrix} \qquad 0_{2\times 3}=\begin{pmatrix} 0 & 0 & 0 \\ 0 & 0 & 0 \end{pmatrix}$$

3.8 행렬식(Determinants)

행렬 A가 주어질 때 행렬 A의 행렬식은 $|A|$나 $detA$, 또는 $det(A)$로 표시된다. 행렬식은 일반적인 식이 아니라 정방행렬에서 정의되는 하나의 고유한 숫자(실수)로 1차 연립방정식의 해를 구할 때 유용하게 사용된다. 행렬식의 개념을 쉽게 이해하기 위하여 다음과 같이 간단한 예를 들어보기로 한다.

$$\begin{aligned} ax+by&=c \\ dx+ey&=g \end{aligned}$$

여기서 x와 y는 변수이며 a, b, c, d, e, g는 상수일 때 연립방정식의 해를 구하는 절차를 설명하면 다음과 같다. 먼저 변수 x의 해를 구하기 위하여 첫 번째 식에 상수 e를 곱하고, 다음에 두 번째 식에 상수 b를 곱하여 정리하면 $\begin{aligned} aex+bey&=ce \\ bdx+bey&=bg \end{aligned}$ 가 된다. 여기서 위 식으로부터 아래 식을 빼면 $(ae-bd)x=ce-bg$가 된다. 따라서 $x=\dfrac{ce-bg}{ae-bd}$이다. 동일한 절차로 y를 구하면 $y=\dfrac{ag-cd}{ae-bd}$이다.

원래 주어진 연립방정식을 행렬방정식으로 나타내면 $\begin{pmatrix} a & b \\ d & e \end{pmatrix}\begin{pmatrix} x \\ y \end{pmatrix}=\begin{pmatrix} c \\ g \end{pmatrix}$이다. 그런데 변수 x와 y의 값을 보면 분모가 모두 $ae-bd$이다. 이 값은

그림 3-1 행렬식의 개념

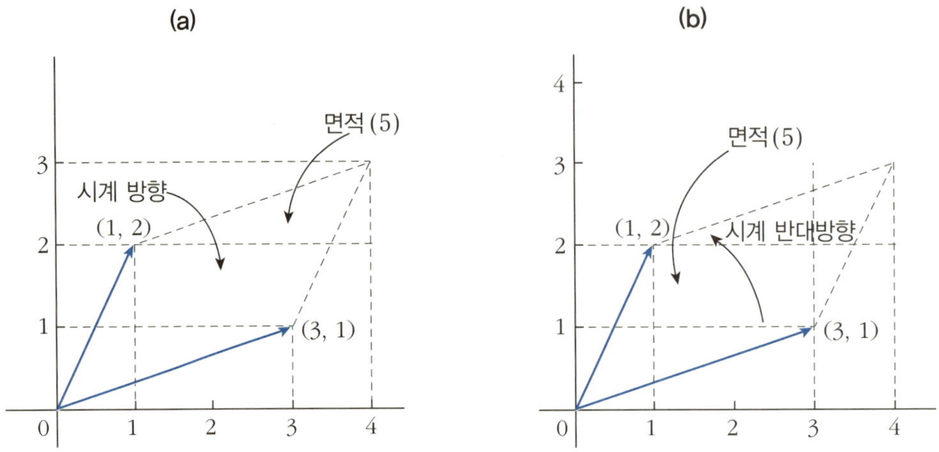

행렬 $\begin{pmatrix} a & b \\ d & e \end{pmatrix}$의 주 대각선상의 원소인 a와 e를 곱하고 다음에 반대되는 대각선상의 원소인 b와 d를 곱하여 빼준 결과와 같다. 이러한 결과를 이용하여 우리는 행렬식을 정의해 보기로 한다.

다음과 같이 차원이 2×2인 행렬 A가 있다면 A의 행렬식 $|A|$의 정의는 아래와 같다.

행렬 A의 행렬식

$$A=\begin{pmatrix} a_{11} & a_{12} \\ a_{21} & a_{22} \end{pmatrix}$$

$$|A|=detA=\begin{vmatrix} a_{11} & a_{12} \\ a_{21} & a_{22} \end{vmatrix}=a_{11}a_{22}-a_{12}a_{21}$$

예를 들어 다음과 같이 행렬 A와 B가 있을 때 이들의 행렬식을 계산해 보면

$$A=\begin{pmatrix} 1 & 2 \\ 3 & 1 \end{pmatrix},\quad B=\begin{pmatrix} 3 & 1 \\ 1 & 2 \end{pmatrix}$$

행렬 B의 행렬식 **그림 3-2**

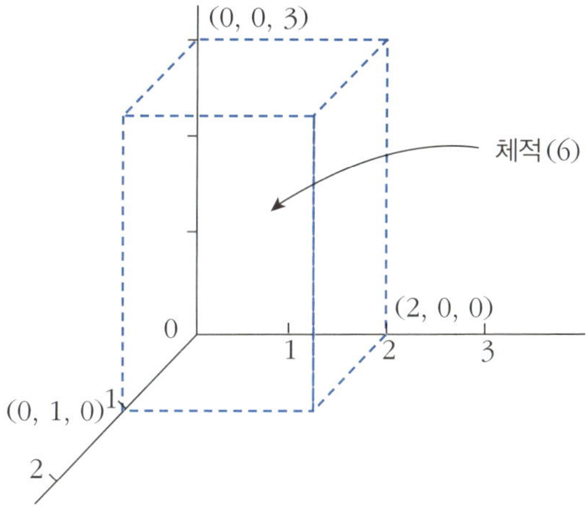

$$|A| = \begin{vmatrix} 1 & 2 \\ 3 & 1 \end{vmatrix} = (1)1-(2)3=-5 \text{ 이고 } |B| = \begin{vmatrix} 3 & 1 \\ 1 & 2 \end{vmatrix} = (3)2-(1)1=5 \text{ 이다.}$$

이때 행렬식 $|A|$와 $|B|$는 2계 행렬식(second-order determinants)으로 부호는 반대이나 그 크기는 같다. 여기서 행렬식 값이 갖는 의미를 살펴보면 〈그림 3-1〉과 같이 행렬 A와 B를 2개의 행벡타로 나누고, 이를 합성하여 만들어지는 평행사변형의 면적과 같음을 알 수 있다. 다만 그 부호가 반대인 것은 (a)와 (b)처럼 두 행벡타가 시계방향인가 아니면 시계 반대방향인가에 따라 결정된다. 즉 행렬 A처럼 두 번째 행벡타가 첫 번째 행벡타에 대하여 시계방향에 놓여 있으면 행렬식 값이 음의 부호를 갖게 되며, 행렬 B처럼 시계 반대방향인 경우 양의 부호를 갖게 된다.

3×3차원의 3계 행렬식(third-order determinants)은 3차원 공간상의 3개의 행벡타가 만들어내는 육면체의 체적이 된다. 예를 들어 행렬 B가 아래와 같을 때 행렬식 $|B|$는 〈그림 3-2〉의 직육면체의 체적인 6이 된다.

이제 3×3행렬의 행렬식을 계산하는 방법을 설명하면 다음과 같다. A가 3×3행렬이고 아래와 같이 표기될 때 행렬식 $|A|$는 다음과 같이 정의된다.

$$A=\begin{pmatrix} a_{11} & a_{12} & a_{13} \\ a_{21} & a_{22} & a_{23} \\ a_{31} & a_{32} & a_{33} \end{pmatrix}$$

$$|A|=\begin{vmatrix} a_{11} & a_{12} & a_{13} \\ a_{21} & a_{22} & a_{23} \\ a_{31} & a_{32} & a_{33} \end{vmatrix}=a_{11}a_{22}a_{33}+a_{12}a_{23}a_{31}+a_{13}a_{21}a_{32}$$
$$-a_{13}a_{22}a_{31}-a_{12}a_{21}a_{33}-a_{11}a_{23}a_{32}$$

행렬식의 계산이 복잡해 보여도 나름대로의 규칙이 있다. 1행 1열에 있는 a_{11}을 기준으로 왼쪽에서 오른쪽으로의 주 대각선상의 곱($a_{11}a_{22}a_{33}$)에는 양의 부호를 붙인다. 1행 2열에 있는 a_{12}와 대각선상에 있는 a_{23} 그리고 a_{31}들의 곱($a_{12}a_{23}a_{31}$)에도 양의 부호를 붙인다. 마찬가지 방법으로 1행 3열에 있는 a_{13}을 기준으로 오른쪽으로 대각선상에 있는 $a_{21}a_{32}$를 곱하여($a_{13}a_{21}a_{32}$) 양의 부호를 붙인다. 이제는 1행 3열에 있는 a_{13}을 기준으로 주 대각선의 반대방향으로 a_{22}와 a_{31}을 곱($a_{13}a_{22}a_{31}$)하여 음의 부호를 붙인다. 그리고 1행 2열의 a_{12}를 기준으로 a_{21} 및 a_{33}을 곱($a_{12}a_{21}a_{33}$)하여 음의 부호를 붙이고, 같은 방법으로 1행 1열의 a_{11}을 기준으로 a_{23}와 a_{32}를 곱($a_{11}a_{23}a_{32}$)하여 음의 부호를 붙인다. 결론적으로, 왼쪽에서 시작하여 오른쪽으로 내려가는 대각선상의 곱에는 양의 부호를, 오른쪽에서 시작하여 왼쪽으로 내려가는 대각선상의 곱은 음의 부호를 붙여서 합하면 된다. 앞의 정의를 이용하여 다음의 예제를 풀어 보자.

〈예제 3-11〉

$A=\begin{pmatrix} 1 & 2 & 3 \\ 4 & 5 & 6 \\ 7 & 8 & 9 \end{pmatrix}$, $B=\begin{pmatrix} 2 & 1 & 3 \\ 4 & 5 & 6 \\ 7 & 8 & 9 \end{pmatrix}$ 일 때, 행렬 A와 B의 행렬식을 구하라.

풀이 위의 두 행렬의 행렬식 값은 다음과 같다.

$$|A|=(1)(5)(9)+(2)(6)(7)+(3)(4)(8)$$
$$-\{(3)(5)(7)+(2)(4)(9)+(1)(6)(8)\}=0$$
$$|B|=(2)(5)(9)+(1)(6)(7)+(3)(4)(8)$$
$$-\{(3)(5)(7)+(1)(4)(9)+(2)(6)(8)\}=-9$$

3.9 여인수 전개(Cofactor expansion)에 의한 행렬식의 계산

행렬의 차원이 4×4 이상일 경우 3×3행렬과 같이 주 대각선 상의 원소를 곱하여 더하고 반대되는 대각선 상의 원소를 곱하여 빼는 방법으로 행렬식 값을 구할 수 없다. 즉 3계 행렬식의 계산에 이용하던 방법으로는 4계 행렬식 이상의 행렬식 값의 계산에 사용할 수 없다. 4×4 이상의 정방행렬의 행렬식 계산에는 4계 행렬식 이상에 사용되어지는 여인수 전개(Cofactor expansion)방법을 이용한다.

여인수 전개는 라플라스의 이름을 따서 보통 라플라스 전개(Laplace expansion)라고도 하는데 〈그림 3-3〉처럼 다단계의 절차를 통해 계산된다.

여인수 전개 절차

그림 3-3

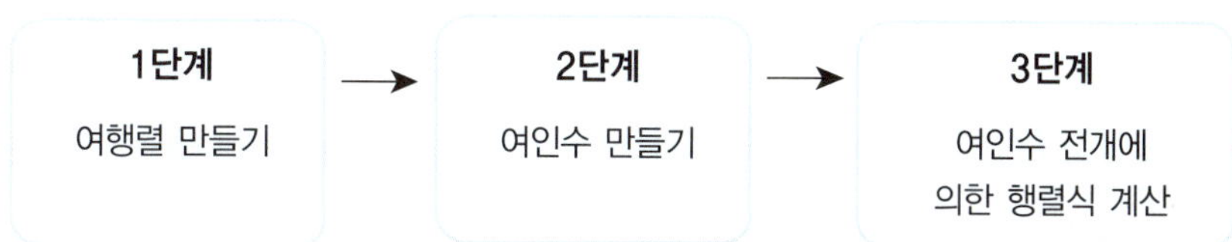

■ 1단계 : 여행렬 만들기

행렬 A가 $n\times n$행렬일 때 A에서 i번째 행과 j번째 열을 제외시킨 행렬을 행렬 A의 여행렬이라고 한다. A의 여행렬은 $(n-1)\times(n-1)$ 차원의 정방행렬이며, 여행렬의 행렬식을 행렬 A의 소행렬식(minor determinants)이라 하고 M_{ij}로 표기한다.

$$M_{ij}=\begin{vmatrix} a_{11} & a_{12} & \cdots & a_{1(j-1)} & a_{1(j+1)} & \cdots & a_{1n} \\ a_{21} & a_{22} & \cdots & a_{2(j-1)} & a_{2(j+1)} & \cdots & a_{2n} \\ \cdot & \cdot & \cdots & \cdot & & & \\ \cdot & \cdot & \cdots & \cdot & & & \\ a_{(i-1)1} & a_{(i-1)2} & \cdots & a_{(i-1)(j-1)} & a_{(i-1)(j+1)} & \cdots & a_{(i-1)n} \\ a_{(i+1)1} & a_{(i+1)2} & \cdots & a_{(i+1)(j-1)} & a_{(i+1)(j+1)} & \cdots & a_{(i+1)n} \\ \cdot & \cdot & \cdots & \cdot & & & \\ \cdot & \cdot & \cdots & \cdot & & & \\ a_{n1} & a_{n2} & \cdots & a_{n(j-1)} & a_{n(j+1)} & \cdots & a_{nn} \end{vmatrix}$$

■ 2단계 : 여인수 만들기

행렬 A의 소행렬식의 값에 부호를 붙인 것을 여인수라고 하며 C_{ij}로 표기한다. 이때 여인수의 부호는 임의적으로 붙이는 것이 아니라 다음과 같은 규칙에 따라 결정된다. 즉

$$C_{ij}=(-1)^{i+j}M_{ij}$$

행렬 A가 $n\times n$행렬이기 때문에 A의 여인수는 모두 $n\times n$개 존재한다. 이들 여인수들로 구성된 행렬을 A의 여인수 행렬이라고 하며 아래와 같다.

$$C_{ij}=\begin{bmatrix} C_{11} & C_{12} & C_{13} & \cdots & C_{1(n-1)} & C_{1n} \\ C_{21} & C_{22} & C_{23} & \cdots & C_{2(n-1)} & C_{2n} \\ C_{31} & C_{32} & C_{33} & \cdots & C_{3(n-1)} & C_{3n} \\ \cdot & \cdot & \cdot & & \cdot & \cdot \\ C_{(n-1)1} & C_{(n-1)2} & C_{(n-1)3} & \cdots & C_{(n-1)(n-1)} & C_{(n-1)n} \\ C_{n1} & C_{n2} & C_{n3} & \cdots & C_{n(n-1)} & C_{nn} \end{bmatrix}$$

■ 3단계 : 여인수 전개에 의한 행렬식 계산

여인수 전개에 의한 행렬 A의 행렬식 계산은 여러 가지 방법이 있는데 행렬 A의 어떤 행이나 열을 중심으로 여인수 전개를 통하여 그 값을 구할 수 있다. 만약 1행을 중심으로 여인수 전개를 한다면 다음과 같이 계산하면 된다.

① 1행을 중심으로 여인수 전개

$$|A| = detA=a_{11}C_{11}+a_{12}C_{12}+\cdots+a_{1(n-1)}C_{1(n-1)}+a_{1n}C_{1n}$$

② 3열을 중심으로 여인수 전개

$$|A| =detA=a_{13}C_{13}+a_{23}C_{23}+\cdots+a_{(n-1)3}C_{(n-1)3}+a_{n3}C_{n3}$$

여인수 전개에 의한 행렬식 계산의 이해를 돕기 위하여 3×3행렬을 이용하여 행렬식을 구해 보기로 한다. 다음과 같이 3×3행렬 A가 있을 때 1행을 중심으로 여인수 전개로 행렬식 $|A|$를 계산하면 다음과 같다.

$$A=\begin{bmatrix} a_{11} & a_{12} & a_{13} \\ a_{21} & a_{22} & a_{23} \\ a_{31} & a_{32} & a_{33} \end{bmatrix}$$

$$|A|=\begin{vmatrix} a_{11} & a_{12} & a_{13} \\ a_{21} & a_{22} & a_{23} \\ a_{31} & a_{32} & a_{33} \end{vmatrix}=a_{11}C_{11}+a_{12}C_{12}+a_{13}C_{13}$$

$$=a_{11}(-1)^{1+1}M_{11}+a_{12}(-1)^{1+2}M_{12}+a_{13}(-1)^{1+3}M_{13}$$

$$=a_{11}M_{11}-a_{12}M_{12}+a_{13}M_{13}$$

여기서 M_{11}과 M_{12} 그리고 M_{13}은 행렬 A의 소행렬식으로 다음과 같이 계산된다.

$$|M_{11}|=\begin{vmatrix} a_{22} & a_{23} \\ a_{32} & a_{33} \end{vmatrix},\ |M_{12}|=\begin{vmatrix} a_{21} & a_{23} \\ a_{31} & a_{33} \end{vmatrix},\ |M_{13}|=\begin{vmatrix} a_{21} & a_{22} \\ a_{31} & a_{32} \end{vmatrix}$$

각 소행렬식을 이용하여 행렬 A의 행렬식 계산을 표시하면 다음과 같다.

$$\begin{aligned} |A| &= a_{11}\begin{vmatrix} a_{22} & a_{23} \\ a_{32} & a_{33} \end{vmatrix} - a_{12}\begin{vmatrix} a_{21} & a_{23} \\ a_{31} & a_{33} \end{vmatrix} + a_{13}\begin{vmatrix} a_{21} & a_{22} \\ a_{31} & a_{32} \end{vmatrix} \\ &= a_{11}(a_{22}a_{33}-a_{23}a_{32})-a_{12}(a_{21}a_{33}-a_{23}a_{31})+a_{13}(a_{21}a_{32}-a_{22}a_{31}) \end{aligned}$$

여인수 전개의 핵심은 고계 행렬을 점차 낮은 차수로 나누어서 2계 행렬로 만드는 것이다. 예를 들어 4계 행렬의 행렬식을 구하는 1단계는 3계 행렬로 나누고 2단계는 그 3계 행렬을 다시 2계 행렬로 분리 · 확장시키는 것이다. 일단 2계 행렬로만 나누어지면 2계 행렬의 행렬식 구하는 공식을 사용하여 행렬식 값을 쉽게 구할 수 있다.

예를 들어 아래 A, B 행렬의 행렬식을 여인수 전개를 이용하여 계산해 보자.

$$A=\begin{bmatrix} 3 & 2 & 1 \\ 0 & 1 & 2 \\ 2 & 3 & 4 \end{bmatrix},\ B=\begin{bmatrix} 0 & 2 & 1 \\ 2 & 1 & 3 \\ 4 & 3 & 2 \end{bmatrix}$$

먼저 행렬 A의 행렬식을 구해 보면

$$\begin{aligned} |A| &= a_{11}|M_{11}|-a_{12}|M_{12}|+a_{13}|M_{13}| \\ &= 3\begin{vmatrix} 1 & 2 \\ 3 & 4 \end{vmatrix} - 2\begin{vmatrix} 0 & 2 \\ 2 & 4 \end{vmatrix} + 1\begin{vmatrix} 0 & 1 \\ 2 & 3 \end{vmatrix} = 3(-2)-2(-4)+1(-2)=0 \end{aligned}$$

그리고 행렬 B의 행렬식은

$$|B| = a_{11}|M_{11}| - a_{12}|M_{12}| + a_{13}|M_{13}|$$

$$= 0\begin{vmatrix} 1 & 3 \\ 3 & 2 \end{vmatrix} - 2\begin{vmatrix} 2 & 3 \\ 4 & 2 \end{vmatrix} + 1\begin{vmatrix} 2 & 1 \\ 4 & 3 \end{vmatrix} = 0(-7) - 2(-8) + 1(2) = 18$$ 이다.

위의 예제는 행렬이 3×3행렬이므로 행렬식 계산이 비교적 쉽게 계산되는데, 만약 행렬이 4×4 이상의 경우 여인수 전개를 이용하여 행렬식을 계산한다고 하더라도 결과를 정확하게 계산하기가 쉽지 않다. 이럴 때 우리가 이용할 수 있는 좋은 방법 중의 하나는 행렬의 행과 열 중에서 0을 가장 많이 포함하고 있는 행과 열을 중심으로 여인수 전개로 행렬식을 구하는 것이 비교적 무난하게 계산할 수 있다. 그것은 0의 값을 갖는 원소의 여인수를 구할 필요가 없기 때문이다. 간단한 예를 들어보자.

$$A = \begin{pmatrix} 5 & 4 & 1 & 0 \\ 1 & 2 & 0 & -1 \\ 2 & 1 & 0 & -1 \\ 1 & 0 & 2 & 3 \end{pmatrix}$$ 일 때 $|A|$를 여인수 전개를 이용하여 해를 구해 보자.

먼저 1행을 중심으로 여인수 전개로 행렬식을 계산하면

$$|A| = a_{11}C_{11} + a_{12}C_{12} + a_{13}C_{13} + a_{14}C_{14}$$

$$= a_{11}(-1)^{1+1}M_{11} + a_{12}(-1)^{1+2}M_{12} + a_{13}(-1)^{1+3}M_{13} + a_{14}(-1)^{1+4}M_{14}$$

$$= a_{11}M_{11} - a_{12}M_{12} + a_{13}M_{13} - a_{14}M_{14}$$

$$= a_{11}\begin{vmatrix} a_{22} & a_{23} & a_{24} \\ a_{32} & a_{33} & a_{34} \\ a_{42} & a_{43} & a_{44} \end{vmatrix} - a_{12}\begin{vmatrix} a_{21} & a_{23} & a_{24} \\ a_{31} & a_{33} & a_{34} \\ a_{41} & a_{43} & a_{44} \end{vmatrix} + a_{13}\begin{vmatrix} a_{21} & a_{22} & a_{24} \\ a_{31} & a_{32} & a_{34} \\ a_{41} & a_{42} & a_{44} \end{vmatrix} - a_{14}\begin{vmatrix} a_{21} & a_{22} & a_{23} \\ a_{31} & a_{32} & a_{33} \\ a_{41} & a_{42} & a_{43} \end{vmatrix}$$

$$= 5\begin{vmatrix} 2 & 0 & -1 \\ 1 & 0 & -1 \\ 0 & 2 & 3 \end{vmatrix} - 4\begin{vmatrix} 1 & 0 & -1 \\ 2 & 0 & -1 \\ 1 & 2 & 3 \end{vmatrix} + (1)\begin{vmatrix} 1 & 2 & -1 \\ 2 & 1 & -1 \\ 1 & 0 & 3 \end{vmatrix} - (0)\begin{vmatrix} 1 & 2 & 0 \\ 2 & 1 & 0 \\ 1 & 0 & 2 \end{vmatrix}$$

$$= 5(2) - 4(-2) + 1(-10) = 10 + 8 - 10 = 8\text{이다.}$$

여기서 a_{14}가 0이니 M_{14}를 계산할 필요가 없다. 이제 3열을 기준으로 여인수 전개로 행렬식을 구해 보자.

$$\begin{aligned}|A| &= a_{13}C_{13} + a_{23}C_{23} + a_{33}C_{33} + a_{43}C_{43} \\ &= a_{13}(-1)^{1+3}M_{13} + a_{23}(-1)^{2+3}M_{23} + a_{33}(-1)^{3+3}M_{33} + a_{43}(-1)^{4+3}M_{43} \\ &= a_{13}M_{13} - a_{23}M_{23} + a_{33}M_{33} - a_{43}M_{43} \\ &= (1)\begin{vmatrix} 1 & 2 & -1 \\ 2 & 1 & -1 \\ 1 & 0 & 3 \end{vmatrix} - 0 + 0 - (2)\begin{vmatrix} 5 & 4 & 0 \\ 1 & 2 & -1 \\ 2 & 1 & -1 \end{vmatrix} = (1)(-10) - (2)(-9) = 8\end{aligned}$$

위의 계산으로부터 행렬식 값은 8로 동일하지만 3열을 중심으로 하는 여인수 전개가 1행을 중심으로 여인수를 전개하는 것보다 간편함을 알 수 있다. 지금까지의 여인수 전개를 종합하면 n계 행렬식 $|A|$의 값은 다음과 같이 임의의 행 또는 임의의 열에 의한 여인수 전개를 통하여 구할 수 있다.

$$\begin{aligned}|A| &= \sum_{j=1}^{n} a_{ij}C_{ij} && [\ i \text{ 번째 행에 의한 전개}\ ] \\ &= \sum_{i=1}^{n} a_{ij}C_{ij} && [\ j \text{ 번째 열에 의한 전개}\ ]\end{aligned}$$

3.10 행렬식의 성질

행렬식에도 알아두면 계산이 아주 쉬워지는 몇 가지 특성이 있다. 이 성질들은 모든 정방행렬의 행렬식에 공통적으로 적용되는데 여기서는 주로 2×2의 2계 행렬식을 예를 들어 설명해 본다. 그리고 행렬 A와 B는 모두 $n\times n$행렬이다.

행렬식의 특성 1

행과 열을 서로 바꾸어서 전치행렬을 만들어도 행렬식의 값은 변화하지 않는다. 즉, 행렬 A의 행렬식과 전치행렬 A'의 행렬식 값은 같다.

즉, $|A|=|A'|$이다.

〈예제 3-12〉

행렬 A가 $=\begin{pmatrix} 2 & 3 \\ 4 & 5 \end{pmatrix}$일 때 A와 A'의 행렬식을 구하라.

풀이 $|A|=\begin{pmatrix} 2 & 3 \\ 4 & 5 \end{pmatrix}=(2)5-(3)4=-2$ 그리고

$$|A'|=\begin{pmatrix} 2 & 4 \\ 3 & 5 \end{pmatrix}=(2)5-(4)3=-2$$

행렬식의 특성 2

행렬 A와 B의 곱의 행렬식 값은 각 행렬의 행렬식 값의 곱과 같다.

즉, $det(A \cdot B)=det(A) \cdot det(B)$이다.

〈예제 3-13〉

$A=\begin{pmatrix} 1 & -1 \\ 3 & 2 \end{pmatrix}$, $B=\begin{pmatrix} -1 & -2 \\ 0 & 1 \end{pmatrix}$일 때 두 행렬의 곱과 행렬식을 구하라.

풀이 $A \cdot B=\begin{pmatrix} 1 & -1 \\ 3 & 2 \end{pmatrix}\begin{pmatrix} -1 & -2 \\ 0 & 1 \end{pmatrix}=\begin{pmatrix} -1 & -3 \\ -3 & -4 \end{pmatrix}$

$$det(AB)=\begin{vmatrix} -1 & -3 \\ -3 & -4 \end{vmatrix}=4-9=-5$$

$$det(A)=\begin{vmatrix} 1 & -1 \\ 3 & 2 \end{vmatrix}=5,\ det(B)=\begin{vmatrix} -1 & -2 \\ 0 & 1 \end{vmatrix}=-1$$

$$det(A) \cdot det(B) = (5)(-1) = -5$$

행렬식의 특성 3

행렬 B가 행렬 A의 두 행(또는 두 열)을 서로 바꾸어 놓은 행렬이라면 $det(B) = -det(A)$이다.

〈예제 3-14〉

2×2행렬인 A와 B가 아래와 같을 때 두 행렬의 행렬식을 구하라.

풀이 $A = \begin{pmatrix} 1 & 2 \\ 3 & 4 \end{pmatrix}$이고 $B = \begin{pmatrix} 3 & 4 \\ 1 & 2 \end{pmatrix}$이면

$det(A) = -2$ 이고 $det(B) = 2$ 이다.

〈예제 3-15〉

3×3행렬인 A와 B가 있을 때 $det(A) = -det(B)$인가?

$$A = \begin{pmatrix} 3 & 2 & 1 \\ 1 & 2 & 0 \\ 4 & 5 & 0 \end{pmatrix}, B = \begin{pmatrix} 3 & 1 & 2 \\ 1 & 0 & 2 \\ 4 & 0 & 5 \end{pmatrix}$$

풀이 행렬 B는 행렬 A의 2열과 3열의 위치가 바뀐 행렬이다.

$det(A) = (0+0+5) - (8+0+0) = -3$,

$det(B) = (0+8+0) - (0+0+5) = 3$이다.

따라서 $det(A) = -det(B)$이다.

행렬식의 특성 4

행렬의 어떤 행(또는 열)이 모두 0인 경우 행렬식은 0이다.

〈예제 3-16〉

$A=\begin{pmatrix} 1 & 0 \\ -1 & 0 \end{pmatrix}$ 이면 $det(A)=0-0=0$이다.

행렬식의 특성 5

행렬 B가 행렬 A의 어떤 행(또는 열)에 상수 k를 곱하여 만들어졌다면 $det(B)=k \cdot det(A)$이다.

〈예제 3-17〉

$A=\begin{pmatrix} a & b \\ c & d \end{pmatrix}$ 이고 $B=\begin{pmatrix} ka & kb \\ c & d \end{pmatrix}$ 이라면 $det(B)=k \cdot det(A)$ 인가?

풀이 행렬 B는 행렬 A의 첫 번째 행의 계수에 상수 k를 곱하여 만들어진 행렬이다.

이때 $det(A)=ad-bc$이고

$det(B)=kad-kbc=k(ad-bc)$이다.

따라서 $det(B)=k \cdot det(A)$이다.

행렬식의 특성 6

행렬 B가 행렬 A에 상수 k를 곱하여 만들어졌다면, 즉 $B=k \cdot A$이면 $det(B)=k^n det(A)$이다.

〈예제 3-18〉

$A=\begin{pmatrix} 1 & 2 \\ -1 & 3 \end{pmatrix}$이고, $B=3A=3 \cdot \begin{pmatrix} 1 & 2 \\ -1 & 3 \end{pmatrix}=\begin{pmatrix} 3 & 6 \\ -3 & 9 \end{pmatrix}$ 이면 $det(A)$와 $det(B)$를 구하라.

풀이 $det(A)=3-(-1)(2)=5$ 이고

$det(B)=27+18=45=3^2 \cdot 5=3^2 \cdot det(A)$이다.

여기서 행렬 A가 2×2행렬이기 때문에 $n=2$가 된다.

행렬식의 특성 7

행렬 A의 행벡타(또는 열벡타)들이 선형종속이면 $det(A)=0$이다. 이를 달리 설명하면 행렬 A를 행(row) 또는 열(column)로 분할하면 n개의 행벡타 또는 열벡타로 분할된다. 이때 이들 행벡타들 또는 열벡타들의 관계가 선형종속이면 이 행렬의 행렬식은 0이 된다.

〈예제 3-19〉

$$A=\begin{pmatrix} -1 & 2 & -1 \\ 0 & -1 & 1 \\ 2 & -5 & 3 \end{pmatrix},\ B=\begin{pmatrix} -1 & 2 & 0 \\ 0 & -1 & -1 \\ 2 & -5 & -1 \end{pmatrix}$$ 일 때 행렬식을 구하라.

풀이 행렬 A의 경우 행으로 분할하면 3개의 행벡타가 만들어진다. 즉

$a_1=(-1,\ 2,-1),\ a_2=(0,-1,-1)$ 그리고 $a_3=(2,\ 5,-1)$이다.

여기서 $a_3=(-2)a_1+a_2=(-2)(-1,\ 2,\ 0)+(0,-1,-1)$이므로

이들 행벡타들의 관계는 선형종속이다. 따라서 행렬식은 0이다.

실제 행렬 A의 행렬식을 구해 보면

$$|A|=\begin{vmatrix} -1 & 2 & -1 \\ 0 & -1 & 1 \\ 2 & -5 & 3 \end{vmatrix}=3+4+0-2-0-5=0$$ 으로 동일한 결과이다.

행렬 B의 경우 열로 분할해 보면 3번째 열벡타가 첫 번째 열벡타와 두 번째 열벡타의 선형결합으로 만들어진다. 즉

$$\begin{pmatrix} 0 \\ -1 \\ -1 \end{pmatrix}=2\times\begin{pmatrix} -1 \\ 0 \\ 2 \end{pmatrix}+\begin{pmatrix} 2 \\ -1 \\ -5 \end{pmatrix}=\begin{pmatrix} -2 \\ 0 \\ 4 \end{pmatrix}+\begin{pmatrix} 2 \\ -1 \\ -5 \end{pmatrix}$$ 이다.

따라서 이들 열벡타들의 관계는 선형종속이다. 그러므로 $det(B)=|B|=0$이다.

행렬식의 특성 8

여인수 전개로 행렬식을 구할 때 타 여인수(alien cofactors : 다른 행 또는 열의 여인수)를 사용하면 그 값은 항상 0이다.

〈예제 3-20〉

행렬 $D=\begin{bmatrix} 1 & 0 & 1 \\ 2 & 1 & 3 \\ 1 & 1 & 0 \end{bmatrix}$일 때 타 여인수를 사용하여 여인수 전개로 행렬식을 구하라.

풀이 행렬 $D=\begin{bmatrix} 1 & 0 & 1 \\ 2 & 1 & 3 \\ 1 & 1 & 0 \end{bmatrix}$의 행렬식을 1행 기준으로 전개하는데 2행의 여인수를 사용한다면 그 값은 0이다. 즉 1행을 기준으로 여인수 전개할 때 여인수를 1행의 여인수 C_{11}, C_{12}, C_{13} 대신에 2행의 여인수를 사용하여 전개한다면

$$\sum_{j=1}^{3} a_{1j}C_{2j}=a_{11}C_{21}+a_{12}C_{22}+a_{13}C_{23}=-a_{11}M_{21}+a_{12}M_{22}-a_{13}M_{23}$$

$$=-1\begin{vmatrix} 0 & 1 \\ 1 & 0 \end{vmatrix}-1\begin{vmatrix} 1 & 0 \\ 1 & 1 \end{vmatrix}=-1(-1)-1(1)=0\text{이 된다.}$$

여기서 여인수 $C_{21}=(0-1)^{2+1}M_{21}=-M_{21}=-\begin{vmatrix} 0 & 1 \\ 1 & 0 \end{vmatrix}$이다.

마찬가지로 두 번째 열로 전개하면서 세 번째 열의 여인수를 사용하면 0이 된다. 즉

$$\sum_{i=1}^{3} a_{i2}C_{i3}=a_{i2}C_{13}+a_{22}C_{23}+a_{32}C_{33}=a_{12}M_{13}-a_{22}M_{23}+a_{32}M_{33}$$

$$=1\begin{vmatrix}1 & 0\\1 & 1\end{vmatrix}-1\begin{vmatrix}1 & 0\\2 & 1\end{vmatrix}=1(1)-1(1)=0\text{이 된다.}$$

3.11 역행렬(Inverse matrix)

1) 개념

행렬 A와 B가 있을 때 두 행렬의 곱 $A \cdot B=I$일 때 B를 A의 역행렬이라고 하며 $B=A^{-1}$로 표시한다. 또한 A를 B의 역행렬, $A=B^{-1}$이라고 한다. 그런데 A와 B의 역행렬이 항상 존재하는 것은 아니다. A와 B의 역행렬이 존재하기 위해서는 반드시 A와 B가 정방행렬이어야 한다. 하지만 정방행렬은 역행렬이 존재하기 위한 필요조건이지 충분조건은 아니다.

정방행렬 A가 역행렬을 갖는다면 A를 비특이(nonsingular)행렬[1]이라 하고, 역행렬을 갖지 않는다면 특이(singular)행렬이라 한다. 그리고 역행렬은 다음의 특성을 갖는다.

역행렬의 특성

① $(AB)^{-1}=B^{-1}A^{-1}$　② $(A^{-1})^{t}=(A^{t})^{-1}$　③ $(A^{-1})^{-1}=A$
④ $AA^{-1}=A^{-1}A=I$　⑤ $I=I^{t}=I^{-1}$

특히 특성 ④는 어떤 행렬에 역행렬을 앞에서 곱하든 뒤에서 곱하든 그 결과는 똑같이 항등행렬이 된다는 것으로 아래의 예를 들어 설명해 보자.

1. 비특이(nonsingular)행렬를 가역(invertible)행렬 또는 정칙행렬이라고 하며, 특이(singular)행렬을 비가역(noninvertible)행렬, 비정칙행렬이라고 부른다.

$$A=\begin{pmatrix} 2 & 3 \\ 5 & -2 \end{pmatrix}, \text{ 그리고 } A^{-1}=-\frac{1}{19}\begin{pmatrix} -2 & -3 \\ -5 & 2 \end{pmatrix}\text{일 때}$$

$$AA^{-1}=\begin{pmatrix} 2 & 3 \\ 5 & -2 \end{pmatrix}-\frac{1}{19}\begin{pmatrix} -2 & -3 \\ -5 & 2 \end{pmatrix}=-\frac{1}{19}\begin{pmatrix} -19 & 0 \\ 0 & -19 \end{pmatrix}=\begin{pmatrix} 1 & 0 \\ 0 & 1 \end{pmatrix}=I\text{이며,}$$

$$AA^{-1}=\begin{pmatrix} 2 & 3 \\ 5 & -2 \end{pmatrix}-\frac{1}{19}\begin{pmatrix} -2 & -3 \\ -5 & 2 \end{pmatrix}=-\frac{1}{19}\begin{pmatrix} -19 & 0 \\ 0 & -19 \end{pmatrix}=\begin{pmatrix} 1 & 0 \\ 0 & 1 \end{pmatrix}=I\text{처럼}$$

역행렬을 앞에서 곱하나 뒤에서 곱하나 다같이 항등행렬이 나옴을 볼 수 있다.

그러면 역행렬의 용도는 무엇일까? 역행렬은 연립방정식의 해를 구하는데 직접적으로 사용된다. 예를 들면, 다음과 같이 선형 연립방정식 $\begin{matrix} x_1+2x_2=4 \\ 3x_1+4x_2=6 \end{matrix}$을 행렬방정식 형태로 표시하면 $A=\begin{pmatrix} 1 & 2 \\ 3 & 4 \end{pmatrix}$, $x=\begin{pmatrix} x_1 \\ x_2 \end{pmatrix}$, 그리고 $b=\begin{pmatrix} 4 \\ 6 \end{pmatrix}$일 때 $A_{2\times2}\cdot x_{2\times1}=b_{2\times1}$ 이다.

이때 행렬방정식의 해를 구하려면 먼저 양변에 A의 역행렬 A^{-1}를 곱한다. 즉 $A^{-1}_{2\times2}\cdot A_{2\times2}\cdot x_{2\times1}=A^{-1}_{2\times2}\cdot b_{2\times1}$이다. 이를 계산하면 $I_{2\times2}\cdot x_{2\times1}=x_{2\times1}=A^{-1}_{2\times2}\cdot b_{2\times1}$이 된다. 이러한 과정은 선형 연립방정식에서 해를 구할 때 역행렬이 어떻게 사용되는지를 보여준다. 즉 선형 연립방정식의 해는 계수행렬 A의 역행렬(A^{-1})과 상수행렬(b)을 곱하여 구해지는데 간단히 예를 들면 다음과 같다.

전기한 연립방정식에서 행렬 A의 역행렬 A^{-1}이 $A^{-1}=-\frac{1}{2}\begin{pmatrix} 4 & -2 \\ -3 & 1 \end{pmatrix}$이라면 연립방정식의 해는 다음과 같이 구해진다.

$$\begin{pmatrix} x_1 \\ x_2 \end{pmatrix}=-\frac{1}{2}\begin{pmatrix} 4 & -2 \\ -3 & 1 \end{pmatrix}\begin{pmatrix} 4 \\ 6 \end{pmatrix}=-\frac{1}{2}\begin{pmatrix} 4 \\ -6 \end{pmatrix}=\begin{pmatrix} -2 \\ 3 \end{pmatrix}$$

이를 요약해 보면 행렬방정식 $Ax=b$의 해를 구하는 방법은 행렬 A가 역행렬을 갖는다는 조건 하에서 우선 역행렬 A^{-1}를 구하고, 다음에 양변에 A^{-1}를 곱하여 계산하면 된다. 그런데 여기에 남은 문제는 계수 행렬 A가 역행렬을 가지는지 여부이다. 즉 A가 특이행렬인지 비특이 행렬인지를 확인하는 것이다. 이의 해답은 앞 절에서 설명하였던 행렬식(determinant)을 이용하여 간단히 확인할 수 있다. 즉 어떤 행렬의 행렬식 값이 0이면 이를 특이행렬이라 하고 역행렬을 갖지 않는다.

2) 역행렬을 구하는 절차

행렬 A가 $n\times n$행렬일 때 A의 역행렬은 A^{-1}로 표시하고 구하는 절차는 다음과 같다.

역행렬

$$A^{-1}=\frac{1}{|A|}\,adjA=\frac{1}{|A|}\,(C_{ij})^{t}$$

여기서 $adjA$는 행렬 A의 수반행렬(또는 부수행렬, adjoint matrix of A)이라고 하며, 행렬 A의 여인수로 구성되는 여인수 행렬을 전치하여 만들어진다. 다음의 3×3행렬 A를 예로 들어 수반행렬을 구해 보자.

$$A_{3\times3}=\begin{bmatrix} a_{11} & a_{12} & a_{13} \\ a_{21} & a_{22} & a_{23} \\ a_{31} & a_{32} & a_{33} \end{bmatrix}=(a_{ij})_{3\times3}$$

먼저 행렬 A의 여인수 C_{ij}를 구하고, 이들 여인수로 구성된 여인수 행렬을 만들면

$$(C_{ij})_{3\times3}=\begin{bmatrix} C_{11} & C_{12} & C_{13} \\ C_{21} & C_{22} & C_{23} \\ C_{31} & C_{32} & C_{33} \end{bmatrix}$$ 가 된다.

여기서 (C_{ij})행렬의 행과 열을 바꾸어 전치행렬 $(C_{ij})^{t}$를 구하면 이를 A의 수반행렬이라고 하며 $adjA$로 표시한다.

$$(C_{ij})^t_{3\times3}=\begin{bmatrix} C_{11} & C_{21} & C_{31} \\ C_{12} & C_{22} & C_{32} \\ C_{13} & C_{23} & C_{33} \end{bmatrix}=adjA$$

이때 여인수 C_{ij}를 구하는 방법은 앞에서 설명한 것처럼 소행렬식에 부호를 붙여 계산한다. 즉, $C_{ij}=(-1)^{i+j}M_{11}$이다.

이제 여러 가지 예를 들어 역행렬을 구해 보자.

〈예제 3-21〉

$A=\begin{pmatrix} 3 & 2 \\ 1 & 2 \end{pmatrix}$의 역행렬을 구하라.

풀이 ① 먼저 행렬식을 구한다. $|A|=6-2=4\neq0$

② 여인수 행렬을 구한다.

$$(C_{ij})=\begin{pmatrix} C_{11} & C_{12} \\ C_{21} & C_{22} \end{pmatrix}=\begin{pmatrix} M_{11} & -M_{12} \\ -M_{21} & M_{22} \end{pmatrix}=\begin{pmatrix} 2 & -1 \\ -2 & 3 \end{pmatrix}$$

③ 여인수 행렬의 전치행렬을 구한다.

$$(C_{ij})^t=adjA=\begin{pmatrix} 2 & -2 \\ -1 & 3 \end{pmatrix}$$

④ 끝으로 역행렬을 구한다.

$$A^{-1}=\frac{1}{|A|}(adjA)=\frac{1}{4}\begin{pmatrix} 2 & -2 \\ -1 & 3 \end{pmatrix}=\begin{pmatrix} \frac{1}{2} & -\frac{1}{2} \\ -\frac{1}{4} & \frac{3}{4} \end{pmatrix}$$

〈예제 3-22〉

$A=\begin{bmatrix} 3 & 1 & -2 \\ 4 & 0 & 3 \\ -1 & 0 & 3 \end{bmatrix}$ 의 역행렬을 구하라.

풀이 ① $|A| = -15 \neq 0$

② $(C_{ij}) = \begin{pmatrix} C_{11} & C_{12} & C_{13} \\ C_{21} & C_{22} & C_{23} \\ C_{31} & C_{32} & C_{33} \end{pmatrix} = \begin{pmatrix} M_{11} & -M_{12} & M_{13} \\ -M_{21} & M_{22} & -M_{23} \\ M_{31} & M_{32} & M_{33} \end{pmatrix}$

$= \begin{pmatrix} 0 & -15 & 0 \\ -3 & 7 & -1 \\ 3 & -17 & -4 \end{pmatrix}$, 여기서

$M_{11} = \begin{vmatrix} 0 & 3 \\ 0 & 3 \end{vmatrix} = 0$, $M_{12} = \begin{vmatrix} -4 & 3 \\ -1 & 3 \end{vmatrix} = -15$, $M_{13} = \begin{vmatrix} 4 & 0 \\ -1 & 0 \end{vmatrix} = 0$

$M_{21} = -\begin{vmatrix} 1 & -2 \\ 0 & 3 \end{vmatrix} = -3$, $M_{22} = \begin{vmatrix} 3 & -2 \\ -1 & 3 \end{vmatrix} = 7$,

$M_{23} = -\begin{vmatrix} 3 & 1 \\ -1 & 0 \end{vmatrix} = -1$, $M_{31} = \begin{vmatrix} 1 & -2 \\ 0 & 3 \end{vmatrix} = 3$,

$M_{32} = -\begin{vmatrix} 3 & -2 \\ 4 & 3 \end{vmatrix} = -17$, $M_{33} = \begin{vmatrix} 3 & 1 \\ 4 & 0 \end{vmatrix} = -4$이다.

③ $(C_{ij})^t = adjA = \begin{pmatrix} 0 & -3 & 3 \\ -15 & 7 & -17 \\ 0 & -1 & -4 \end{pmatrix}$

④ $A^{-1} = \frac{1}{|A|}(adjA) = -\frac{1}{15}\begin{pmatrix} 0 & -3 & 3 \\ -15 & 7 & -17 \\ 0 & -1 & -4 \end{pmatrix}$

〈예제 3-23〉

연립방정식의 해를 역행렬을 이용하여 구해 보자.

$$x_1 + 2x_2 - x_3 = 3$$
$$3x_1 + 4x_2 + x_3 = 15$$
$$-x_1 - x_2 + 2x_3 = 5$$

풀이

위 식을 행렬방정식으로 표시해 보면 $\begin{pmatrix} 1 & 2 & -1 \\ 3 & 4 & 1 \\ -1 & -1 & 2 \end{pmatrix}\begin{pmatrix} x_1 \\ x_2 \\ x_3 \end{pmatrix} = \begin{pmatrix} 3 \\ 15 \\ 5 \end{pmatrix}$이다. 따라서 $\begin{pmatrix} x_1 \\ x_2 \\ x_3 \end{pmatrix} = \dfrac{1}{\begin{vmatrix} 1 & 2 & -1 \\ 3 & 4 & 1 \\ -1 & -1 & 2 \end{vmatrix}} adjA \cdot \begin{pmatrix} 3 \\ 15 \\ 5 \end{pmatrix}$이다. 여기서 먼저 행렬 A의 행렬식 값을 구하면 $detA = 8-2+3-(4-1+12) = -6$이다. 다음으로 수반행렬 $adjA$를 구해 보자.

$$adjA = \begin{pmatrix} C_{11} & C_{21} & C_{31} \\ C_{12} & C_{22} & C_{32} \\ C_{13} & C_{23} & C_{33} \end{pmatrix} = \begin{pmatrix} M_{11} & -M_{21} & M_{31} \\ -M_{12} & M_{22} & -M_{32} \\ M_{13} & -M_{23} & M_{33} \end{pmatrix}$$

$$M_{11} = \begin{vmatrix} 4 & 1 \\ -1 & 2 \end{vmatrix} = 9,\ -M_{12} = -\begin{vmatrix} -3 & 1 \\ -1 & 2 \end{vmatrix} = -7,\ M_{13} = \begin{vmatrix} 3 & 4 \\ -1 & -1 \end{vmatrix} = 1$$

$$-M_{21} = -\begin{vmatrix} 2 & -1 \\ -1 & 2 \end{vmatrix} = -3,\ M_{22} = \begin{vmatrix} 1 & -1 \\ -1 & 2 \end{vmatrix} = 1,\ -M_{23} = -\begin{vmatrix} 1 & 2 \\ -1 & -1 \end{vmatrix} = -1$$

$$M_{31} = -\begin{vmatrix} 2 & -1 \\ 4 & 1 \end{vmatrix} = 6,\ -M_{32} = -\begin{vmatrix} 1 & -1 \\ 3 & 1 \end{vmatrix} = -4,\ M_{33} = \begin{vmatrix} 1 & 2 \\ 3 & 4 \end{vmatrix} = -2$$

따라서 $adjA = \begin{pmatrix} 9 & -3 & 6 \\ -7 & 1 & -4 \\ 1 & -1 & -2 \end{pmatrix}$이므로, 이를 대입하여 계산하면

$$\begin{pmatrix} x_1 \\ x_2 \\ x_3 \end{pmatrix} = -\frac{1}{6}\begin{pmatrix} 9 & -3 & 6 \\ -7 & 1 & -4 \\ 1 & -1 & -2 \end{pmatrix} \cdot \begin{pmatrix} 3 \\ 15 \\ 5 \end{pmatrix} = -\frac{1}{6}\begin{pmatrix} 12 \\ -26 \\ -22 \end{pmatrix} = \begin{pmatrix} -2 \\ \frac{13}{3} \\ \frac{11}{3} \end{pmatrix}$$ 이다.

3.12 크래이머 법칙(Cramer's law)

앞 절에서 역행렬을 사용하여 연립방정식의 해를 구하는 과정을 살펴보았다. 여기서는 역행렬을 사용하지 않고 연립방정식의 해를 구하는 방법, 즉 크래이머의 법칙에 관해서 알아보자.

다음과 같은 n개의 변수와 n개의 방정식으로 이루어진 연립방정식이 주어져 있을 때, 이를 행렬방정식 형태로 표시해 보자.

$$\begin{array}{ccccccccccc}
a_{11}x_1 & + & a_{12}x_2 & + \cdots + & a_{1j}x_j & + \cdots + & a_{1n}x_n & = & b_1 \\
a_{21}x_1 & + & a_{22}x_2 & + \cdots + & a_{2j}x_j & + \cdots + & a_{2n}x_n & = & b_2 \\
\cdot & + & \cdot & + \cdots + & \cdot & + \cdots + & \cdot & = & \cdot \\
a_{i1}x_1 & + & a_{i2}x_2 & + \cdots + & a_{ij}x_j & + \cdots + & a_{in}x_n & = & b_i \\
\cdot & + & \cdot & + \cdots + & \cdot & + \cdots + & \cdot & = & \cdot \\
a_{(n-1)1}x_1 & + & a_{(n-1)2}x_2 & + \cdots + & a_{(n-1)j}x_j & + \cdots + & a_{(n-1)n}x_n & = & b_{n-1} \\
a_{n1}x_1 & + & a_{n2}x_2 & + \cdots + & a_{nj}x_j & + \cdots + & a_{nn}x_n & = & b_n
\end{array}$$

위 방정식 체계를 a_{ij}로 구성되는 계수행렬 A와 x_1, $x_2, \cdots$, $x_j, \cdots$, x_n의 변수로 구성되는 벡타 x와 b_1, $b_2, \cdots$, b_n으로 구성되는 우변상수 벡타 b의 곱으로 표시되는 행렬방정식은 다음과 같다.

$$A=\begin{bmatrix} a_{11} & a_{12} & \cdots\cdots & a_{1n} \\ a_{21} & a_{22} & \cdots\cdots & a_{2n} \\ \cdot & \cdot & \cdots\cdots & \cdot \\ \cdot & \cdot & \cdots\cdots & \cdot \\ a_{n1} & a_{n2} & \cdots\cdots & a_{nn} \end{bmatrix},\ x=\begin{bmatrix} x_1 \\ x_2 \\ \cdot \\ \cdot \\ x_n \end{bmatrix},\ b=\begin{bmatrix} b_1 \\ b_2 \\ \cdot \\ \cdot \\ b_n \end{bmatrix}$$

$$Ax=b$$

여기서 행렬 A의 j번째 열을 제외하고 그 자리에 상수 벡타 b를 삽입하여

만든 행렬을 A_j행렬이라 약속하면 A_j행렬도 $n\times n$ 행렬이다. 이때 변수 x_j의 해를 다음의 절차를 통하여 구할 수 있다. $x_j=\frac{|A_j|}{|A|}$. 예를 들어 x_1의 해는 $\frac{|A_1|}{|A|}$ 그리고 x_n의 해는 $\frac{|A_n|}{|A|}$이다. 이와 같이 변수의 해를 계수행렬의 행렬식과 계수행렬의 변형인 새로운 A_j행렬의 행렬식을 이용하여 구하는 절차를 크레이머 법칙이라고 한다.

크레이머의 법칙

$$x_j=\frac{|A_j|}{|A|},\ j=1,\ 2,\ 3,\ \cdots,\ n$$

간단한 예를 통하여 크레이머 법칙을 설명해 보자. 3개의 변수와 3개의 방정식으로 구성된 다음의 연립방정식의 해를 구하려고 한다면 역행렬을 이용하거나 크레이머 법칙을 이용하여 해를 구할 수 있다. 크레이머 법칙을 이용하여 해를 구해 보자.

$$\begin{aligned} x_1+2x_2-\ x_3&=\ 3\\ 3x_1+4x_2+\ x_3&=15\\ -x_1-\ x_2+2x_3&=\ 5 \end{aligned}$$

위 식을 행렬방정식의 형태로 나타내면 $\begin{pmatrix} 1 & 2 & -3\\ 3 & 4 & 1\\ -1 & -1 & 2 \end{pmatrix}\begin{pmatrix} x_1\\ x_2\\ x_3 \end{pmatrix}=\begin{pmatrix} 3\\ 15\\ 5 \end{pmatrix}$이다. 먼저 변수 x_1의 해를 구하면

$$x_1=\frac{|A_1|}{|A|}=\frac{\begin{vmatrix} 3 & 2 & -1\\ 15 & 4 & 1\\ 5 & -1 & 2 \end{vmatrix}}{\begin{vmatrix} 1 & 2 & -1\\ 3 & 4 & 1\\ -1 & -1 & 2 \end{vmatrix}}=\frac{12}{-6}=-2$$

이다. 똑같은 방법으로 $x_2 = \frac{|A_2|}{|A|} = \frac{\begin{vmatrix} 1 & 3 & -1 \\ 3 & 15 & 1 \\ -1 & 5 & 2 \end{vmatrix}}{\begin{vmatrix} 1 & 2 & -1 \\ 3 & 4 & 1 \\ -1 & -1 & 2 \end{vmatrix}} = \frac{-26}{-6} = \frac{13}{3}$, $x_3 =$

$\frac{|A_3|}{|A|} = \frac{\begin{vmatrix} 1 & 2 & 3 \\ 3 & 4 & 15 \\ -1 & -1 & 5 \end{vmatrix}}{\begin{vmatrix} 1 & 2 & -1 \\ 3 & 4 & 1 \\ -1 & -1 & 2 \end{vmatrix}} = \frac{-22}{-6} = \frac{11}{3}$이다. 그리고 모든 변수의 해를 구한

다음 마지막 절차로 항상 각 변수의 값을 방정식에 대입하여 그 결과가 정확하게 계산되었는지의 여부를 확인하는 과정을 잊어서는 안 된다. 만약 방정식의 값과 일치하지 않는다면 각 변수의 해를 구하는 과정에서 착오가 발생하였으므로 다시 해를 구해야 한다.

3.13 가우스 졸단의 소거법(Gauss-Jordan Elimination method)

가우스 졸단의 소거법은 보통 기본행의 조작법(elementary row operation)으로 알려져 있는데 1차 연립방정식의 해를 간단한 일련의 행의 조작과 행들 간의 가감산을 통해 구하는 방법을 말한다. 그 절차는 다음과 같다.

가우스 졸단의 소거법

① 행렬의 두 행을 서로 바꾸거나

② 행렬의 한 행에 0이 아닌 상수를 곱하고

③ 행렬의 한 행에 다른 행의 상수배를 가감하는 기본행 연산을 통하여 연립 1차 방정식의 형태를 독립변수의 단위벡타 형태로 전환한다.

간단한 예를 들어보자. 다음과 같이 3원 1차 연립방정식이 주어져 있을 때 이를 가우스 졸단의 소거법을 이용하여 해를 구하면 다음과 같다.

$$\begin{aligned} x_1+3x_2-2x_3&=4 \\ 3x_1+x_2+2x_3&=4 \\ 2x_1+8x_2-5x_3&=15 \end{aligned}$$

■ 첫 번째 변환

연립방정식의 첫 번째 방정식의 변수 x_1의 계수가 1이 아니라면 x_1계수가 1인 다른 행과 서로 바꾼 후 첫 번째 행의 x_1의 계수는 1이고 나머지 행의 x_1의 계수가 0이 되도록, 즉 단위벡타 형태가 되도록 행의 가감산을 수행한다. 즉 첫 번째 행에 3을 곱하여 그 결과를 2번째 행으로부터 감산한다. 그 다음에 첫 번째 행에 2를 곱하여 그 결과를 세 번째 행으로부터 감산한다. 그러면 다음과 같은 새로운 방정식이 계산된다. 즉

$$②식-①식\times3:\ (3x_1+x_2+2x_3)-(3x_1+9x_2-6x_3)=4-12$$
$$-8x_2+8x_3=-8$$
$$③식-①식\times2:\ (2x_1+8x_2-5x_3)-(2x_1+6x_2-4x_3)=15-8$$
$$2x_1-x_3=7$$

이를 정리하면 아래와 같이 변환된다.

$$\begin{aligned} x_1+3x_2-2x_3&=4 \\ 3x_1+x_2+2x_3&=4 \\ 2x_1+8x_2-5x_3&=15 \end{aligned} \quad \rightarrow \quad \begin{aligned} x_1+3x_2-2x_3&=4 \\ -8x_2+8x_3&=-8 \\ 2x_2-x_3&=7 \end{aligned}$$

■ 두 번째 변환

두 번째 변환을 수행하기에 앞서 변환된 방정식의 두 번째 행의 x_2변수의 계

수가 8이므로 두 번째 행을 8로 나누어 계수가 1이 되도록 한다. 그 다음에 두 번째 행의 x_2의 계수를 중심으로 첫 번째 행과 세 번째 행의 계수가 단위벡타 형태가 되도록 행간에 가감산을 수행한다. 이후의 연산은 첫 번째 변환과정과 같이 수행하면 된다. 그러면 아래와 같이 두 번째 변환 후의 방정식이 계산된다. 즉

①식－②식×3 : $(x_1+3x_2-2x_3)-(3x_2-3x_3)=4-3 \rightarrow x_1+x_3=1$

③식－①식×2 : $(2x_2-x_3)-(2x_2-2x_3)=7-2 \rightarrow x_3=5$

이를 정리하면 아래와 같이 두 번째 변환 후의 연립방정식이 나온다.

$$\begin{aligned} x_1+3x_2-2x_3&=4 \\ x_2-\ x_3&=1 \\ 2x_2-\ x_3&=7 \end{aligned} \quad \rightarrow \quad \begin{aligned} x_1 \qquad +x_3&=1 \\ x_2-x_3&=1 \\ x_3&=5 \end{aligned}$$

■ **세 번째 변환**

방정식의 세 번째 행의 x_3변수의 계수가 1인지를 확인한다. 만약 x_3의 계수가 1이 아니라면 x_3계수를 행 전체에 나누어 x_3의 계수가 1이 되도록 한다. 두 번째 변환 후의 방정식을 보면 x_3의 계수가 1이므로 첫 번째 행과 두 번째 행의 x_3계수가 0이 되도록 행간의 가감산을 수행한다. 즉

①식－③식: $(x_1+x_3)-x_3=1-5 \rightarrow x_1=-4$

②식＋③식: $(x_2-x_3)+x_3=1+5 \rightarrow x_2=6$

그 결과 연립방정식은 다음의 형태로 변환되어 각 변수의 값이 구해진다.

$$\begin{aligned} x_1 \qquad &=-4 \\ x_2 \quad &=\ \ 6 \\ x_3 &=\ \ 5 \end{aligned}$$

이를 정리하면 가우스 졸단의 소거법은 연립방정식의 내생변수의 수만큼 변환을 거쳐 연립방정식의 각 변수의 값을 구하는 과정으로 상기한 예를 단계별로

제시하면 다음과 같다.

$$\begin{aligned} x_1+3x_2-2x_3&=4 \\ 3x_1+x_2+2x_3&=4 \\ 2x_1+8x_2-5x_3&=15 \end{aligned} \quad \rightarrow$$

첫 번째 변환		두 번째 변환		세 번째 변환
$x_1+3x_2-2x_3=4$		$x_1+x_3=1$		$x_1=-4$
$-8x_2+8x_3=-8$	$\rightarrow$	$x_2-x_3=1$	$\rightarrow$	$x_2=6$
$2x_2-x_3=7$		$x_3=5$		$x_3=5$

가우스 졸단의 소거법은 1차 연립방정식의 해를 구할 때 사용할 수 있는 편리한 방법일 뿐만 아니라 역행렬을 구할 때도 사용하면 쉽게 역행렬을 계산해 낼 수 있다. 전기한 연립방정식의 계수행렬을 이용하여 역행렬을 계산해 보자. 이를 위해 필요한 첫 번째 작업은 계수행렬을 다음의 형태로 바꾼 후 계수행렬의 형태가 항등행렬의 형태로 될 때까지 변환과정을 반복한다.

$$\left(\begin{array}{ccc|ccc} 1 & 3 & -2 & 1 & 0 & 0 \\ 3 & 1 & 2 & 0 & 1 & 0 \\ 2 & 8 & -5 & 0 & 0 & 1 \end{array}\right)$$

■ 첫 번째 변환

행렬의 첫 번째 행에 3을 곱한 후 이를 두 번째 행에 감산을 한다. 그리고 행렬의 첫 번째 행에 2를 곱한 후 이를 세 번째 행에 감산을 한다. 즉

②행 − ①행 × 3 : $(3, 1, 2, 0, 1, 0)-(1, 3, -2, 1, 0, 0)\times 3$

$= (0, -8, 8, -3, 1, 0)$

③행 − ②행 × 2 : $(2, 8, -5, 0, 0, 1)-(1, 3, -2, 1, 0, 0)\times 2$

$$=(0,\ 2,-1,-2,\ 0,\ 1)$$

따라서 다음과 같이 변환된다.

$$\left[\begin{array}{ccc|ccc}1 & 3 & -2 & 1 & 0 & 0\\ 3 & 1 & 2 & 0 & 1 & 0\\ 2 & 8 & -5 & 0 & 0 & 1\end{array}\right] \rightarrow \left[\begin{array}{ccc|ccc}1 & 3 & -2 & 1 & 0 & 0\\ 0 & -8 & 8 & -3 & 1 & 0\\ 0 & 2 & -1 & -2 & 0 & 1\end{array}\right]$$

■ 두 번째 변환

행렬의 두 번째 행의 두 번째 원소가 1이 되도록 두 번째 행을 −8로 나누어준다. 다음에 행렬의 두 번째 열이 단위벡타가 되도록 행을 조작한다. 즉

$$(0,-8,\ 8,-3,\ 1,\ 0)\div(-8)=(0,\ 1,-1,\ 3/8,-1/8,\ 0)$$

다음에 이를 이용하여 아래의 계산을 거쳐 두 번째 변환을 수행한다.

$$①\text{행}-②\text{행}\times 3:(1,\ 3,-2\ ,1,\ 0,\ 0)-(0,\ 1,-1,\ 3/8,-1/8,\ 0)\times 3$$
$$=(1,\ 0,\ 1,-1/8,\ 3/8,\ 0)$$
$$③\text{행}-②\text{행}\times 2:(0,\ 2,-1,-2,\ 0,\ 1)-(0,\ 1,-1,\ 3/8,-1/8,\ 0)\times 2$$
$$=(0,\ 2,-1,-2,\ 0,\ 1)$$

$$\left[\begin{array}{ccc|ccc}1 & 3 & -2 & 1 & 0 & 0\\ 0 & 1 & -1 & \frac{3}{8} & -\frac{1}{8} & 0\\ 0 & 2 & -1 & -2 & 0 & 1\end{array}\right] \rightarrow \left[\begin{array}{ccc|ccc}1 & 0 & 1 & -\frac{1}{8} & \frac{3}{8} & 0\\ 0 & 1 & -1 & \frac{3}{8} & -\frac{1}{8} & 0\\ 0 & 0 & 1 & -\frac{22}{8} & \frac{2}{8} & 1\end{array}\right]$$

■ 세 번째 변환

행렬의 세 번째 행의 x_3의 계수가 1이고 나머지 행의 x_3계수가 0이 되도록 연산한다. 즉 첫 번째 행으로부터 세 번째 행을 빼주고, 다음에 두 번째 행에 세 번째 행을 더해 준 후 정리하면 다음의 행렬이 만들어진다.

$$\left(\begin{array}{ccc|ccc} 1 & 0 & 1 & -\frac{1}{8} & \frac{3}{8} & 0 \\ 0 & 1 & -1 & \frac{3}{8} & -\frac{1}{8} & 0 \\ 0 & 0 & 1 & -\frac{22}{8} & \frac{2}{8} & 1 \end{array}\right) \rightarrow \left(\begin{array}{ccc|ccc} 1 & 0 & 0 & \frac{21}{8} & \frac{1}{8} & -1 \\ 0 & 1 & 0 & -\frac{19}{8} & \frac{1}{8} & -1 \\ 0 & 0 & 1 & -\frac{22}{8} & \frac{2}{8} & 1 \end{array}\right)$$

전기한 세 번의 변환을 통하여 원래 주어진 행렬은 항등행렬로 변화하였으며, 항등행렬은 원 행렬의 역행렬로 변환되어져 있다. 끝으로 이렇게 변환된 행렬이 원 행렬의 역행렬인지를 검사해야 된다. 그것은 원 행렬과 새롭게 구해진 역행렬을 곱하여 항등행렬이 되면 된다. 두 행렬을 곱한 결과 아래와 같이 항등행렬이 되었다.

$$\begin{pmatrix} 1 & 3 & -2 \\ 3 & 1 & 2 \\ 2 & 8 & -5 \end{pmatrix} \times \begin{pmatrix} \frac{21}{8} & \frac{1}{8} & -1 \\ -\frac{19}{8} & \frac{1}{8} & 1 \\ -\frac{22}{8} & \frac{2}{8} & 1 \end{pmatrix} = \begin{pmatrix} 1 & 0 & 0 \\ 0 & 1 & 0 \\ 0 & 0 & 1 \end{pmatrix}$$

3.14 고유치(Eigen Value)와 고유벡타(Eigen Vector)

1) 정의

우리는 주위에서 흔히 다음과 같은 문제를 만나는 경우를 볼 수 있다. 공학이나 수학 그리고 과학 영역에서 어떤 문제들을 함수식으로 표현하고, 이를 다시 행렬방정식 형태로 표현할 때 A가 $n \times n$행렬이고, x가 nonzero 벡타이며, 어떤 수 λ에 대하여 $Ax = \lambda x$와 같은 문제들을 볼 경우가 종종 있다. 본 장에서는 이와 관련된 이론과 문제를 풀이하는 과정에 대하여 설명하고자 한다. 먼저 고유벡타와 고유치를 정의하면 다음과 같다.

고유벡타와 고유치의 정의

A가 $n \times n$행렬이고 $Ax=\lambda x$를 만족시키는 어떤 수 λ와 n차원 실수공간의 nonzero 벡타 x가 있다고 가정할 때 x를 A의 고유벡타(eigen vector)라 하고 λ를 행렬 A의 고유치(eigen value)라고 한다.

위 정의에서 λ를 x에 관련된 고유치라고 하며, 마찬가지로 x를 λ에 관련된 고유벡타라고 한다.

"eigen" 이라는 단어는 원래 독일어로서 영어의 "proper" 라는 의미를 갖으며, "eigenvalue"를 보통 "proper value", "characteristic value", 또는 "latent root"로 부르기도 한다. 마찬가지로 "eigenvector"는 "proper vector", "characteristic vector"라고 부르기도 한다. 여기서 주의할 것은 고유치나 고유벡타는 행렬 A가 정방행렬일 때만 정의된다는 것이다. 이 말은 행렬 A가 정방행렬이 아닌 장방형 행렬이라면 행렬 A의 고유벡타나 고유치라는 개념이 성립될 수 없다는 의미이다.

예를 들어 $A=\begin{pmatrix} -1 & 2 \\ 0 & 3 \end{pmatrix}$일 때 고유벡타 x와 고유치 λ를 $x=\begin{pmatrix} 1 \\ 2 \end{pmatrix}$, $\lambda=3$이라고 하면 이 값을 $Ax=\lambda x$식에 대입해 보자. 그러면 $\begin{pmatrix} -1 & 2 \\ 0 & 3 \end{pmatrix}\begin{pmatrix} 1 \\ 2 \end{pmatrix}= =\begin{pmatrix} 3 \\ 6 \end{pmatrix}=3\begin{pmatrix} 1 \\ 2 \end{pmatrix}$가 되어 정의가 성립함을 알 수 있다. 따라서 고유벡타는 $\begin{pmatrix} 1 \\ 2 \end{pmatrix}$이고 고유치는 3이 된다.

그런데 이 문제에 있어서 또 다른 고유치와 고유벡타가 존재할까? 만약 고유벡타가 $\begin{pmatrix} 1 \\ 0 \end{pmatrix}$일 경우 이에 관련된 또 다른 고유치 -1이 존재함을 알 수 있다. 이를 대입해 나열해 보면 $\begin{pmatrix} -1 & 2 \\ 0 & 3 \end{pmatrix}\begin{pmatrix} 1 \\ 0 \end{pmatrix}=\begin{pmatrix} -1 \\ 0 \end{pmatrix}=(-1)\begin{pmatrix} 1 \\ 0 \end{pmatrix}$이 성립한다. 따라서 고유치와 고유벡타는 하나 또는 그 이상의 것이 존재할 수 있음을 생각할 수 있다. 그러면 어떻게 하면 고유치와 고유벡타를 찾을 수 있을까?

2) 고유치를 찾기

고유치를 찾기에 앞서 먼저 고유치와 고유벡타를 설명할 때 도입하였던 행렬 방정식의 형태를 다시 나타내면 아래와 같이 표시할 수 있다.

$$Ax=\lambda x$$

항등행렬의 정리에 따르면 $Ax=\lambda Ix$이니 이를 대입하여 위 식을 다시 정리하면

$$\lambda Ix-Ax=0$$

$(\lambda I-A)x=0$이 된다.

고유벡타 x는 nonzero 벡타이기 때문에 $(\lambda I-A)x=0$은 비자명해(nontrivial solution)을 갖는다. 이때 비자명해를 갖기 위해서는 $(\lambda I-A)$는 특이행렬이어야 하고 따라서 $(\lambda I-A)$행렬의 행렬식 값은 0이어야 한다. 즉 $det(\lambda I-A)=|\lambda I-A|=0$이어야 한다. 여기서 $det(\lambda I-A)=|\lambda I-A|=0$을 행렬 A의 특성방정식(characteristic equation)이라고 하며, A가 $n\times n$행렬이면 특성방정식은 λ의 n차 방정식이 된다. 예를 들어 A가 2×2행렬이라면 $(\lambda I-A)$는 $\lambda\begin{pmatrix}1&0\\0&1\end{pmatrix}-\begin{pmatrix}a_{11}&a_{12}\\a_{21}&a_{22}\end{pmatrix}=\begin{pmatrix}\lambda&0\\\lambda&0\end{pmatrix}-\begin{pmatrix}a_{11}&a_{12}\\a_{21}&a_{22}\end{pmatrix}=\begin{pmatrix}\lambda-a_{11}&-a_{12}\\-a_{21}&\lambda-a_{12}\end{pmatrix}$가 된다. 따라서 행렬식은 $(\lambda-a_{11})(\lambda-a_{12})-a_{12}a_{21}$로 λ에 관한 2차식이 된다. 마찬가지로 A가 3×3행렬이면 특성방정식은 λ에 관한 3차식이 그리고 A가 $n\times n$행렬이면 특성방정식은 λ에 관한 n차식이 된다.

그리고 상기한 설명 중에서 비자명해란 연립방정식의 해가 0이 아닌 값이 존재할 때의 해를 의미한다. 즉 연립방정식의 모든 변수의 값이 0일 때의 해를 자명해(trivial solution)라고 한다. 아울러 $(\lambda I-A)x=0$이 비자명해를 갖기 위해서 $\lambda I-A$가 특이행렬이어야 한다는 의미는 x의 해를 구하려면 $(\lambda I-A)x=0$식의 양변에 $\lambda I-A$행렬의 역행렬을 곱하면 된다. 즉

$x = \frac{0}{|\lambda I - A|} adj(\lambda I - A)$의 형태가 된다. 그런데 벡타 x가 0 벡타가 아니기 때문에 분자의 값이 0이므로 분모의 값은 당연히 0이 되어야 한다. 따라서 $(\lambda I - A)$행렬이 특이행렬이 되어야 한다는 것이다.

특성방정식(characteristic equation)

(1) A가 $n \times n$행렬이면 $(\lambda I - A)$도 $n \times n$행렬이다.

(2) $(\lambda I - A)$행렬의 행렬식 $det(\lambda I - A) = 0$은 행렬 A의 특성다항식(characteristic polynomial)이라 불리는 λ의 n차 다항식이다.

(3) $det(\lambda I - A) = 0$을 행렬 A의 특성방정식이라고 한다.

〈예제 3-24〉

행렬 A가 $\begin{pmatrix} 2 & 3 \\ 4 & 3 \end{pmatrix}$일 때 고유치를 구하라.

풀이 먼저 $\lambda I - A$를 구한다. 즉

$$\lambda I - A = \begin{pmatrix} \lambda & 0 \\ 0 & \lambda \end{pmatrix} - \begin{pmatrix} 2 & 3 \\ 4 & 3 \end{pmatrix} = \begin{pmatrix} \lambda-2 & -3 \\ -4 & \lambda-3 \end{pmatrix}$$

다음에 $\lambda I - A$의 행렬식을 구한다.

$$det(\lambda I - A) = \begin{vmatrix} \lambda-2 & -3 \\ -4 & \lambda-3 \end{vmatrix} = (\lambda-2)(\lambda-3) - 12$$

$$= \lambda^2 - 5\lambda - 6$$

끝으로 특성방정식 $\lambda^2 - 5\lambda - 6 = 0$은 $(\lambda-6)(\lambda+1) = 0$이므로 $\lambda = 6$ 또는 $\lambda = -1$이다.

〈예제 3-25〉

행렬 A의 고유치를 구하라.

$$A=\begin{bmatrix} 5 & -7 & 7 \\ 4 & -3 & 4 \\ 4 & -1 & 2 \end{bmatrix}$$

풀이 행렬 A의 고유치를 구하는 것을 단계별로 나누어 설명하면 다음과 같다.

1단계: $(\lambda I-A)$행렬을 계산한다.

$$\lambda I-A=\begin{bmatrix} \lambda & & \\ & \lambda & \\ & & \lambda \end{bmatrix}-\begin{bmatrix} 5 & -7 & 7 \\ 4 & -3 & 4 \\ 4 & -1 & 2 \end{bmatrix}=\begin{bmatrix} \lambda-5 & 7 & -7 \\ -4 & k+3 & -4 \\ -4 & 1 & \lambda-2 \end{bmatrix}$$

2단계: $(\lambda I-A)$행렬의 행렬식 값을 구한다.

$$det(\lambda I-A)=\begin{vmatrix} \lambda-5 & 7 & -7 \\ -4 & \lambda+3 & -4 \\ -4 & 1 & \lambda-2 \end{vmatrix}$$

$$=(\lambda-5)\begin{vmatrix} \lambda+3 & -4 \\ 1 & \lambda-2 \end{vmatrix}-7\begin{vmatrix} -4 & -4 \\ -4 & \lambda-2 \end{vmatrix}-7\begin{vmatrix} -4 & \lambda+3 \\ -4 & 1 \end{vmatrix}$$

$$=(\lambda-5)(\lambda^2+\lambda-2)-7(-4\lambda-8)-7(4\lambda+8)$$

$$=\lambda^3-4\lambda^2-7\lambda+10$$

3단계: 특성방정식의 해를 구한다.

$$det(\lambda I-A)=0$$

$$\lambda^3-4\lambda^2-7\lambda+10=0$$

위와 같은 3차 방정식의 해를 구할 때 간단하게 적용할 수 있는 방법으로 상수 10의 약수를 나열하고 이 값을 대입하여 방정식을 만족시키는가를 계산해 본다. 만약 만족시킨다면 그 값은 방정식의 해이다. 10의 약수는 $\pm1, \pm2, \pm5, \pm10$이다. 먼저 1을 방정식에 대입하여 보면 $1^3-4(1^2)-7(1)+10=0$이다. 따라서 $\lambda=1$

은 특성방정식의 해이다. $(\lambda-1)$을 이용하여 특성방정식을 나누어 보면 다음과 같다.

$$\begin{aligned}\lambda^3-4\lambda^2-7\lambda+10&=(\lambda-1)(\lambda^2-3\lambda-10)\\&=(\lambda-1)(\lambda+2)(\lambda-5)=0\end{aligned}$$

따라서 행렬 A의 고유치는 $\lambda=1$, $\lambda=-2$, $\lambda=5$이다.

우리는 지금까지 여러 가지 예를 통하여 어떤 특정 행렬의 고유치를 구해 보았다. 그런데 아주 특별한 경우를 제외하고는 특성방정식의 해를 구함으로써 행렬의 고유치를 구하는 것이 실제로 쉽지 않다. 다음에는 고유치를 계산할 때 아주 흥미롭고 놀랄만한 수학방법을 제시해 본다. 그러나 이에 앞서 반드시 주목해야 할 기술적인 문제가 있다. 즉 고유치를 찾기 위하여 특성방정식의 해를 계산할 때 항상 실수(real number)의 해만 구해지는 것이 아니라 실수해가 아닌 해가 계산될 때가 있다. 즉 복소수(complex number)가 계산되는 경우가 있다.

예를 들어 행렬 A가 $\begin{pmatrix}0&-1\\1&0\end{pmatrix}$인 경우 고유치를 구하면, 먼저 $\lambda I-A$를 계산하면 $\lambda I-A=\begin{pmatrix}\lambda&\\&\lambda\end{pmatrix}-\begin{pmatrix}0&-1\\1&0\end{pmatrix}=\begin{pmatrix}\lambda&1\\-1&\lambda\end{pmatrix}$가 된다. 여기서 특성방정식을 계산하면 $\lambda^2+1=0$이 된다. 따라서 실수해를 갖지 못하게 되며 행렬 A는 실수의 고유치를 갖지 못한다.

그러나 방정식 $\lambda^2+1=0$은 $\pm i$라는 2개의 복소수 해를 갖는다. 즉 $\lambda=i$, $\lambda=-i$는 방정식 $\lambda^2+1=0$을 만족시킨다. 이러한 복소수의 고유치를 갖는 경우가 전자공학이나 핵물리학의 문제를 해결하는 과정 속에서 발견되곤 한다. 그러나 사회과학 영역에서는 단지 실수의 고유치만 요구하기 때문에 본서에서는 복소수의 해를 갖는 고유치 문제를 생략하기로 한다.

고유치가 구해지면 고유치를 이용하여 고유벡타를 구할 수 있다. 그러나 본서에서는 고유벡타를 구하는 것을 유보하기로 한다. 최근에 개발되어 있는 많은 응용소프트웨어에는 이용자들이 고유치와 고유벡타를 쉽게 구할 수 있는 방법을 제공하고 있다.

보충

■ ∑ 표기법

∑의 표기법에 의하면 x_1, x_2, x_3의 합은 다음과 같이 표시되며, 이는 i는 1부터 3까지의 x_i의 합으로 읽는다.

$$x_1+x_2+x_3=\sum_{i=1}^{3}$$

기호 ∑(시그마로 읽는다)는 어디부터 어디까지의 합을 의미한다. 부호 i는 정수 값만을 가지고 j 또는 k로 표시된다. ∑는 다음과 같은 성질이 있다.

(1) $\sum_{j=0}^{4} x_j=(x_0+x_1+x_2)+(x_3+x_4)=\sum_{j=0}^{2} x_j+\sum_{j=3}^{4} x_j$

(2) $\sum_{k=1}^{3} bx_k=bx_1+bx_2+bx_3=b(x_1+bx_2+bx_3)=b\sum_{k=1}^{3} x_k$

(3) $\sum_{i=0}^{n}a_ix^i=a_0x^0+a_1x^1+a_2x^2+\cdots+a_nx^n$

(4) $\sum_{j=1}^{4} x_{1j}x_j=a_{11}x_1+a_{12}x_2+a_{13}x_3+a_{14}x_4$

연습문제

01. 행렬이 $A=\begin{pmatrix}1 & 2\\ 3 & 4\end{pmatrix}$, $B=\begin{pmatrix}4 & 3\\ 2 & 1\end{pmatrix}$, $C=\begin{pmatrix}1 & 0\\ 1 & 0\end{pmatrix}$로 주어졌을 때 다음을 구하시오.

① $A+B$ ② $A-B$ ③ $B+A$ ④ $A-C$
⑤ $2B$ ⑥ $-2A$ ⑦ $-C$ ⑧ $2A-2C$

02. $u=\begin{pmatrix}1\\ 2\end{pmatrix}$, $v=\begin{pmatrix}2\\ -5\end{pmatrix}$, $u'=(1,\ 2)$, $v'=(2, -5)$일 때 다음을 구하시오.

① $u+v$ ② $u'-v'$ ③ $u-v$
④ $v'-u'$ ⑤ $4u+3v$ ⑥ $2v'-2u'$

03. $A_{2\times4}$, $B_{4\times1}$, $C_{5\times4}$가 주어질 때 다음의 곱셈이 가능한가를 밝히고 가능하다면 각 곱의 차원을 나타내 보시오.

① AB ② BA ③ AC ④ CA ⑤ BC ⑥ CB

04. $U_{5\times1}$, $V_{3\times1}$, $U'_{1\times5}$, $V'_{1\times3}$이 주어졌을 때 다음의 곱셈이 가능한가를 밝히고 가능하다면 각 곱의 차원을 구하시오.

① UV ② VU ③ VU'
④ UV' ⑤ VV' ⑥ UU'

05. 다음과 같이 행렬이 주어져 있을 때 주어진 행렬의 물음에 답하시오.

$$A=\begin{bmatrix}2 & 1 & 3\\ -1 & 2 & 0\\ 0 & -2 & -1\end{bmatrix},\ B=\begin{pmatrix}-1 & 1 & -2\\ 0 & -1 & 3\end{pmatrix},\ C=\begin{bmatrix}-1 & 1\\ 4 & 0\\ 2 & -2\end{bmatrix},\ D=\begin{pmatrix}1 & -1\\ -1 & 2\end{pmatrix}$$

① AB^t ② $(BC)^t$ ③ $A+B^tC^t$ ④ $(BC)D$
⑤ AB^t+C ⑥ CBA ⑦ $-2B+3C^t$ ⑧ $-2A+3B^tC^t$

06. 다음 행렬의 곱을 구하시오.

① $\begin{bmatrix} 1 & 2 & 3 \\ 4 & 5 & 6 \\ 7 & 8 & 9 \end{bmatrix}\begin{bmatrix} 1 & 0 \\ 2 & 1 \\ 3 & 0 \end{bmatrix}$ ② $\begin{pmatrix} 1 & 2 & 3 \\ 4 & 5 & 6 \end{pmatrix}\begin{bmatrix} 1 & 0 \\ 2 & 0 \\ 3 & 1 \end{bmatrix}$

③ $\begin{pmatrix} 1 & 2 & 3 \\ 4 & 5 & 6 \end{pmatrix}\begin{bmatrix} x \\ y \\ z \end{bmatrix}$ ④ $(a,\ b,\ c)\begin{bmatrix} 1 & 0 \\ 0 & 1 \\ 1 & 0 \end{bmatrix}$

07. $A=\begin{pmatrix} 1 & 2 & 3 \\ 4 & 5 & 6 \end{pmatrix}$, $b=\begin{bmatrix} 1 \\ 0 \\ 0 \end{bmatrix}$, $x=\begin{pmatrix} x_1 \\ x_2 \end{pmatrix}$일 때 다음을 계산하시오.

① AI ② IA ③ Ix ④ Ib

08. 위의 문제 6의 행렬에 대하여 다음을 계산하시오.

① $A+0$ ② $0+b$ ③ $x-0$ ④ $0A$

09. $A=\begin{pmatrix} 1 & 2 \\ 3 & 4 \end{pmatrix}$, $B=\begin{pmatrix} 4 & 3 \\ 2 & 1 \end{pmatrix}$, $C=\begin{pmatrix} 1 & 0 & 1 \\ 1 & 2 & 3 \end{pmatrix}$이 주어졌을 때 A^t, B^t, C^t을 구하시오.

10. 위의 문제의 행렬을 사용하여 다음을 확인하시오.

① $(A+B)'=A'+B'$ ② $(AC)'=C'A'$

11. $A=\begin{pmatrix} 2 & 2 \\ 1 & 4 \end{pmatrix}$, $B=\begin{bmatrix} \frac{2}{3} & -\frac{1}{3} \\ -\frac{1}{6} & \frac{1}{3} \end{bmatrix}$, $C=\begin{pmatrix} 3 & 2 \\ 3 & 1 \end{pmatrix}$, $D=\begin{bmatrix} -\frac{1}{3} & \frac{2}{3} \\ 1 & -1 \end{bmatrix}$이 주어졌을 때 다음을 확인하시오.

① B는 A의 역행렬이다.

② D는 C의 역행렬이다.

12. 다음의 표기를 풀어 쓰시오.

① $\sum_{i=1}^{3} x_i$ ② $\sum_{i=1}^{3} x_{i-1}$ ③ $\sum_{i=2}^{5} a_i x_i$ ④ $\sum_{k=0}^{3} (x_k+k)$

13. 합의 기호를 사용하여 다음을 다시 표기하시오.

① $a_1+2a_2+3a_3+4a_4$

② $1+\dfrac{1}{x}+\dfrac{1}{x^2}+\cdots+\dfrac{1}{x^n}\ (x\neq 0)$

③ $\dfrac{1}{x}+\dfrac{1}{x^2}+\cdots+\dfrac{1}{x^n}\ (x\neq 0)$

④ $x_1(x_1-1)+2x_2(x_2-1)+3x_3(x_3-1)$

⑤ $a_{21}b_{11}+a_{22}b_{21}$

⑥ $a_{11}x_1+a_{12}x_2+\cdots+a_{1n}x_n$

14. 다음의 행렬식을 라플라스 전개에 의하여 계산하시오.

① $\begin{vmatrix} 1 & 2 & 3 \\ 4 & 5 & 6 \\ 7 & 8 & 9 \end{vmatrix}$ ② $\begin{vmatrix} 1 & 2 & 3 \\ 4 & 7 & 5 \\ 3 & 6 & 9 \end{vmatrix}$ ③ $\begin{vmatrix} 4 & 0 & 2 \\ 1 & 0 & 2 \\ 1 & 2 & 3 \end{vmatrix}$

④ $\begin{vmatrix} 1 & 0 & 1 \\ -1 & 2 & 3 \\ 0 & 4 & 7 \end{vmatrix}$ ⑤ $\begin{vmatrix} a & b & c \\ b & c & a \\ c & a & b \end{vmatrix}$ ⑥ $\begin{vmatrix} x & 5 & 0 \\ 3 & y & 2 \\ 1 & 1 & 0 \end{vmatrix}$

15. 행렬 A가 아래와 같을 때 다음의 여인수에 대한 소행렬식을 구하시오.

$$A=\begin{pmatrix} 0 & 1 & -1 & 1 & 0 & 2 \\ -1 & 0 & 1 & 2 & 1 & -1 \\ 2 & -1 & 1 & 1 & 0 & 0 \\ -1 & 1 & -1 & 2 & 2 & -1 \\ 1 & 1 & 0 & 1 & -2 & -1 \\ 2 & 0 & 0 & 0 & -1 & -1 \end{pmatrix}$$

① C_{23} ② C_{14} ③ C_{41}

④ C_{16} ⑤ C_{66} ⑥ C_{42}

16. 다음 행렬식을 계산하시오.

① $\begin{vmatrix} 1 & 0 & 3 & 0 \\ 2 & 3 & 4 & 6 \\ -3 & 0 & 2 & 0 \\ 4 & 0 & 0 & 1 \end{vmatrix}$ ② $\begin{vmatrix} 2 & 7 & 0 & 1 \\ 5 & 6 & 4 & 8 \\ 0 & 0 & 1 & 0 \\ 1 & 0 & 3 & 0 \end{vmatrix}$

17. 다음의 행렬중 비특이행렬을 찾으시오.

A. $\begin{pmatrix} 8 & 3 & 12 \\ 6 & 0 & 9 \\ 1 & 0 & 0 \end{pmatrix}$　　B. $\begin{pmatrix} 9 & 2 & 3 \\ 2 & 1 & 5 \\ 1 & 0 & 4 \end{pmatrix}$　　C. $\begin{pmatrix} 1 & 2 & 3 \\ -1 & -2 & -3 \\ 0 & 0 & 1 \end{pmatrix}$

18. 다음의 연립방정식은 유일한 해를 가지는가?

$$\begin{aligned} 2x_1+4x_2+6x_3 &= 2 \\ 3x_1+x_2 &= 0 \\ -x_1+4x_3 &= -2 \end{aligned}$$

19. 다음의 역행렬을 구하시오.

① $A=\begin{pmatrix} 1 & 3 \\ 2 & 5 \end{pmatrix}$　② $B=\begin{pmatrix} 0 & 1 \\ 4 & 7 \end{pmatrix}$　③ $C=\begin{pmatrix} 9 & 0 \\ 1 & 4 \end{pmatrix}$

20. 크래이머 법칙을 이용하여 다음의 연립방정식을 풀어 보시오.

① $\begin{aligned} 2x_1-3x_2 &= 10 \\ -x_1+6x_2 &= 5 \end{aligned}$

② $\begin{aligned} x_1+2x_2 &= 3 \\ -4x_1+5x_2 &= 6 \end{aligned}$

③ $\begin{aligned} -2x_1+x_2+x_3 &= 4 \\ x_2+3x_3 &= 9 \\ 3x_1-x_2 &= -1 \end{aligned}$

④ $\begin{aligned} x_1-x_2+x_3 &= 11 \\ 4x_2+3x_3 &= 2 \\ -2x_1+x_2 &= -1 \end{aligned}$

21. 역행렬을 이용하여 다음의 연립방정식을 풀어 보시오.

$$\begin{aligned} x_1+2x_2-3x_3 &= 8 \\ 5x_2+2x_3 &= -4 \\ -2x_1-3x_3 &= 2 \end{aligned}$$

22. 20번 문제를 가우스 졸단의 소거법을 이용하여 구해 보시오.

23. 가우스 졸단의 소거법을 이용하여 다음 행렬의 역행렬을 구해 보시오.

$$B=\begin{pmatrix} -1 & 0 & -2 & 1 \\ 1 & -1 & 0 & 2 \\ 0 & -2 & -1 & -1 \\ 1 & 3 & 2 & -1 \end{pmatrix}$$

24. 다음의 시장모형을 Q_d, Q_s, P의 순서대로 행렬로 나타내 보시오.

① $Q_d=Q_s$
$Q_d=10-4P$
$Q_s=-2+4P$

② $Q_d=Q_s$
$Q_d=a-bP$
$Q_s=-c+dP$

25. 다음의 국민소득모형을 Y, C의 순서대로 행렬로 나타내 보시오.

$Y=C+I$
$C=\alpha+\beta Y$

26. 다음과 같이 행렬이 주어져 있을 때 이에 관련된 고유벡타가 각각 주어져 있다. 각 고유벡타에 따른 고유치를 구하시오.

① $v_1=\begin{pmatrix} 1 \\ 3 \end{pmatrix}$, $v_2=\begin{pmatrix} 1 \\ 1 \end{pmatrix}$, $A=\begin{pmatrix} 3 & 1 \\ -3 & 7 \end{pmatrix}$

② $v_1=\begin{pmatrix} -3 \\ 1 \end{pmatrix}$, $v_2=\begin{pmatrix} 1 \\ -2 \end{pmatrix}$, $A=\begin{pmatrix} 2 & -3 \\ 2 & 9 \end{pmatrix}$

③ $v_1=\begin{pmatrix} -1 \\ 2 \end{pmatrix}$, $v_2=\begin{pmatrix} -1 \\ 4 \end{pmatrix}$, $A=\begin{pmatrix} 4 & 1 \\ -8 & -2 \end{pmatrix}$

④ $v_1=\begin{pmatrix} 1 \\ -3 \end{pmatrix}$, $v_2=\begin{pmatrix} 2 \\ 1 \end{pmatrix}$, $A=\begin{pmatrix} 1 & -2 \\ -3 & 6 \end{pmatrix}$

27. 다음에 주어진 각 행렬에 대하여 특성방정식을 작성하고 고유치를 구하시오.

① $\begin{pmatrix} 2 & 0 \\ 0 & -3 \end{pmatrix}$ ② $\begin{pmatrix} 0 & -1 \\ -4 & 0 \end{pmatrix}$ ③ $\begin{pmatrix} 5 & -8 \\ 1 & -1 \end{pmatrix}$

④ $\begin{pmatrix} -1 & -3 \\ -3 & 7 \end{pmatrix}$ ⑤ $\begin{pmatrix} 1 & 3 \\ 4 & -3 \end{pmatrix}$ ⑥ $\begin{pmatrix} 5 & 6 \\ 2 & 1 \end{pmatrix}$

⑦ $\begin{bmatrix} 1 & -1 & 0 \\ -1 & 2 & -1 \\ 0 & -1 & 1 \end{bmatrix}$ ⑧ $\begin{bmatrix} 2 & 0 & -1 \\ 2 & -1 & 0 \\ -12 & 0 & 1 \end{bmatrix}$ ⑨ $\begin{bmatrix} 2 & -5 & -1 \\ 0 & 3 & -1 \\ 0 & -1 & 3 \end{bmatrix}$

chapter 4

선형계획법

4.1 선형계획법의 개념과 발전과정

선형계획법(Linear Programming, LP)은 선형부등식의 제약조건 하에서 선형함수의 최대화 혹은 최소화 문제를 다룬다. 예를 들어 기업은 기업내부의 이용 가능한 인적자원이나 물적자원을 활용하여 재화나 서비스를 생산하고 이를 판매함으로써 이윤창출 행위를 수행하고 있다. 이때 기업 경영자들은 기업이 보유하고 있는 한정된 자원을 사용하여 이익이나 효용을 최대화하려고 하거나 최소한의 비용이나 시간을 사용하여 사전에 계획한 목표량을 달성하고자 한다. 또한 물자의 이동거리를 최소화하려고 노력한다. LP는 이러한 문제를 해결하는데 있어 최적의 기법으로 알려져 있다. 그리고 레온티프의 투입-산출분석(Wassily Leontief's input-output analysis)은 경제학의 산업 간 관계분석에 이 기법을 적용할 수 있음을 보여주고 있다.

LP의 기본 개념은 제2차 세계대전 전에 구 소련의 수학자 콜모고로프(A.N. Kolmogorov)에 의해 처음으로 개발되었는데 1947년 미국의 단찌그(G.B. Dantzig)가 심플렉스법(simplex method)을 개발함으로써 군사문제, 산업과 정부 그리고 도시계획 분야에서 광범위하게 사용되어 왔다. LP는 거대하고 복잡한 문제들을 모델링하고 이를 심플렉스법과 컴퓨터를 사용하여 적정한 시간 내에 최적의 해가 도출될 수 있도록 함으로써 사용자의 문제해결 능력에 많은 기여를 하였다.

제2차 세계대전 동안 그리고 전후에 있어 다양한 프로젝트를 기획하고 조정하는 문제와 희소 자원의 효율적인 사용은 극히 중요한 것으로 인식되었다. 1947년 6월 미 공군의 SCOOP(Scientific Computation of Optimum Programs)팀은 이러한 문제를 연구하기 시작하였는데 그 결과 1947년 여름이 갈 무렵 단찌그는 심플렉스법을 개발하였다. 그 이후 선형계획법에 대한 관심이 경제학자, 수학자 그리고 정부기관원들 사이에서 급격히 확산되기 시작하였고, 1949년 여름 경제학 연구를 위한 Cowles위원회의 재정지원 하에 LP에 관한 회의(conference)가 개최되었다. 쿠프만(T.C. Koopmans)은 그 회의에서 발표된 많은 논문들을 모아

1951년에 『*Activity Analysis of Production and Allocation*』이라는 책을 간행하였다.

단찌그에 의해 심플렉스법이 개발된 이후 LP를 이용한 문제해결 방법의 개선과 효율적인 계산을 위한 컴퓨터 솔루션의 개발은 LP의 응용을 점점 더 확대시켜 가고 있다. 원유를 정제하여 다양한 오일을 생산하는 석유정제산업, 다양한 종이 롤(roll)과 책과 잡지용 종이를 생산하는 제지회사의 특별한 고객주문대응, 수확확대를 위해 화학비료를 사용하는 농업문제의 해결, 신용대출상품을 취급하는 금융산업의 의사결정, 광고효과 극대화를 위한 광고예산 최적 배분문제, 응급실 인력배치 문제해결을 위한 병원에서의 응용, 비영리기관의 효율성 평가문제 등 다양한 영역에서 LP를 적용할 수 있다.

1978년 CCR(A. Charnes, W.W. Cooper, E. Rhodes)은 조직의 효율성평가에 LP를 적용하는 자료봉함기법(Data Envelopment Analysis, DEA)을 제안했다. DEA는 다수의 투입요소를 이용하여 다수의 산출물을 생산하는 비영리기관의 상대적 효율성 평가를 위하여 개발되었는데 미국 공립학교 교육의 대규모 실험인 "Project Follow Through"에 처음 적용되었다. 이후 DEA는 비영리기관뿐만 아니라 영리기관의 상대적 효율성 평가에도 성공적으로 활용되고 있다.

그런데 실제로 대부분의 선형계획 문제들은 아주 거대하기 때문에 문제해결에 필요한 변수들 수가 40,000여 개 이상일 때도 있다. 이러한 거대한 문제들은 실제 비즈니스 세계에서, 예를 들면 항공 스케줄 결정, 석유정제, 광역 유·무선 네트워크 설계와 같은 경우에 흔히 존재한다. 1984년 미국 AT&T사의 벨연구소에 근무하는 카마카(Narendra Kamarkar)는 거대한 대규모 문제를 위한 아주 빠르게 최적해를 찾아가는 새로운 알고리즘을 제안했다. 이를 카마카 알고리즘으로 부르는데, 카마카 알고리즘의 빠른 해를 찾는 스피드는 과거 해결이 불가능한 문제들을 해결할 수 있도록 만들었다.

카마카 알고리즘을 이용하여 문제를 해결하려면 먼저 카마카 알고리즘이 담고 있는 타원형 알고리즘의 "닫혀 있는 충분한 아이디어(close enough idea)" 개념, 보조함수, 내부 포인트의 탐색(interior point search)에 대한 이해가 선행되어야 하기 때문에 일반 사용자들이 이를 실제로 사용하기가 어렵다.

다음 절에서는 LP를 이용한 문제해결 과정에서 반드시 요구되는 전제조건을 살펴보기로 한다. LP 모형은 다음의 기본 가정을 전제로 하여 만들어진 수리모형이다.

4.2 LP의 기본 가정

선형계획법은 의사결정에 관련된 변수들을 1차식으로 표현한 목적함수를 희소한 자원 제약 하에서 최적으로 달성하려는 문제를 해결하는 기법이다. 따라서 다음과 같은 기본 가정들의 전제 하에서 성립될 수 있다.

1) 확정성(deterministic proposition)

선형계획모형에서 목적함수의 각 변수의 계수나 제약조건식에 있어 변수들의 기술계수의 값이 확정적으로 알려져 있어야 한다. 예를 들어 제품단위당 이익이나 제품단위당 생산에 소요되는 자원 요구량 그리고 이용 가능한 자원량 등은 사전에 확정된 값으로 알려져 있어야 한다는 것이다.

2) 가분성(divisibility)

선형계획모형에서 사용되는 각 변수들의 계수나 값들이 정수만 유효한 것이 아니고 분수 값을 가질 수 있다는 것이다. 예를 들면 1.5단위의 A자원과 2.4단위의 B자원을 사용하여 제품 C를 1개 생산할 수 있다는 의미이다.

3) 가산성(addivity)

선형계획모형에 있어 목적함수의 값은 각각의 변수들이 목적함수에 기여하는 크기의 합으로 표시된다는 것이다.

4) 비례성(proportionality)

제품을 1단위 생산하기 위해 필요한 자원의 양이 결정되어 있을 때 제품을 4단위 생산한다면 요구되는 자원의 양은 1단위를 생산할 경우의 4배라는 의미이다.

5) 비음조건(non-negativity condition)

모든 변수의 값은 적어도 0보다 크거나 같다는 의미이다. 이것은 모든 의사결정변수들의 값이 모형의 초기해에서 모두 0이라는 의미인데 제품을 생산하여 판매하는 경우 제품 생산계획의 수립 당시에 아직 제품이 생산되지 않았기 때문에 그 값이 0이라는 것이다.

선형계획법의 모형은 상기한 5가지의 가정의 전제 하에 성립되는데 특히 3)항과 4)항의 가정을 합쳐 선형성(linearity) 가정이라고 한다. 그리고 선형계획모형은 기본적인 가정에서 나타나 있는 바와 같이 변수에 관련된 계수들과 이용 가능한 자원의 크기들이 이미 모형의 해를 구하기 전 의사결정 시점에서 확정적으로 알려져 있어야 하는 관계로 정태분석 모형(static analysis model)이라고 한다. 그런데 시간이 지남에 따라 이미 확정된 값들이 변화하게 되는 경우가 발생한다. 예를 들어보면 제품을 생산하는데 요구되는 자원의 양이 변화하거나, 제품단위당 이익이나 비용이 변화하든지 아니면 기업이 이용 가능한 자원의 양의 크기가 변화하는 경우가 발생한다. 이는 모형의 해가 시간이 경과함에 따라 더 이상 유효하지 못하게 되고 따라서 변화하는 환경에 적합한 새로운 해를 구해야 하는 경우가 많이 있다.

의사결정 모형이 시간의 경과에 따른 변화를 고려하여 문제의 분석을 행하는 경우 이를 가리켜 동태분석(dynamic analysis)이라고 한다. 이런 측면에서 본다면 심플렉스법은 현실 적용에 있어 적합성이 다소 떨어진다고 볼 수 있다. 그러나 심플렉스법은 민감도 분석(sensitivity analysis)을 통해 이러한 단점을 극복하고 있다.

4.3 선형계획법의 기본 모형

1) 선형계획모형의 기본형(canonical form)

선형계획법의 기본 모형은 크게 3가지 구성요소로 이루어진다. 첫 번째 구성요소로 변수들의 선형결합(또는 1차 결합)으로 표시된 목적함수(objective function)가 있다. 목적함수는 주어진 문제에 관련된 변수들을 1차식으로 표현하고 이를 의사결정 기준에 따라 최대화 혹은 최소화 문제로 나타낸 것이다.

두 번째 구성요소로 제약조건식(constraints)이 있다. 제약조건식은 주어지는 문제가 어떠한 자원의 제약이나 기술의 제약 하에서 해결되어야 하는가 그리고 문제해결에 있어 특별한 조건이 주어진다면 이러한 것들을 관련된 변수들의 1차 조건식으로 표현한 것을 말한다.

세 번째 구성요소는 주어진 문제에 관련된 모든 의사결정변수들의 크기가 모두 0보다 크거나 같다는 비음조건(non-negativity condition)이다.

선형계획법 기본 모형의 구성요소

① 목적 함수(objective function) ② 제약 조건식(constraints)

③ 비음 조건(non-negativity condition)

상기한 선형계획법의 기본 모형을 최대화 기준과 최소화 기준의 경우로 나누어 나타내면 다음과 같이 표현된다.

최대화 문제

$$\begin{aligned}
\text{max. } & z = c_1x_1 + c_2x_2 + \cdots + c_jx_j + \cdots + c_nx_n \\
& \text{subject to} \\
& \quad a_{11}x_1 + a_{12}x_2 + \cdots + a_{1j}x_j + \cdots + a_{1n}x_n \leq b_1 \\
& \quad a_{21}x_1 + a_{22}x_2 + \cdots + a_{2j}x_j + \cdots + a_{2n}x_n \leq b_2 \\
& \quad \vdots \quad \vdots \quad \vdots \quad \vdots \quad \vdots \quad \vdots \quad \vdots \\
& \quad a_{m1}x_1 + a_{m2}x_2 + \cdots + a_{mj}x_j + \cdots + a_{mn}x_n \leq b_m \\
& \qquad\qquad x_j \geq 0, \ j = 1, 2, \cdots, n
\end{aligned}$$

최소화 문제

$$\begin{aligned}
\text{min. } & z = c_1x_1 + c_2x_2 + \cdots + c_jx_j + \cdots + c_nx_n \\
& \text{subject to} \\
& \quad a_{11}x_1 + a_{12}x_2 + \cdots + a_{1j}x_j + \cdots + a_{1n}x_n \geq b_1 \\
& \quad a_{21}x_1 + a_{22}x_2 + \cdots + a_{2j}x_j + \cdots + a_{2n}x_n \geq b_2 \\
& \quad \vdots \quad \vdots \quad \vdots \quad \vdots \quad \vdots \quad \vdots \quad \vdots \\
& \quad a_{m1}x_1 + a_{m2}x_2 + \cdots + a_{mj}x_j + \cdots + a_{mn}x_n \geq b_m \\
& \qquad\qquad x_j \geq 0, \ j = 1, 2, \cdots, n
\end{aligned}$$

상기한 선형계획모형을 설명하면 먼저 목적함수에서 각 변수들의 계수(c_j)들은 각 변수의 목적함수에 대한 기여도로 설명되는데, 예를 들어 상품 한 단위를 판매했을 때의 이익이나 판매가를 나타낼 수도 있고 또한 제품을 한 단위 생산하는데 소요되는 비용을 나타낼 수도 있다. 그리고 'subject to ~'는 '~에 제약된다'는 것으로 목적함수가 'subject to' 이하의 항에 의하여 제약된다는 의미이며 제약조건식을 나타낸다. 그리고 보통 이를 줄여서 'st.'로 표시한다.

제약조건식은 n개의 변수로 이루어진 m개의 제약부등식들로 구성되는데 제약부등식의 부등호는 최대화 문제의 경우 '$\leq$'가, 최소화 문제의 경우 '$\geq$'가 기본형(canonical form)이다. 제약부등식에서 a_{ij}를 기술계수(technological coefficient)라 한다.

모형에서 가장 마지막에 표시되어 있는 것이 모든 의사결정변수들의 비음조건이다. 최대화 문제이든 최소화 문제이든 항상 0보다 크거나 같다는 것이 기본적으로 전제된다. 예를 들어 제품을 생산하려는 계획을 수립하거나 판매하려고 할 때 변수들의 기본 값은 0이라는 것이다. 이후 제품을 생산하거나 판매가 시작되면 그 값은 0보다 큰 값으로 점점 커져간다는 것이다.

2) 행렬방정식 형태

선형계획모형을 행렬방정식의 형태로 표시하면 다음과 같다.

$c=(c_1,\ c_2, \cdots,\ c_j, \cdots,\ c_n)$이고 $x=\begin{pmatrix} x_1 \\ x_2 \\ \vdots \\ x_j \\ \vdots \\ x_n \end{pmatrix}$이며, 그리고

$A=\begin{bmatrix} a_{11} & a_{12} & \cdots & a_{1j} & \cdots & a_{1n} \\ a_{21} & a_{22} & \cdots & a_{2j} & \cdots & a_{2n} \\ \vdots & \vdots & \vdots & \vdots & \vdots & \\ a_{m1} & a_{m2} & \cdots & a_{mj} & \cdots & a_{mn} \end{bmatrix},\ b=\begin{pmatrix} b_1 \\ b_2 \\ \vdots \\ b_m \end{pmatrix}$이면 선형계획모형은 아래와 같다.

$$
\begin{aligned}
&\text{max.(혹은 min.) } z=cx \\
&\qquad \text{st. } Ax \le (\text{혹은} \ge) b \\
&\qquad\qquad x \ge 0
\end{aligned}
$$

표 4-1. 제품의 단위당 이익과 공정사용량

제품 / 공정	1톤당 공정 이용시간		1일 가동시간
	제품 I	제품 II	
절단	1/2	0	8
배합	0	1	8
포장	1/3	2/3	8
톤당 이익	40(만원)	30(만원)	

선형계획법의 기본 모형의 이해를 돕기 위하여 간단한 예를 들어보자. 한국공업사는 3개 공정(절단, 배합, 포장 공정)으로 이루어진 공장에서 2개 제품(제품 I, 제품 II)을 생산하고 있다. 각 공정은 하루 8시간 가동되며 각 제품의 생산을 위한 공정별 이용시간에 대한 정보가 [표 4-1]에 요약되어 있다. [표 4-1]을 보면 제품 I을 1톤(ton) 생산하기 위해서는 절단공정 $\frac{1}{2}$시간과 포장공정 $\frac{1}{3}$시간을 필요로 하고 있으며, 제품 II를 1톤 생산하기 위해서는 배합공정 1시간과 포장공정 $\frac{2}{3}$시간을 사용하고 있음을 알 수 있다. 그리고 제품 1 단위당 판매이익이 제품 I이 1톤당 40만원, 제품 II가 30만원이라고 할 때 어떤 제품을 얼마만큼 생산하는 것이 총 이익을 최대화시킬 수 있을 것인가? 이 물음의 선형계획모형을 작성하면 다음과 같다.

$$
\begin{aligned}
\text{max. } & z = 40x_1 + 30x_2 \\
\text{st. } & \frac{1}{2}x_1 \le 8 \\
& x_2 \le 8 \\
& \frac{1}{3}x_1 + \frac{2}{3}x_2 \le 8 \\
& x_1,\ x_2 \ge 0
\end{aligned}
$$

4.4 선형계획법의 도해법(graphical solution)

선형계획 문제는 도해법으로도 해를 구할 수 있다. 전절에서 예로 들은 한국공업사의 문제를 도해법을 이용하여 나타내면 〈그림 4-1〉처럼 2차원 평면의 문제로 표현이 가능하다. 즉 의사결정변수가 2개이므로 2차원 평면상의 그래프를 그려 문제의 해를 구할 수 있다.

도해법을 이용하여 최적해를 구하려면 먼저 제약조건식을 만족시키는 가능해 영역(feasible solution region)을 찾아야 하고, 다음에 목적함수의 조건을 충족시키는 최적점(optimal point)을 찾아야 한다. 이러한 절차를 이용하여 그래프를 그려보면 비음조건에 의하여 일단 먼저 2차원 평면상에서 1상한으로 그 영역이 제한된다. 그리고 제약조건식에 의하여 3개의 직선이 그려지는데 제약조건이 모두 ≤ 형태이므로 각 직선의 아래 부분인 빗금친 부분이 3가지 조건을 모두 만족시키는 가능해 영역(feasible region)이 된다. 가능해 영역 상에 존재하는 어떠한 점도 주어진 제약조건을 만족시키는 해로 가능해(feasible solution)라고 한다. 그 외 1상한의 모든 영역은 비가능해 영역(infeasible region)으로 선형

그림 4-1 최대화 문제의 도해법

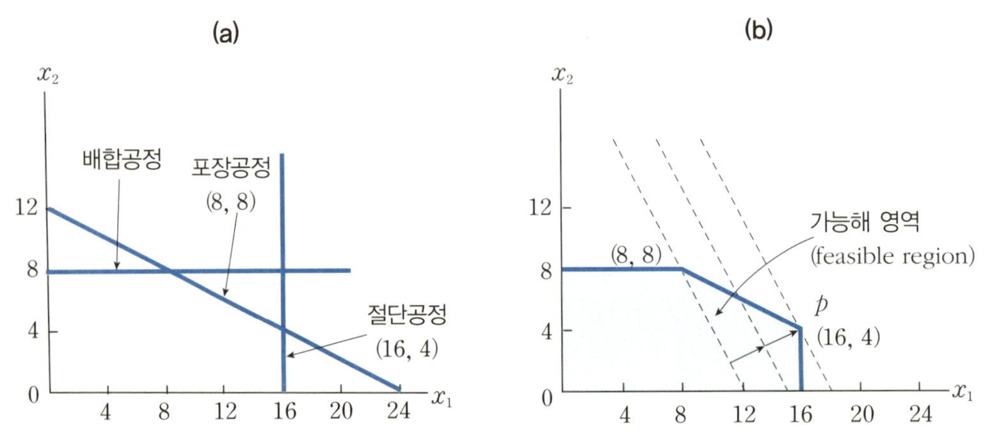

최소화 문제의 가능해 영역 그림 4-2

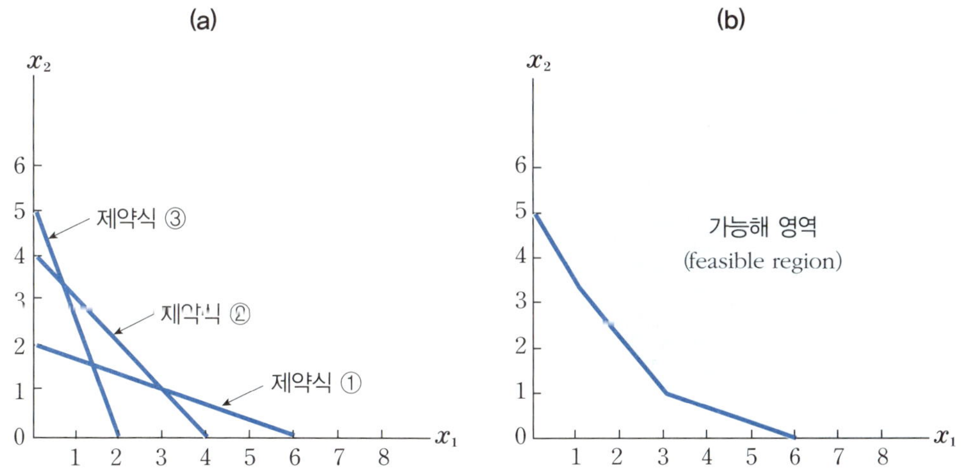

계획 문제의 해가 존재하지 않는 영역이다.

이와는 달리 어떤 선형계획 문제의 제약조건식이 다음의 예와 같이 주어질 때 가능해 영역을 나타내면 〈그림 4-2〉처럼 제약 조건이 모두 ≥ 형태로 제약선의 윗부분이 가능해 영역이 된다.

$$\begin{aligned} \text{st.}\quad 10x_1+4x_2 &\geq 20 \\ 5x_1+5x_2 &\geq 20 \\ 2x_1+6x_2 &\geq 12 \\ x_1,\ x_2 &\geq 0 \end{aligned}$$

① **탐색법**(search method)

탐색법이란 가능해 영역 내에 있는 모든 변수들의 값을 목적함수에 대입하여 계산된 값을 서로 비교하고, 그 중 의사결정 기준을 최상으로 만족시키는 해를 선택하는 방법이다. 그런데 이 방법은 〈그림 4-3〉의 경우처럼 가능해 영역 내에 무수히 많은 가능해가 있기 때문에 분석가들이 최상의 해를 찾기에는 다소 문제

그림 4-3 탐색법

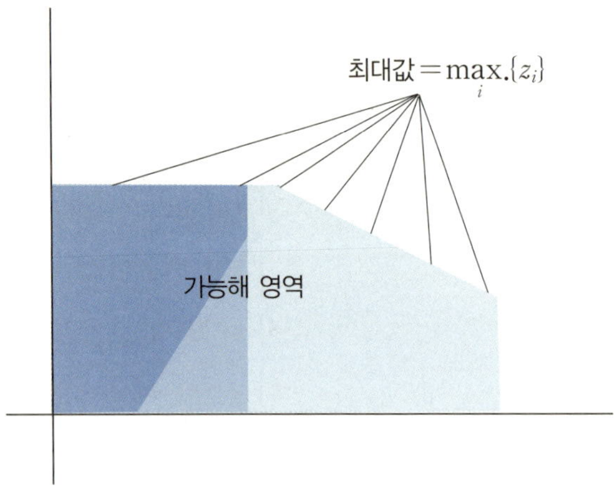

가 있다. 그러나 컴퓨터를 이용하여 계산한다면 이러한 문제를 극복할 수 있을 것이다. 그렇지만 예제를 통하여 선형계획 문제에 대한 이해를 얻을 때는 불편한 방법이라고 볼 수 있다.

② **기울기 비교법**(slope comparision method)

기울기 비교법이란 제약조건식과 목적함수의 기울기를 비교함으로써 가능해 영역 내에서 의사결정 기준을 만족시키는 최상의 해를 찾는 방법이다. 이 방법은 여러 제약조건식들의 기울기와 목적함수의 기울기를 계산한다. 다음에 목적함수의 기울기가 어떤 제약조건식의 기울기 사이에 있는지를 찾은 다음 해당되는 두 제약조건식이 만나는 점이 최적점이라는 것이다. 즉 그 점에 최적조건을 충족시키는 목적함수가 지나간다는 것이다.

〈그림 4-4〉에서 점 p가 최적해를 제공하는 최적점으로 점 p의 좌표값을 목적함수식의 각 변수에 대입하여 목적함수의 값을 계산하면 의사결정 기준을 만족시키는 최적의 해가 된다는 것이다.

기울기 비교법 그림 4-4

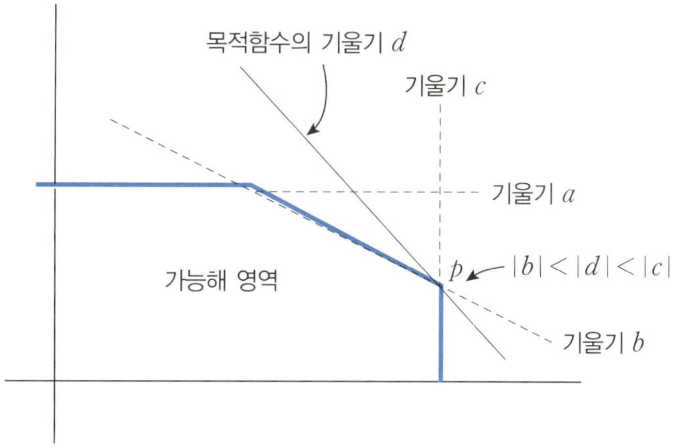

③ **등이익선 접근법**(iso-profit curve approach)

등이익선(혹은 등비용선) 접근법은 가능해 영역이 주어져 있을 때 등이익선은 원점에서 멀어지면 멀어질수록 이익이 커진다(반대로 등비용선 접근법은 등비용선이 원점에 가까이 오면 올수록 비용이 작아진다)는 원리를 이용하여 목적함수의 기울기가 같은 등이익선을 그린 후 이 선을 주어진 가능해 영역 내에서 점차 원점으로부터 평행하게 멀리 보낼 때 가장 멀리 떨어진 점에서 최적이 달성되고, 그 때의 해가 최적해가 된다고 설명한다.

〈그림 4-5〉를 보면, 점 A가 제약조건식을 만족시키는 가능해 중에서 목적함수의 값을 가장 크게 하는 최적해임을 알 수 있다. 이보다 더 멀리 떨어져 있는 이익선은 제약조건을 만족시키지 못하는 비가능해 영역이므로 분석 대상에서 제외된다고 하겠다.

앞에 설명한 예제를 도해법을 이용하여 풀어 보면 〈그림 4-1〉에서와 같이 첫 번째 제약조건식과 세 번째 제약조건식이 만나는 점 p가 최적점으로 목적함수식의 값을 최대화한다. $p=(x_1^*, x_2^*)=(16, 4)$일 때, 즉 제품 I을 16톤, 제품 II를 4톤 생산하는 것이 최대이익을 보장하며, 그때 최대 이익은 760만

그림 4-5 등이익선 접근법

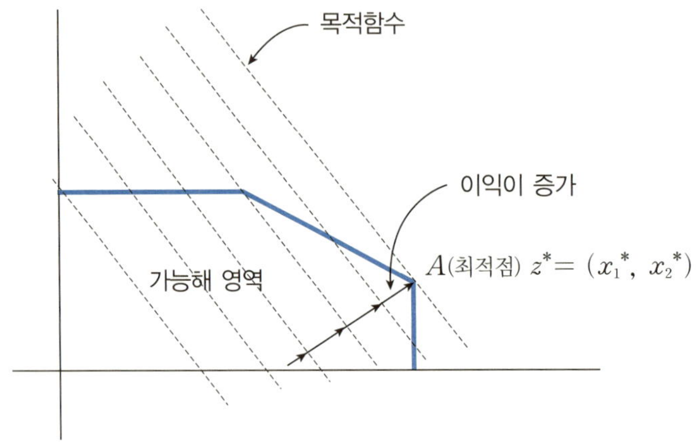

원이다.

4.5 심플렉스법(simplex method)

1) 기본 개념

선형계획 문제의 최적해를 구하는 절차를 알아보기 위하여 앞 절에서 간단한 예제와 함께 도해법을 설명하였다. 도해법을 이용하여 해를 구하는 과정에서 다음과 같은 중요한 사실을 인식할 수 있다. 즉 최적해는 가능해 영역의 경계선상에 존재하며 특히 모서리 점(corner point)에 있다는 점이다. 이를 좀더 상세하게 설명하기 위해서 앞 절에서 사용하였던 기본 예를 이용하기로 한다.

〈그림 4-6〉을 보면 제약조건식과 비음조건에 의해서 두 개의 축(axis)이 만나거나 한 개의 축(axis)과 직선 또는 2개의 직선이 만나는 점이 8개 있다. 이 점을 극점(extreme point)이라고 하는데 이들 극점 중에서 가능해 영역에 속하는 점을 모서리 점이라고 한다.

극점과 모서리 점 그림 4-6

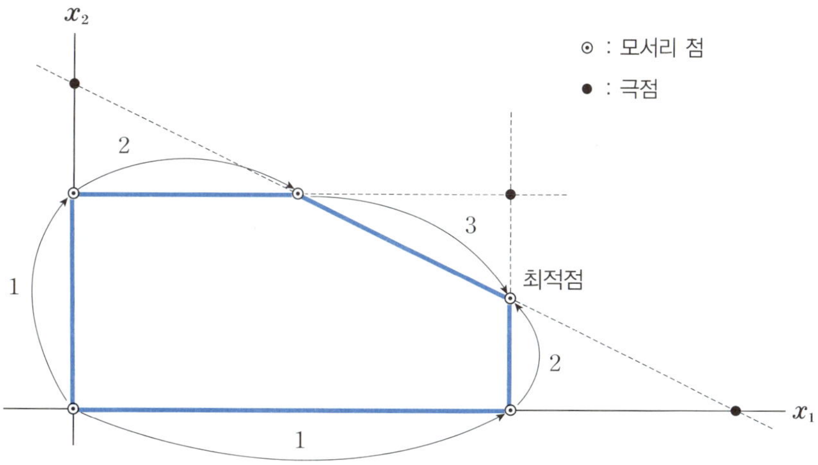

만약 제약조건식이 m개의 변수로 이루어진 n개의 제약조건식들로 구성되어 있다면 모서리 점은 총 $\frac{(m+n)!}{m!n!}$개가 된다. 이들 모서리 점에서의 값들을 목적함수식에 대입하여 계산된 값들 중에서 의사결정 기준을 최적으로 만족시키는 해를 선택하면 된다. 그러나 m이나 n이 클 경우에 이들 값을 일일이 계산하는 것이 어려울 수도 있다. 그런데 심플렉스법이 개발됨에 따라 컴퓨터를 이용하여 간단하게 최적해를 찾는 것을 가능하게 해준다.

심플렉스법은 가능해 영역 내의 원점으로부터 출발하여 최적해가 존재하는 모서리 점까지 최단 거리로 이동하여 최적해를 찾는 방법으로 'corner point method' 라고 한다.

〈그림 4-6〉에서 원점에서 최적점을 찾아가는 방법은 2가지가 있음을 알 수 있다. 원점에서 위로 찾아가는, 즉 원점에서 수직축 상의 $x_2=8$인 모서리 점으로 이동하는 방법과 수평축 상의 $x_1=16$인 모서리 점으로 이동하는 방법이 있는데 위로 이동하는 방법은 3번의 이동을 통해 최적점을 찾아가지만 수평으로 이동하는 방법은 2번의 이동을 통해 최적점을 찾아가기 때문에 상대적으로 효율적이다라고 할 수 있다. 이와 같이 심플렉스법은 원점에서 최단거리의 이동을 통해

최적점을 찾아가는 방법이다.

심플렉스법을 이용하여 최적해를 구하려면 선형계획모형에서 부등식으로 표시되는 제약조건식을 제약등식으로 반드시 전환해야 한다. 그리고 전환과정에서 도입되는 슬랙변수(slack variable)나 서플러스 변수(surplus variable) 또는 인공변수(artificial variable)를 목적함수에 추가하여 표시해야 한다. 그 다음으로 변환된 선형모형을 테이블(표)로 표시하고 이를 주어진 절차에 따라 최적해가 도출될 때까지 몇 차례의 연산을 반복하는 방법이다. 이들 단계를 구체적으로 설명하기로 한다.

심플렉스법(simplex method)

심플렉스법은 가능해 영역 내의 원점으로부터 출발하여 최적해가 존재하는 모서리점까지 최단 거리로 이동하여 최적해를 찾는 방법으로 'corner point method'라고 한다.

2) 선형계획모형의 표준형(standard form)

선형계획모형의 최적해를 심플렉스법으로 구하려면 먼저 제약부등식을 제약등식으로 전환해야 한다. 제약부등식을 제약등식으로 전환하는 과정에서 원래 주어지는 변수 외에 슬랙변수와 서플러스 변수 그리고 인공변수가 도입된다. 이러한 과정을 앞에서 설명한 기본 예를 이용하여 나타내면 다음과 같다.

$$
\begin{aligned}
\text{max. } & z = 40x_1 + 30x_2 \\
\text{st. } & \tfrac{1}{2}x_1 \le 8 \quad \cdots\cdots\cdots ① \\
& x_2 \le 8 \quad \cdots\cdots\cdots ② \\
& \tfrac{1}{3}x_1 + \tfrac{2}{3}x_2 \le 8 \quad \cdots\cdots\cdots ③ \\
& x_1,\ x_2 \ge 0
\end{aligned}
$$

슬랙변수와 서플러스 변수

상기한 선형계획모형은 최대화 문제로 제약부등식의 부등호 형태가 모두 '≤' 이다. 이를 제약등식으로 바꾸기 위해서는 '≤' 의 좌변에 양의 크기를 갖는 변수를 더해 준다. 즉 ①식의 경우 $\frac{1}{2}+s=8$, ②식은 $x_2+s=8$ 그리고 ③식은 $\frac{1}{3}x_1+\frac{2}{3}x_2+s=8$로 변환시키는데 여기서 s를 슬랙변수(slack variable)라고 한다. 그런데 각 식에서 그 크기가 다를 수 있으므로 슬랙변수 각각에 하첨자를 넣어 구별한다. 즉 ①식은 $\frac{1}{2}+s_1=8$, ②식은 $x_2+s_2=8$ 그리고 ③식은 $\frac{1}{3}x_1+\frac{2}{3}x_2+s_3=8$로 표시한다.

그런데 제약부등식의 형태가 '≥' 이면 부등호 좌변이 우변보다 항상 크거나 같다. 따라서 제약등식이 되기 위해서는 우변보다 큰 만큼을 빼주어야 하는데 이때 이를 서플러스 변수(surplus variable)라고 한다. 예를 들어 제약부등식이 $x_1+2x_2\geq 20$이라면 부등호 좌변이 우변보다 항상 크거나 같으므로 등식이 되려면 부등호 좌변에 서플러스 변수 s만큼 빼주면 된다. 즉 $x_1+2x_2-s=20$이 되도록 한다. 만약 '≥' 형태의 제약부등식이 2개 이상일 때는 슬랙변수의 경우와 같이 각 서플러스 변수에 하첨자를 넣어 구별한다.

이와 같이 제약부등식을 제약등식으로 전환하는 과정에서 슬랙변수와 서플러스 변수를 도입하게 되는데 이들 변수들은 x_1, x_2와 같이 의사결정 문제에 포함되어 있는 의사결정변수(decision variable)와는 달리 비의사결정변수(non-decision variable)라고 한다. 그리고 이들 비의사결정변수들은 제약등식 외에 목적함수식에도 표시되어야 하는데 의사결정변수와는 달리 목적함수에서의 기여도가 없기 때문에 이들 변수의 목적함수 계수는 모두 0이 된다.

선형계획모형의 제약조건식이 모두 제약등식으로 전환되고 아래와 같이 목적함수식에 슬랙변수나 서플러스 변수를 표시하였을 때 이를 선형계획모형의 표준형이라고 한다.

■ **표준형**

$$\max.\ z=40x_1+30x_2+0s_1+0s_2+0s_3$$

$$\begin{aligned}
\text{st.}\quad & \overbrace{\tfrac{1}{2}x_1+\qquad\qquad}^{\text{의사결정변수}} \overbrace{s_1 \qquad\qquad}^{\text{여유변수}} =8\\
& \qquad\quad x_2+ \qquad s_2 \qquad =8\\
& \tfrac{1}{3}x_1+\tfrac{2}{3}x_2+ \qquad\qquad s_3=8\\
& \qquad x_1,\ x_2,\ s_1,\ s_2,\ s_3\geq 0
\end{aligned}$$

인공변수(artificial variable)

위의 예에서 제약부등식이 $x_1+2x_2\geq 20$일 때 서플러스 변수 s를 도입하여 표준형으로 전환시키면 $x_1+2x_2-s=20$이 되는데 여기서 x_1과 x_2가 0일 때 s가 -20이 되어 $s\geq 0$인 조건에 위배된다. 이는 $(x_1,\ x_2)=(0,\ 0)$이 비가능해(infeasible solution)임을 말하는데 심플렉스법이 원점에서 출발하여 최적값을 주는 모서리 점을 찾아간다는 원리에 상반된다. 따라서 이를 가능하도록 하기 위하여 제약부등식을 제약등식으로 전환하는 과정에서 자연히 도입되는 서플러스 변수와 함께 인공변수를 추가적으로 도입한다. 즉 위의 예로부터 $x_1+2x_2-s+A=20$으로 변환시킨다. 그러면 $(x_1,\ x_2)=(0,\ 0)$이고 $s=0$일 때 $A=20$이 되어 모든 변수가 0보다 크거나 같다는 비음조건을 만족시키고 아울러 $(x_1,\ x_2)=(0,\ 0)$이 인위적으로 가능해가 될 수 있어 심플렉스법의 기본 논리가 성립될 수 있게 된다.

인공변수 A는 비의사결정변수로서 항상 0보다 크거나 같은데, 즉 $A\geq 0$인데 인공변수이므로 선형계획 문제의 최적해에 포함될 수 없다. 가상의 변수이기 때문에 최적해에 도달하는 과정에서 반드시 제거되어야 한다. 이러한 경우를 예를 들면 다음과 같다.

$$
\begin{aligned}
\text{min. } & z = 12x_1 + 42x_2 \\
\text{st. } & x_1 + 2x_2 \geq 3 \\
& x_1 + 4x_2 \geq 4 \\
& 3x_1 + x_2 \geq 3 \\
& x_1,\ x_2 \geq 0
\end{aligned}
$$

위 식을 표준형으로 전환시키면 다음과 같다.

$$
\text{min. } z = \underbrace{12x_1 + 42x_2}_{\text{의사결정변수}} + \underbrace{0s_1 + 0s_2 + 0s_3}_{\text{잉여변수(surplus varable)}} + \underbrace{MA_1 + MA_2 + MA_3}_{\text{인공변수}}
$$

$$
\begin{aligned}
\text{st. } & x_1 + 2x_2 - s_1 + A_1 = 3 \\
& x_1 + 4x_2 - s_2 + A_2 = 4 \\
& 3x_1 + x_2 - s_3 + A_3 = 3 \\
& x_1,\ x_2,\ s_1,\ s_2,\ s_3,\ A_1,\ A_2,\ A_3 \geq 0
\end{aligned}
$$

표준형으로 변환된 목적함수에서 목적함수식의 인공변수 A의 계수가 M으로 되어 있다. 이때 M의 값은 아주 큰 값($M >>>>> \iint > 0$)으로 보통 'Big M'이라 지칭하며, 이러한 방법을 통해 표준형으로 전환하여 심플렉스법의 절차를 거쳐 최적해를 구하는 것을 'Big M' method라고 한다. 'Big M' method는 다음 절에서 상술하기로 한다.

그리고 의사결정 문제가 위와 같이 최소화 문제일 때는 목적함수식에서의 M의 부호는 +이며, 최대화 문제일 경우의 M의 부호는 −이다. 그것은 최소화 문제의 경우 의사결정변수가 모두 0일 때 목적함수 값은 M에 의하여 아주 큰 값을 갖게 되므로 이를 점차 최소화하려는 것이며, 최대화 문제는 인공변수 A의 부호를 $-M$으로 함으로써 초기에 음의 값에서 점차 그 값을 양의 값으로 최대화하려는 방향으로 변환시킨다는 의미이다.

그림 4-7 심플렉스법 절차도

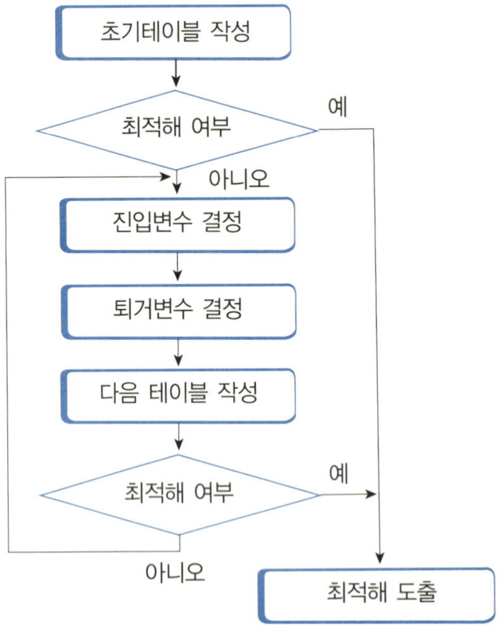

3) 심플렉스법의 절차

심플렉스법은 표준형으로 변환된 선형계획모형을 바탕으로 심플렉스 테이블을 작성하고, 주어진 최적성 조건을 만족시키면 그때의 테이블에 나타나 있는 해가 최적해가 된다. 만약 최적성 조건을 만족시키지 못하면 두 번째 테이블을 작성하기 위한 절차가 진행된다. 두 번째 테이블에서 최적성 조건이 만족된다면 여기서 종료되고 두 번째 테이블에서 제시되는 해가 최적해가 되고 이때 목적함수의 값이 최적값이 된다. 이러한 과정을 간략히 도시하면 〈그림 4-7〉과 같다.

(1) 초기 심플렉스 테이블(initial simplex table)

전기한 기본 예제의 표준형을 심플렉스 테이블로 작성하면 [표 4-2]와 같은데 테이블에 제시되어 있는 각 용어들을 정리하면 다음과 같다.

표 4-2. 기본 예의 초기 심플렉스 테이블

C_j			40	30	0	0	0
	bv	RHS	x_1	x_2	s_1	s_2	s_3
0	s_1	8	1/2	0	1	0	0
0	s_2	8	0	1/2	0	1	0
0	s_3	8	1/3	2/3	0	0	1
	Z_j	0	0	0	0	0	0
	C_j-Z_j		40	30	0	0	0

심플렉스 테이블에서 C_j는 목적함수식에서의 각 변수들의 계수로 보통 각 변수의 목적함수에 대한 기여도라고 한다. bv는 기저변수(basic variable)로 심플렉스법의 초기해에서 0이 아닌 값을 갖는 변수를 말한다. 즉 심플렉스법의 초기해는 원점으로 $x_1=0$, $x_2=0$일 때 각 제약등식에서 $s_1=8$, $s_2=8$ 그리고 $s_3=8$의 값을 갖는다. 따라서 슬랙변수 s_1, s_2, s_3가 기저변수가 된다. 심플렉스 테이블에서 기저변수가 아닌 변수를 비기저변수(non-basic variable)라 하고 모든 비기저변수의 값은 0이다.

RHS는 제약등식에서 우변상수값(right hand side value)을 말하고, Z_j는 각 변수의 값을 목적함수식에 대입했을 때 계산된 값을 의미한다. 심플렉스 테이블에서의 계산은 C_j열의 계수에 RHS열의 계수를 각각 곱하여 더하면 된다. 같은 방법으로 Z_j행의 오른쪽 영역의 값, 즉 각 변수 열의 Z_j행의 값은 C_j열의 계수에 각 변수 열의 계수를 각각 곱한 후 더하면 된다.

심플렉스법의 초기 테이블은 심플렉스법의 표준형을 그대로 테이블로 옮겨 놓은 것이다. 〈그림 4-8〉의 예에서 볼 때 [표 4-2]의 첫 번째 행의 4번째 칸에 있는 40, 30, 0, 0, 0에 그 아래 칸에 있는 변수 x_1, x_2, s_1, s_2, s_3 를 곱하여 더하면 목적함수식이 된다. 제약조건식도 이와 같은 방법으로 하면 된다.

초기 테이블의 해가 최적해인지 아닌지의 여부에 따라 심플렉스법의 절차가 계속 진행되던가 아니면 종료할 것인지의 여부가 결정된다. 초기 테이블에서 초기해(initial solution)는 $x_1=0$, $x_2=0$ 그리고 $s_1=s_2=s_3=8$이며 이때 목적함

그림 4-8 심플렉스 테이블의 이해

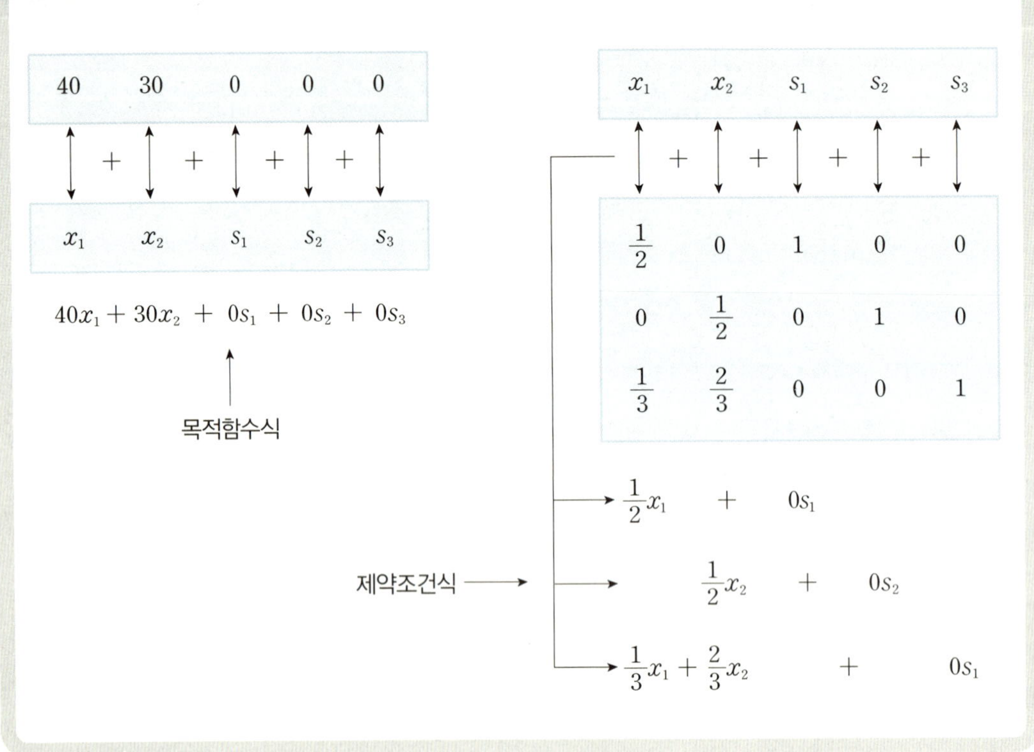

수의 값은 0이다.

초기해가 최적인지의 여부는 테이블에서의 값이 가능성 조건(feasibility condition)과 최적성 조건(optimality condition)의 만족 여하에 달려 있다. 심플렉스법은 가능성 조건은 만족되어 있는 가운데 최적성 조건을 충족시켜 가는 과정에서 최적해를 찾아가는 방법이다.

[표 4-2]에서 RHS ≥0이므로 가능성 조건은 만족되었으나, $C_j - Z_j \ \ \geq 0$ 이므로 최적성 조건을 만족시키지 못하고 있다. 따라서 초기테이블의 해는 최적해가 아니며 다음 심플렉스 테이블을 작성해야 한다.

최적해 판단조건

① 가능성 조건 : RHS값이 0보다 크거나 같으면 가능성 조건이 만족된다.

② 최적성 조건 : $C_j - Z_j$값이 0보다 작거나 같으면 최적성 조건이 만족된다.

(2) 두 번째 심플렉스 테이블(second simplex table)

초기 테이블로부터 두 번째 테이블을 작성하려면 3단계를 거쳐야 하는데, 각 단계별로 설명하면 다음과 같다.

① 진입변수(entering variable)**의 결정**

초기 테이블에서 $C_j - Z_j$값들 중에서 가장 큰 양의 값을 주는 변수를 진입변수가 되며, 진입변수 열을 'pivot column' 혹은 'key column'이라 한다. 이는 변수 x_1을 기저변수 열에 추가한다는 것이며, 또한 x_1을 한 단위 생산하는 것이 회사의 이익을 가장 빠른 속도로 증가시킨다는 개념이다. 진입변수가 결정되면 퇴거변수를 결정해야 한다.

진입변수의 결정

max. $\{ C^j - Z^j > 0 \}$ 값을 주는 변수

② 퇴거변수(leaving variable)**의 결정**

퇴거변수를 결정하기 위하여 'ratio test'를 한다. 'ratio test'는 RHS 열에 주어져 있는 값을 진입변수로 결정된 변수 열의 계수로 나누었을 때 가장 작은 양의 값을 주는 변수가 퇴거변수가 되며 퇴거변수 행을 '중심 행(pivot row)'이라고 한다. 일반적으로 퇴거변수를 결정하는 'ratio test'를 정리하면 다음과 같다.

퇴거변수의 결정

min. {ratio rest 값}을 갖는 변수

* ratio test=rhs÷a_{ik}, $a_{ik}>0$, a_{ik}=진입변수로 결정된 변수(k) 열의 계수

초기 테이블의 기저변수들의 RHS값들을 변수 x_1열의 계수들로 나눈 s_1의 ratio test값은 16$(=8\div\frac{1}{2})$이고 s_3는 24$(=8\div\frac{1}{3})$이므로 s_1이 퇴거변수가 된다.

③ 두 번째 심플렉스 테이블의 작성

진입변수로 결정된 변수 열과 퇴거변수로 결정된 변수 행이 만나는 칸의 계수를 'pivot element' 라고 한다. 두 번째 테이블을 작성하기 위해서는 퇴거변수 s_1 대신에 진입변수 x_1으로 대체하고, s_1행의 모든 값을 피봇 엘리먼트 '$\frac{1}{2}$' 로 나누어 준 값으로 대체한다. 즉 $(8 \mid \frac{1}{2}\ 0\ 1\ 0\ 0)=(16 \mid 1\ 0\ 2\ 0\ 0)$로 대체한다.

다음 절차로 변수 x_1열의 값을 $\begin{bmatrix}1\\0\\0\end{bmatrix}$로 변환시킨다. 이러한 변환의 의미 미를 살펴 보면 [표 4-2]에서 기저변수인 s_1과 s_2 그리고 s_3의 열에서의 계수들이 모두 단위벡타 형태를 띄고 있어 기저변수 열의 계수들은 모두 단위벡타로 변환되어야 한다는 것을 말하는데, 이를 경제적으로 해석하면 변수 s_1은 두 번째와 세 번째 제약조건식에서의 값이 0이라는 표현이다. 마찬가지로 변수 s_2와 s_3의 경우도 이와 동일하다.

변수 x_1열의 계수가 단위벡타로 변환될 때 이와 함께 다른 변수 열의 계수들도 바뀌게 된다. 변수 s_2행의 x_1열의 계수는 0이기 때문에 s_2행의 계수는 불변이나 변수 s_3행의 x_1열의 계수는 $\frac{1}{3}$이므로 0으로 바뀌어져야 한다. 이를 위해 변수 s_3행의 계수에 새로 진입한 기저변수 x_1행의 계수에 $\frac{1}{3}$을 곱한 후 빼주면 된다. 이러한 절차를 나타내면 다음과 같다.

$$(8 \mid \frac{1}{3}\ \frac{2}{3}\ 0\ 0\ 1) - (16 \mid 1\ 0\ 2\ 0\ 0) \times \frac{1}{3} = (\frac{8}{3} \mid 0\ \frac{2}{3}\ -\frac{2}{3}\ 0\ 1)$$

이러한 결과를 이용하여 두 번째 심플렉스 테이블을 작성하면 [표 4-3]과 같다. [표 4-3]으로부터 가능성 조건은 만족되나 변수 x_2열의 $C_j - Z_j$값이 30이므로 최적성 조건은 만족되지 않기 때문에 두 번째 테이블의 해 $x_1=16$, $s_2=8$, $s_2=\frac{8}{3}$ 그리고 $x_2=0$, $s_1=0$ 및 $Z_j=640$이 최적해가 아님을 알 수 있다. 즉 아직 개선의 여지가 남아 있는 것으로 다음 테이블로의 변환(iteration)을 통해 이익이 증가할 가능성이 있는 것으로 판단된다.

표 4-3. 두 번째 심플렉스 테이블

C_j			40	30	0	0	0
	bv	RHS	x_1	x_2	s_1	s_2	s_3
40	x_1	16	1	0	2	0	0
0	s_2	8	0	1/2	0	1	0
0	s_3	8/3	0	2/3	−2/3	0	1
	Z_j	640	40	0	80	0	0
	$C_j - Z_j$		0	30	−80	0	0

(3) 세 번째 심플렉스 테이블

두 번째 테이블에서 x_2변수의 $C_j - Z_j$의 값이 30이므로 x_2가 진입변수가 되며, 기저변수에서 퇴거될 변수를 결정하기 위하여 ratio test를 하면 s_2변수의 경우 $16(=8 \div \frac{1}{2})$, s_3변수의 경우 $\frac{16}{9}\ (=\frac{8}{3} \div \frac{2}{3})$이 되어 s_3가 퇴거변수가 된다. 이를 적용하면 [표 4-3]에서 기저변수의 3번째 행 $(0\ S_3\ \frac{8}{3}\ 0\ \frac{2}{3}\ -\frac{2}{3}\ 0\ 1)$에서 s_3를 x_2로 바꾸고, C_j열의 계수를 0에서 30으로 고친 후 x_2열과 만나는 칸의 계수가 1이 되도록 피봇 엘리먼트 $\frac{3}{2}$을 곱하여 조정하면, 즉

$(\frac{8}{3}\ 0\ \frac{2}{3}\ -\frac{2}{3}\ 0\ 1)\times\frac{3}{2}=(4\ 0\ 1\ -1\ 0\ )$이 된다.

그리고 변수 x_1행의 x_2열이 계수는 0이므로 더 이상 조정될 필요가 없으며 다만 s_2행의 x_2열의 계수가 $\frac{1}{2}$이므로 0으로 바꾸는 과정이 필요하다.

$$(8\ |\ 0\ \frac{1}{2}\ 0\ 1\ 0)-(4\ |\ 0\ 1\ -1\ 0\ \frac{3}{2})\times\frac{1}{2}=(6\ |\ 0\ 0\ \frac{1}{2}\ 1\ -\frac{3}{4})$$

이러한 절차를 통해 계산된 값들을 정리하여 세 번째 테이블을 작성하면 [표 4-4]와 같다.

표 4-4. 세 번째 심플렉스 테이블

C_j			40	30	0	0	0
	bv	RHS	x_1	x_2	s_1	s_2	s_3
40	x_1	16	1	0	2	0	0
0	s_2	6	0	0	1/2	1	−3/4
30	x_2	4	0	1	−1	0	3/2
	Z_j	760	40	30	50	0	45
	C_j-Z_j		0	0	−50	0	−45

[표 4-4]의 세 번째 테이블을 보면 C_j-Z_j값이 모두 0보다 작거나 같아 최적성 조건을 만족시키므로 최적해임을 알 수 있다. 따라서 $x_1^*=16$이고 $x_2^*=4$일 때 $Z^*=760$이다. 다시 말해 제품 I을 16단위 제품 II를 4단위 생산할 때 최대 이익을 얻을 수 있으며 그 값은 760만원이다. 또한 $s_1=s_3=0$이고 $s_2=6$으로 제품 생산 후 1공정과 3공정에서는 남은 시간이 없으며, 단지 2공정은 아직 6시간이 남아 있으며, 향후 65시간이 이용 가능하다.

4.6 Big M method

최소화 문제의 해를 구할 때는 최대화 문제와 달리 제약부등식을 제약등식으로 전환하는 과정에서 슬랙변수나 서플러스 변수의 도입만으로는 제약등식이 성립하지 않는다. 앞 절에서 이미 설명하였듯이 인공변수를 도입하여 제약등식이 성립되도록 한다. 본 절에서는 다음의 예를 이용하여 Big M 방법에 의한 문제해결 과정을 설명하기로 한다.

$$
\begin{aligned}
\text{min. } & z = 12x_1 + 42x_2 \\
\text{st. } & x_1 + 2x_2 \geq 3 \\
& x_1 + 4x_2 \geq 4 \\
& 3x_1 + x_2 \geq 3 \\
& x_1,\ x_2 \geq 0
\end{aligned}
$$

1) 표준형(standard form)으로 전환

심플렉스법을 이용하여 문제의 해를 구하려면 부등식으로 구성된 제약조건식을 제약등식으로 전환시켜야 한다. 제약조건식 모두 우변상수항보다 크거나 같으므로 서플러스 변수를 이용하여 제약등식으로 전환시킨다. 그러나 전절에서 이미 설명하였듯이 서플러스 변수의 도입만으로는 원점에서의 등식의 관계가 성립되지 않으므로 인공변수를 도입한다. 인공변수를 도입하여 표준형으로 전환하면 다음과 같다.

$$\begin{aligned}\text{min. } z &= 12x_1 + 42x_2 + 0s_1 + 0s_2 + 0s_3 + MA_1 + MA_2 + MA_3 \\ \text{st. } & x_1 + 2x_2 - s_1 + A_1 = 3 \\ & x_1 + 4x_2 - s_2 + A_2 = 4 \\ & 3x_1 + x_2 - s_3 + A_3 = 3 \\ & x_1,\ x_2,\ s_1,\ s_2,\ s_3,\ A_1,\ A_2,\ A_3 \geq 0\end{aligned}$$

2) 초기 테이블의 작성

표준형으로 전환된 선형계획모형을 이용하여 초기 테이블을 작성하도록 한다. 최소화 문제의 심플렉스 테이블은 최대화 문제의 그것과 동일하나 단지 진입변수의 결정시 기준이 다를 뿐이다. 최대화 문제의 경우 $C_j - Z_j$값들 중에서 양의 값 중 최대값을 갖는 변수 열을 진입변수로 선정하였으나 최소화 문제의 경우 $Z_j - C_j$값들 중 최대의 값을 갖는 변수를 진입변수로 결정하도록 한다. 그것은 최소화 문제의 경우 가장 큰 양의 값을 갖는 변수를 진입변수로 결정하면 가장 빠른 속도로 비용이나 위험을 최소화시켜주기 때문이다.

심플렉스 테이블에서 $Z_j - C_j$값이 모두 0보다 작거나 같다면 최적에 도달하였고 그때의 해가 최종해(final solution)이다. [표 4-5]의 초기 테이블을 살펴보면 $Z_j - C_j$값들 중 변수 x_1과 x_2의 $Z_j - C_j$값이 모두 양의 값이기 때문에 아직 최적에 도달하지 않았으며, 여전히 개선의 여지가 있는 것으로 판명된다. 변수 x_1과 x_2 중에서 x_2의 $Z_j - C_j$값이 더 크므로 x_2가 진입변수가 된다.

표 4-5. 최소화 문제의 초기 테이블

C_j			12	42	0	0	0	M	M	M	
	bv	RHS	x_1	x_2	s_1	s_2	s_3	A_1	A_2	A_3	ratio test
M	A_1	3	1	2	-1	0	0	1	0	0	3/2=1.5
M	A_2	4	1	4	0	-1	0	0	1	0	4/4=1
M	A_3	3	3	1	0	0	-1	0	0	1	3/1=3
	Z_j	$10M$	$5M$	$7M$	$-M$	$-M$	$-M$	M	M	M	
	Z_j-C_j		$5M-12$	$7M-42$	$-M$	$-M$	$-M$	0	0	0	

다음 절차는 퇴거변수를 결정한다. ratio test 결과 변수 A_2의 ratio test 값이 1로 최소값이므로 변수 A_2가 퇴거변수가 된다. 이를 바탕으로 두 번째 심플렉스 테이블을 작성하면 [표 4-6]과 같다.

표 4-6. 최소화 문제의 두 번째 테이블

C_j			40	30	0	0	0	M	M	M	
	bv	RHS	x_1	x_2	s_1	s_2	s_3	A_1	A_2	A_3	ratio test
M	A_1	1	2/4	0	-1	2/4	0	1	$-2/4$	0	1/2/4=2
42	x_2	1	1/4	1	0	$-1/4$	0	0	1/4	0	1/1/4=4
M	A_3	2	11/4	0	0	1/4	-1	0	$-1/4$	1	2/11/4=8/11
	Z_j	$3M+42$	$13M/4+$ 42/4	42	$-M$	$3M/4-$ 42/4	$-M$	M	$3M/4+$ 42/4	M	
	Z_j-C_j		$13M/4-$ 6/40	0	$-M$	$3M/4-$ 42/4	$-M$	0	$7M/4+$ 42/4	0	

3) 두 번째 테이블 작성

두 번째 테이블이 최적해인지의 여부를 평가하려면 먼저 Z_j-C_j값이 모두 0보다 작거나 같은지를 살펴보아야 한다. 그런데 변수 x_1과 s_2의 Z_j-C_j값이 양의 값이므로 아직 최적에 도달하지 않았다. 따라서 세 번째 테이블을 작성하기 위하여 퇴거변수와 진입변수를 결정해야 한다.

먼저 변수 x_1이 진입변수가 되며 A_3가 퇴거변수가 된다. 이를 기준으로 세 번째 테이블을 작성하면 [표 4-7]과 같다.

표 4-7. 최소화 문제의 세 번째 테이블

C_j			12	42	0	0	0	M	M	M	
	bv	RHS	x_1	x_2	s_1	s_2	s_3	A_1	A_2	A_3	ratio test
M	A_1	7/11	0	0	−1	5/11	2/11	1	−5/11	−2/11	7/5
42	x_2	9/11	0	1	0	−3/11	1/11	0	3/11	−1/11	×
12	x_1	8/11	1	0	0	1/11	−4/11	0	−1/11	4/11	8
	Z_j	$\frac{7M+474}{11}$	12	42	$-M$	$\frac{5M-114}{11}$	$\frac{2M-6}{11}$	M	$\frac{-5M+114}{11}$	$\frac{2M-6}{11}$	
	Z_j-C_j		0	0	$-M$	$\frac{5M-114}{11}$	$\frac{2M-6}{11}$	0	$\frac{-16M+114}{11}$	$\frac{-13M+6}{11}$	

4) 세 번째 테이블

[표 4-7]을 보면 아직 최적에 도달하지 않았음을 알 수 있다. 즉 변수 s_2와 s_3의 Z_j-C_j값이 양이므로 아직 개선의 여지가 있다. 따라서 s_2가 진입변수가 되고 A_1이 퇴거변수가 된다. 이를 근거로 네 번째 테이블을 작성하면 [표 4-8]과 같다.

표 4-8. 최소화 문제의 네 번째 테이블

C_j			12	42	0	0	0	M	M	M	
	bv	RHS	x_1	x_2	s_1	s_2	s_3	A_1	A_2	A_3	ratio test
0	s_2	7/5	0	0	−11/5	1	2/5	1	11/5	−2/5	7/2
42	x_2	6/5	0	1	−3/5	0	1/5	0	3/5	−1/5	6
12	x_1	3/5	1	0	1/5	0	−2/5	0	−1/5	2/5	×
	Z_j	288/5	12	42	−114/5	0	18/5	M	114/5	−18/5	
	Z_j-C_j		0	0	−114/5	0	18/5	0	$114/5-M$	$-18/5-M$	

5) 네 번째 테이블

네 번째 테이블을 보면 역시 최적해가 아님을 알 수 있다. 즉 s_3의 Z_j-C_j 값이 18/5로써 양의 값이기 때문이다. 따라서 s_3가 진입변수이고 ratio test 결과 s_2가 퇴거변수가 된다. 이를 근거로 다섯 번째 테이블을 작성하면 [표 4-9]와 같다.

표 4-9. 최소화 문제의 다섯 번째 테이블

C_j			12	42	0	0	0	M	M	M
	bv	RHS	x_1	x_2	s_1	s_2	s_3	A_1	A_2	A_3
0	s_3	7/2	0	0	−11/2	5/2	1	11/2	−5/2	−1
42	x_2	1/2	0	1	1/2	−1/2	0	−1/2	1/2	0
12	x_1	3	1	0	−2	1	0	2	−1	0
	Z_j	33	12	42	−3	−9	0	3	9	0
	Z_j-C_j		0	0	−3	−9	0	$3-M$	$9-M$	$-M$

6) 다섯 번째 테이블

[표 4-9]의 다섯 번째 테이블을 보면 Z_j-C_j행의 모든 값이 0보다 작거나 같다. 따라서 최적에 도달했으며, 여기의 해가 최종해임을 알 수 있다. 즉 $x_1=2$

이고 $x_2=1/2$일 때 33이 최소라는 것이다. 그리고 $s_1=s_2=0$이고 $s_3=7/2$이다. 물론 인공변수는 모두 비기저변수이기 때문에 그 값은 모두 0이다.

지금까지의 과정을 거치면서 목적함수의 값은 $10M \rightarrow 3M+42 \rightarrow \frac{7M+474}{11} \rightarrow \frac{288}{5} \rightarrow 33$으로 그 값이 점차 작아져감을 알 수 있다. 그리고 최적해 33은 실현 가능한 영역 내에서 어떠한 x_1과 x_2값의 조합일지라도 이보다 더 작은 목적함수 값을 취할 수 없다는 것을 의미한다.

4.7 민감도 분석(sensitivity analysis)

최적해를 제공하는 최종 심플렉스 테이블을 분석해 보면 아주 가치가 있는 정보를 제공한다. 예를 들면 사용된 자원의 양, 최종의사결정이 변화하지 않는 범위, 최적해를 변화시키지 않으면서 목적함수의 의사결정변수의 계수가 변화할 수 있는 범위 등을 보여준다. 이와 함께 다음과 같은 질문을 경영자가 답할 수 있게 해준다. 어떤 자원을 좀 더 구매하고 싶은가? 그때 지불하고자 하는 가격은? 그 가격에 얼마나 많은 양을 구매해야 할까? 원자재로 상품을 만들지 말고 차라리 원자재를 판매하는 것이 어떨까? 만약 이러한 것들이 기업에게 더 큰 이익을 주거나 비용을 감소시킨다면 고려할 만한 충분한 가치가 있다. 이러한 것은 심플렉스법의 최종 테이블에서 얻을 수 있는 부가적인 팁이다.

민감도 분석은 제품 단위당 가격이 변화한다면 최적해가 변화할 것인가를 분석하는 것으로 목적함수에서의 작은 변화가 최종해를 얼마만큼 변화시키는가, 역으로 최종해에서의 작은 변화는 목적함수식에서 어떤 변화가 일어나게 하는가를 분석하는 것이다. 민감도 분석을 수행하는 방법으로 2가지 접근법이 있다.

1) 시행착오법(trial-and-error approach)

보통 이 방법은 수작업으로 행해지기보다는 컴퓨터 솔루션을 통하여 많이 이루어진다. 즉 컴퓨터를 이용하여 해를 구할 때 데이터의 편집기능에서 입력데이터를 변화시켜 원래의 최종해와 비교하여 본다. 이러한 절차를 원하는 변화를 가져올 때까지 반복한다. 그런데 이러한 방법은 데이터의 입력과정에서 변화를 줄 수 있는 방법이 아주 많을 때 비효율적이 되며, 아울러 문제를 새롭게 계산하는 것이 비효율적이라는 단점이 있다.

2) 분석적 방법의 사용(use of analytical approach)

이 방법을 사용하면 변화가 일어날 때마다 문제를 새롭게 계산할 필요가 없다. 이 방법은 데이터의 입력에서 한 번에 하나씩 다음의 각 변화에 대하여 최종해에서의 영향을 계산하면 된다.

- 목적함수식에서 계수(coefficient)의 변화
- 제약조건식에서 우변상수값(right-hand side value)의 변화
- 제약조건식에서 기술계수(technological coefficient)의 변화
- 제약조건식의 추가나 삭제

본서에서는 목적함수식의 계수변화와 우변상수 값(RHS)의 변화 범위만 분석하기로 한다.

목적함수식에서 계수(coefficient)의 변화

목적함수식에서 계수(C_j)의 변화란 보통 제품가격의 변화를 의미한다. 민감도 분석에서 취급할 주요한 사항은 다음과 같다.

- 제품가격이나 이익이 내려갈 때 최종해에서 기저변수인 제품의 생산을 중단할 것인가 아니면 감소시킬 것인가?

그림 4-9 제품생산계획의 그래픽 해

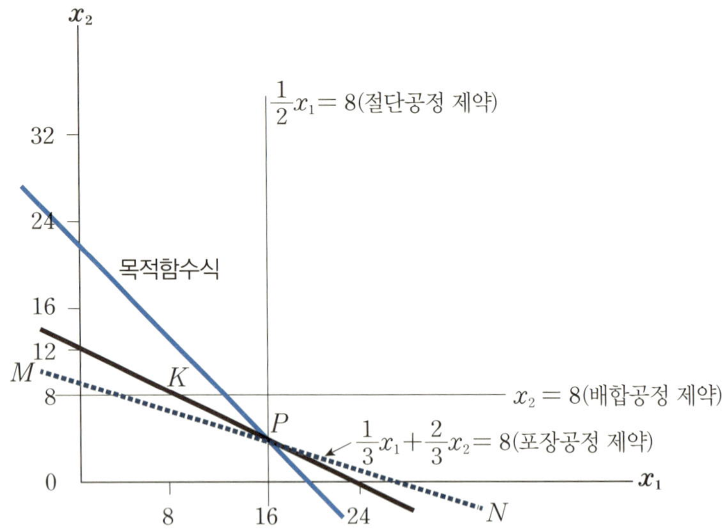

- 최종해에서 기저변수가 아닌 제품의 가격 또는 이익이 상승한다면 그 제품의 생산을 어떻게 할 것인가?

목적함수식의 계수의 변화가 최종해에 끼치는 영향을 쉽게 이해하기 위하여 4.5절의 기본형 문제를 사용하여 도해법으로 설명하면 다음과 같다.

〈그림 4-9〉를 보면 목적함수식의 기울기가 제약식 1(절단공정 제약식)의 직선 기울기와 제약식 3(포장공정 제약식) 직선의 기울기 사이에 있다면 현재의 최적해 P가 변화하지 않으며 최종해는 $x_1^* = 16$, $x_2^* = 4$이다. 만약 목적함수식의 기울기가 포장공정 제약식인 $\frac{1}{3}x_1 + \frac{2}{3}x_2 = 8$ 직선의 기울기보다 크다면 즉 직선 MN처럼 기울기가 $-1/2$보다 크게 된다면 최적 포인트는 P가 아니라 K로 이동하게 되며 그때 최적해는 $x_1^* = 8$, $x_2^* = 8$이며 그때 Z 값은 560이 된다. 이러한 해의 의미는 제품 II의 기여도(가격)가 제품 I의 기여도보다 2배 이상 된다면 최적해가 변화한다는 것이다. 제품 I의 기여도가 현재 40으로 유지된다면 제품 II의 기여도가 제품 I의 기여도인 40보다 2배인 80보다 커지면 최적해가

변화한다는 것이다. 따라서 80이 현행의 최적해가 유지될 수 있는 제품 II의 가격상승의 상한선이 된다. 만약 제품 II의 가격이 80이 된다면 그때는 P와 K 모두 최적해가 되는 복수의 최적해가 존재하게 된다. 동일하게 제품 II의 가격이 고정된다고 가정하고 제품 I의 가격변화 범위를 구한다면 위의 절차와 동일하게 진행된다.

심플렉스법을 이용하기

원래 민감도 분석의 목적은 최적해가 구해진 가운데 기저에서의 변화가 일어나지 않는 범위를 구하는 것이다. 범위는 상한(upper limits)과 하한(lower limits)으로 구성되며, 목적함수식에서 계수가 변화할지라도 변수의 계수 값이 이 범위 안에 있는 한 기존의 최적해가 유지된다. 이제 계수(coefficients)를 상한과 하한 범위 밖으로 변화시킬 때 최적해가 어떻게 변화하는지 살펴보자.

앞 4.5절에서 사용하였던 문제를 다시 제시하면 다음과 같다.

$$
\begin{aligned}
\text{max.}\ \ z &= 40x_1 + 30x_2 \\
\text{st.}\ \ \frac{1}{2}x_1 & \qquad\qquad \leq 8 \\
x_2 & \leq 8 \\
\frac{1}{3}x_1 + \frac{2}{3}x_2 & \leq 8 \\
x_1,\ \ x_2 & \geq 0
\end{aligned}
$$

상기 문제의 최종 테이블은 아래와 같다.

C_j			40	30	0	0	0
	bv	RHS	x_1	x_2	s_1	s_2	s_3
40	x_1	16	1	0	2	0	0
0	s_2	6	0	0	1/2	1	−3/4
30	x_2	4	0	1	−1	0	3/2
	Z_j	760	40	30	50	0	45
	$C_j - Z_j$		0	0	−50	0	−45

민감도 분석을 할 때 기저변수(basic variable, bv)와 비기저변수(nonbasic variable)를 구분하여 수행된다. 상기한 문제의 경우 의사결정변수가 모두 기저변수로 최종해에 포함되어 있다. 먼저 변수 x_1에 대하여 분석을 해보면 다음과 같다.

x_1의 분석

단계 1 : 최적해에서 $C_j - Z_j$ 행을 복사하여 나열한다.

단계 2 : x_1 행을 복사하여 단계 1에서 나열한 $C_j - Z_j$ 행 아래에 나열한다.

단계 3 : 각 $C_j - Z_j$ 행의 값을 x_1 행의 값으로 나누어 준다. 즉 다음과 같이 작성한다.

	x_1	x_2	s_1	s_2	s_3
$C_j - Z_j$행	0	0	−50	0	−45
x_1행	1	0	2	0	0
$\frac{C_j - Z_j\text{행}}{x_1\text{행}}$	−	−	−25	−	−∞

해석 : 위 테이블에서 가장 마지막 행인 $\frac{C_j - Z_j\text{행}}{x_1\text{행}}$에서 가장 작은 양의 값이 최적해가 변화하기 전 x_1의 이익이 증가할 수 있는 범위가 된다. 상기

테이블에서 양의 값이 없다. 이것은 x_1의 이익이 무한대로 증가한다고 하여도 현재 최적해는 변화하지 않는다는 의미이다.

상기 표에서 가장 큰 음의 값 혹은 절대값이 가장 작은 값은 −25이다. 이것은 x_1의 이익이 40에서 25를 뺀 15까지 줄어든다고 하여도 현재의 최적해에 변함이 없다는 의미이다. 결론적으로 x_1의 하한은 15이며 상한은 무한대(∞)이다. 즉 $15 \le x_1 \le \infty$이면 현재의 해가 최적해로 불변이다.

x_2의 분석

x_2의 분석은 x_1의 분석 절차와 동일하다. 동일한 방법으로 분석 테이블을 작성하여 보면 아래와 같다.

	x_1	x_2	s_1	s_2	s_3
$C_j - Z_j$행	0	0	−50	0	−45
x_2행	0	1	−1	0	3/2
$\dfrac{C_j - Z_j \text{행}}{x_1 \text{행}}$	–	–	50	–	−30

위 표에서 $\dfrac{C_j - Z_j \text{행}}{x_1 \text{행}}$에서 가장 작은 양의 값은 50이고 가장 큰 음의 값은 −30이다. 따라서 최종해가 최적해로 유지되면서 x_2가 변화할 수 있는 이익의 범위는 다음과 같다.

$$\text{범위 하한} : 30 - 30 = 0$$
$$\text{상한} : 30 + 50 = 80$$

이를 해석하면 x_2의 이익기여도가 80을 초과하게 되면 s_1이 최적해로 진입하게 되며 그때 제품 x_1은 생산되지 않고 최적해는 오직 x_2만 생산한다는 의미이다. 그리고 x_2가 최적해에서 제외되려면 x_2의 이익기여도가 0이하 즉 네가티브 값을 가지면 된다. 마찬가지로 x_1에서도 동일하게 적용된다.

요약

현재의 해가 최적해로 변화하지 않는 가운데 목적함수식에서의 기저변수의 계수의 변화 범위는 다음과 같다.

$$\text{상한} = \min \left[C_i + \frac{C_j - Z_j}{a_{ij}} \right], \ \forall a_{ij} < 0 \qquad \text{(식 4-1)}$$

$$\text{하한} = \max \left[C_i + \frac{C_j - Z_j}{a_{ij}} \right], \ \forall a_{ij} < 0 \qquad \text{(식 4-2)}$$

여기서 C_i = 기저변수 i의 이익기여도
j = 비기저변수의 기호
a_{ij} = 최종 테이블에서 기저변수 i와 비기저변수 j 간의 대체율

지금까지 기저변수의 변화 범위를 살펴보았다. 이제부터 비기저변수의 경우를 살펴보자. 우리가 예로 들었던 문제의 경우 심플렉스법의 최종 테이블에서 모든 의사결정변수가 기저변수에 포함되었다. 이것은 기존의 해를 대체하여 새롭게 기저변수로 진입할 변수가 없다는 의미이다. 그러나 현실문제에서는 의사결정변수가 최적해에서 비기저변수로 남아 있는 경우가 흔히 있다. 이 같은 경우 기존 해가 최적해로 유지되면서 비기저변수의 목적함수식에서 이익기여도의 변화범위를 살펴보면 다음과 같다.

비기저변수의 분석

심플렉스법의 최종 테이블에서 기저변수가 아닌 변수 j가 기저변수로 진입하려면 변수 j의 목적함수식에서 이익기여도가 기존의 C_j에서 새로운 C_j로 반

드시 변화해야 한다. 즉 다음의 조건을 반드시 만족해야 한다.

$$C_j(\text{새로운}) \geq Z_j \quad \text{(식 4-3)}$$

(식 4-3)의 의미는 의사결정변수이면서 최종해에 포함되지 않은 변수 j의 새로운 이익기여도가 최종해의 Z_j 값보다 반드시 크거나 같아야 한다는 것이다. 따라서 현재의 해가 최적해로 남아 있기 위한 변수 j의 상한 값은 Z_j이고 하한 값은 없다. 왜냐하면 주어진 문제가 최대화 문제이기 때문이다.

제약조건식에서 우변상수 값(right-hand side value)의 변화

심플렉스법을 이용하여 우변상수 값의 변화가 목적함수에 끼치는 영향을 분석하면 아래와 같다.

단계 1 : 최적해를 제공하는 최종 심플렉스 테이블에서 RHS 값과 변화 범위를 분석하고자 하는 제약식의 한계대체율(marginal substitution rate)을 표로 작성한다.

단계 2 : RHS 값을 한계대체율로 나누어 준다.

단계 3 : 가장 작은 양의 값과 가장 큰 음의 값을 주는 것을 확인한다.

첫 번째 제약조건식 분석

RHS	s_1	RHS/s_1
16	2	8
6	1/2	12
4	−1	−4

가장 작은 양의 값(8)은 첫 번째 제약조건식의 RHS 값(8)이 얼마만큼 줄어도 되는지 알려주며, 가장 큰 음의 값(−4)은 기존의 RHS가 8에서 12만큼 증가할 수 있는 상한 값을 알려주고 있다. 즉

$$하한\ 값 = 8 - 8 = 0$$
$$상한\ 값 = 8 + 4 = 12$$

두 번째 제약조건식 분석

RHS	s_2	RHS/s_2
16	0	∞
6	1	6
4	0	∞

$$하한\ 값 = 8 - 6 = 2$$
$$상한\ 값 = \infty$$

두 번째 제약식은 구속력이 없다. 상한 값은 무한대이다. 아직 잉여가 남아 있기 때문에 추가적인 자원 투입은 바람직하지 않다. 두 번째 자원은 자원량이 2보다 크면 기존 최적해는 불변이다.

세 번째 제약조건식 분석

RHS	s_3	RHS/s_3
16	0	∞
6	−3/4	−8
4	3/2	8/3

$$\text{하한 값} = 8 - \frac{8}{3} = \frac{16}{3}$$
$$\text{상한 값} = 8 + 8 = 16$$

최종 심플렉스 테이블에서 양의 여유변수 값이 존재한다는 것은 그만큼 우변상수 값을 감소시키는 것과 동일한 의미를 가진다. 예를 들면 제약조건식이 $5x_1 + 2x_2 + s_1 = 20$일 때 만약 s_1이 2이라면 $5x_1 + 2x_2 = 18$이 된다는 것이다. 따라서 최종해에서 여유변수(slack variable)가 기저변수에 포함되어 있는 것은 우변상수 값이 그만큼 감소되어도 된다는 것과 동일한 의미이다.

요약

제약조건식의 우변상수 값(RHS)을 위한 민감도 분석은 기저(basis)를 변화시키지 않는 RHS의 범위를 찾는 것이다. 최적해 테이블에서 가장 작은 양의 값을 주는 b_i/a_{ij}는 b_i가 감소되어질 수 있는 크기를 말하며, 가장 큰 음의 값을 주는 b_i/a_{ij}는 b_i가 증가되어질 수 있는 값을 의미한다. 즉 b_i의 상한과 하한은 다음과 같다.

$$\text{상한} = b_i - \max\,[b_i/a_{ij}] \quad \forall i,\ a_{ij} < 0$$
$$\text{하한} = b_i - \min\,[b_i/a_{ij}] \quad \forall i,\ a_{ij} > 0$$

만약, 양의 값이나 음의 값이 없다면, 그때 관계되는 상한이나 하한이 무한대라는 것이다. 그리고 a_{ij}는 최종 테이블에서 해당 셀의 값이다.

4.8 LP의 또 다른 문제들

이제까지의 LP에 관한 설명은 전형적으로 표준형(canonical form)에 대한 것이었다. 그런데 실제 문제의 해를 구하는 과정에서 지금까지 설명한 절차와 달리 다양한 경우를 접하게 된다. 이런 문제를 심플렉스법의 테이블과 그림을 이용하여 예시하고 해결책을 제시하면 다음과 같다.

1) 진입변수 선정 시 두 개 이상의 최대값이 존재하는 경우

심플렉스 테이블에서 아직 최적해에 도달하지 않은 경우 먼저 진입변수를 결정하고 그 다음으로 퇴거변수를 결정하여 다음 테이블을 작성한다. 이때 $C_j - Z_j$값들 중에서 최대값이 동일한 변수가 2개 이상 존재할 경우 이들 중에서 어떤 변수를 진입변수로 결정해야 하는 문제가 생긴다. 이러한 경우 정해진 규칙은 없지만 대체적으로 ① 의사결정변수들 간에 이런 문제가 생긴 경우 임의적으로 한 변수를 선택하여 진입변수로 결정한다. ② 의사결정변수와 비의사결정변수들 간에 이런 문제가 생기는 경우 의사결정변수를 선택하는 것이 효율적이다. ③ 비의사결정변수들 사이에 이런 문제가 생긴다면 임의적으로 하나의 변수를 진입변수로 선정한다. 이렇게 하더라도 최종해에 대한 영향은 없다.

아래의 [표 4-10]에서 이러한 경우를 살펴보자. 변수 x_1과 x_3의 $C_j - Z_j$값이 15로 동일하다. 이럴 경우 두 변수 모두 의사결정변수이다. 이럴 경우 두 변수 중에서 임의적으로 어느 한 변수를 진입변수로 정하면 된다.

표 4-10. 2개의 진입변수가 발생하는 문제

C_j			45	60	25	⋯	50	0	0		0
	bv	RHS	x_1	x_2	x_3	⋯	x_n	s_1	s_2		s_m
	x_2	100	·	·	·	⋯	·	·	·	⋯	·
	s_1	150	·	·	·	⋯	·	·	·	⋯	·
			·	·	·	⋯	·	·	·	⋯	·
	s_5	80	·	·	·	⋯	·	·	·	⋯	·
	Z_j		·	·	·	⋯	·	·	·	⋯	·
	$C_j - Z_j$		15	5	15	⋯	5	0	−12		−5

2) 퇴거변수 결정 시 ratio test에서 최소값이 동일한 기저변수가 2개 일 경우(퇴화문제)

심플렉스 테이블의 해가 최적해가 아닌 경우 진입변수를 결정한 다음 퇴거변수를 결정해야 한다. 이를 위해 우변상수열의 값을 진입변수로 결정된 열의 각 셀의 값으로 나누어 주는 ratio test를 실시한다. 이때 양의 값들 중에서 최소값이 동일한 경우가 발생하는 경우가 있다. [표 4-11]을 보면 변수 x_1과 s_1의 ratio가 동일하게 50이다. 이럴 경우 퇴거변수는 2변수들 중에서 하나를 임의적으로 선정하면 되는데 이런 문제를 퇴화문제(problem of degeneracy)라고 한다.

[표 4-11]에서 변수 s_1을 퇴거변수로 정하고 다음 테이블을 작성하면 [표 4-12]가 된다. $C_j - Z_j$값이 모두 0보다 작거나 같기 때문에 최적해에 도달했음을 알 수 있으며 그때 최적해는 $x_1^* = 0$, $x_2^* = 150$, $x_3^* = 50$이다.

보통 일반적인 LP 문제의 최적해에서 양의 값을 갖는 기저변수의 수는 제

표 4-11. 퇴화문제

C_j	bv	RHS	x_1	x_2	x_3	s_1	s_2	ratio
	s_1	50	0	0	1	1	2	50/1=50
	x_1	200	1	0	4	0	1	200/4=50
	x_2	250	0	1	2	0	5	250/2=125
	$C_j - Z_j$		0	0	3	0	1	

표 4-12. 퇴화문제 최적해

C_j	bv	RHS	x_1	x_2	x_3	s_1	s_2	ratio
	x_3	50	0	0	1	1	2	
	x_1	0	1	0	0	−4	−7	
	x_2	150	0	1	0	−2	1	
	$C_j - Z_j$		0	0	0	−3	−5	

그림 4-10 퇴화 해

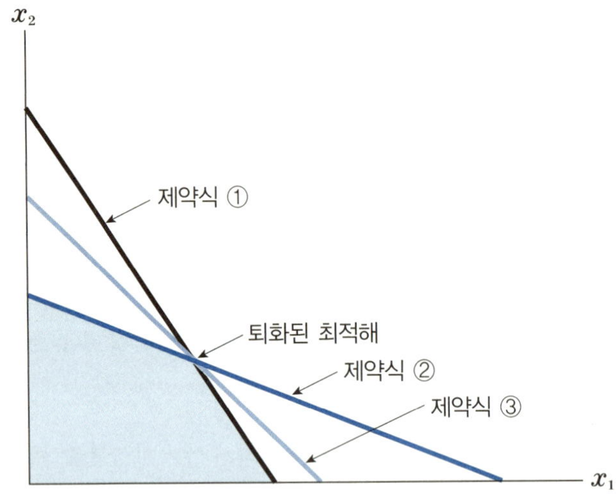

약조건식의 수와 같다. 그런데 최적해에서 양의 값을 갖는 변수의 수가 제약식의 수보다 적은 경우 해가 퇴화(degenerate)되었다고 한다. 퇴화(degeneracy) 현상이 발생하는 경우를 그림으로 나타내면 〈그림 4-10〉과 같다.

3) 복수의 최적해가 존재하는 경우

LP 문제에서 제약조건식들 중의 어느 하나의 직선의 기울기가 목적함수의 기울기와 동일할 경우 발생하는데 이때 복수의 최적해가 존재하게 된다. 예를 들어 다음의 〈그림 4-11〉에서 제약조건 2의 선상에 있는 모든 가능해가 최적해가 된다.

4) 가능해가 없는 경우

LP 문제에서 제약조건식에 의하여 가능해 영역을 설정할 때 공통영역이 존재하지 않음으로 인하여 가능해 영역이 생기지 않는 경우로 〈그림 4-12〉와 같

복수의 최적해가 존재하는 경우

그림 4-11

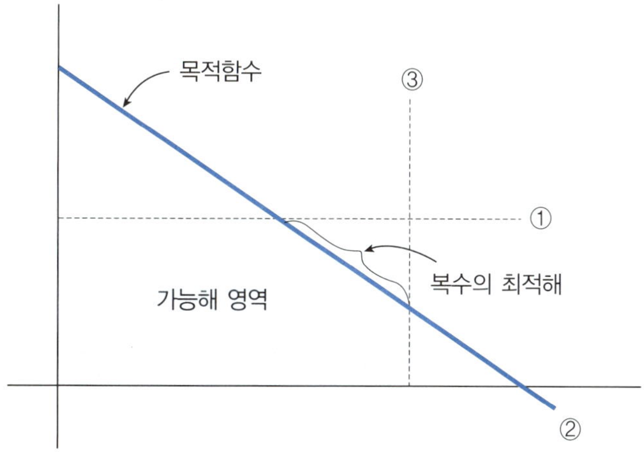

가능해가 없는 경우

그림 4-12

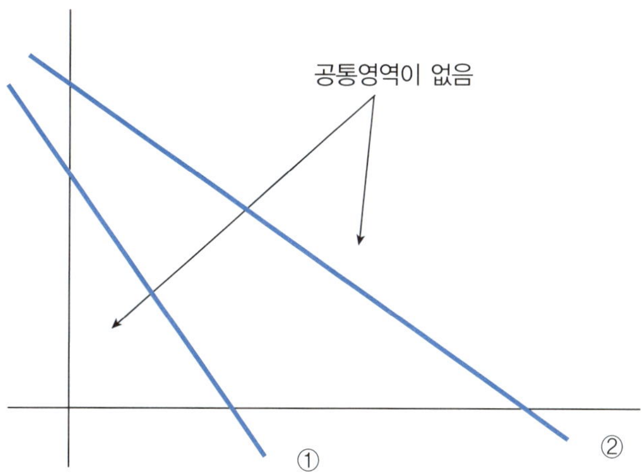

다. 그러나 이러한 문제는 흔한 경우가 아니므로 고려하지 않아도 될 것 같다.

연습문제

01. 다음에 주어지는 제약조건식에 따라 가능해 영역을 도시하고 극점을 표시해 보시오.

① $2x_1 - x_2 \le 0$
$-x_1 + 1.5x_2 \le 200$
$x_1,\ x_2 \ge 0$

② $3x_1 - 2x_2 \ge 0$
$2x_1 - x_2 \le 200$
$x_1 \le 150$
$x_1,\ x_2 \ge 0$

02. 다음의 문제를 도해법(graphical method)을 이용하여 해를 구하시오.

① max. $2x_1 + 5x_2$
st. $x_1 \le 4$
$x_2 \le 3$
$x_1 + 2x_2 \le 8$
$x_1,\ x_2 \ge 0$

② min. $12x_1 + 42x_2$
st. $x_1 + 2x_2 \ge 3$
$x_1 + 4x_2 \ge 4$
$3x_1 + x_2 \ge 3$
$x_1,\ x_2 \ge 0$

③ max. $3x_1 + 5x_2$
st. $3x_1 + 2x_2 \le 30$
$x_1 + 3x_2 \le 30$
$x_1,\ x_2 \ge 0$

④ max. $x_1 + 3x_2$
st. $x_1 + 2x_2 \le 30$
$x_1 + x_2 \le 20$
$x_1,\ x_2 \ge 0$

03. 선형계획법의 도해법을 이용하여 다음 문제의 해를 구하시오.

① min. $3x_1 + x_2$
st. $5x_1 + 4x_2 \le 40$
$3x_1 + 2x_2 \ge 12$
$5x_1 + 12x_2 \ge 60$
$x_1,\ x_2 \ge 0$

② min. $2x_1 + 4x_2$
st. $4x_1 + 6x_2 \ge 120$
$2x_1 + 6x_2 \ge 72$
$x_2 \ge 10$
$x_1,\ x_2 \ge 0$

③ max. $10x_1 + 5x_2$
st. $x_1 + x_2 \le 200$
$4x_1 + x_2 \le 400$
$x_1,\ x_2 \ge 0$

④ max. $2x_1 + 10x_2$
st. $16x_1 + 10x_2 \le 160$
$12x_1 + 14x_2 \le 168$
$x_2 \ge 2$
$x_1,\ x_2 \ge 0$

04. 아래에 주어진 선형계획문제를 standard form으로 전환시켜 보시오.

① max. $z=3x_1+2x_2+5x_3$

$$\begin{aligned} \text{st.}\ 3x_1+x_2 &\le 10 \\ x_2+2x_3 &\le 6 \\ 2x_1+x_2+x_3 &\le 8 \\ x_1,\ x_2 &\ge 0 \end{aligned}$$

② max. $z=6x_1+2x_1+5x_3$

$$\begin{aligned} \text{st.}\ 2x_1+3x_2+x_3 &\le 10 \\ x_1+2x_3 &\le 8 \\ x_1+2x_2+5x_3 &\le 19 \\ x_1,\ x_2,\ x_3 &\ge 0 \end{aligned}$$

③ max. $z=x_1+4x_2$

$$\begin{aligned} \text{st.}\ x_1+2x_2 &\ge 8 \\ 3x_1+2x_2 &\ge 12 \\ x_1,\ x_2 &\ge 0 \end{aligned}$$

④ max. $z=4x_1+3x_2$

$$\begin{aligned} \text{st.}\ x_1+x_2 &\le 5 \\ 3x_1+2x_2 &\le 12 \\ x_1,\ x_2 &\ge 0 \end{aligned}$$

⑤ min. $z=12x_1+42x_2$

$$\begin{aligned} \text{st.}\ x_1+x_2 &\ge 3 \\ x_1+4x_2 &\ge 4 \\ 3x_1+x_2 &\ge 3 \\ x_1,\ x_2 &\ge 0 \end{aligned}$$

05. 다음 선형계획모형을 심플렉스법을 이용하여 최적해를 구하시오.

$$\text{max.}\ z=10x_1+8x_2$$

$$\begin{aligned} \text{st.}\ 3x_1+6x_2 &\le 48 \\ 2x_1+x_2 &\le 20 \\ x_1,\ x_2 &\ge 0 \end{aligned}$$

06. 문제 2번의 ②의 최소화 문제를 심플렉스법으로 해를 구하시오.

07. MK전자공업주식회사는 컴퓨터, 오디오, 텔레비전을 생산하여 판매하려는 계획을 수립하고 있다. 생산부서에서 작성한 생산계획서에 의하면 상기 3가지 제품을 생산하려면 모두 다 3가지 공정을 거쳐야 하며, 이때 각 공정에서 제품생산에 필요한 시간과 각 공정별 이용 가능한 시간이 다음과 같다고 한다. 그리고 이들 제품의 단위당 판매이익은 컴퓨터는 30만원, 오디오는 40만원, 그리고 텔레비전은 25만원이라고 한다. 이 회사가 이들 제품을 생산하여 판매했을 때 얻을 수 있는 최대이익은 얼마이며 그때 최적의 제품구성

은 무엇인가?

공정 \ 제품	컴퓨터	오디오	텔레비전	최대이용량
제1공정	3	2	1	120
제2공정	1	2	3	90
제3공정	1	1	2	120

① 선형계획모형을 작성하시오.

② 심플렉스법으로 최적해를 구하시오.

08. 중앙의료원 구내식당에 근무하는 영양사는 매일 500여 명의 입원환자들의 급식에 필요한 식단을 계획하고 있다. 병원협회의 권고사항에 따르면 환자가 병으로부터 회복하려면 양질의 식사가 제공되어야 하는데 이에 대한 최소기준이 아래 [표 1]과 같다고 한다. 금주의 식단을 위하여 준비하려는 식품은 3가지이며, 이들 식품의 단위당 영양제공표는 [표 2]와 같을 때 병원협회의 권고사항을 충족시켜 주며 아울러 식품구매 비용을 최소화할 수 있는 영양사의 의사결정은 무엇인가?

[표 1] 병원협회 권장사항

권장품목	환자 1인당 1일 최소 요구량
칼로리	2500(cal)
영양소 I	40(단위)
영양소 II	50(단위)

[표 2] 식품별 1개당 칼로리 및 함유 영양소

식품	칼로리	영양소 I	영양소 II	1개당 구입가격
식품 A	50	1.5단위	2단위	50
식품 B	80	1단위	0.5단위	60
식품 C	100	2단위	1단위	80

① 선형계획모형으로 작성하시오.

② standard form으로 전환하시오.

③ 최적 식품구매계획을 설명하시오.

09. 해동낚시공업사는 지난 1980년 이후 바다용 낚싯대를 생산하여 전량 해외시장으로 수출을 하고 있다. 현재까지 2가지 모델(동해와 남해)을 생산하고 있는데, 제품의 질이 높고 가격경쟁력이 있어 수출시장에서 매년 시장점유율이 증가하고 있는 것으로 조사되고 있다. 따라서 해외 유통업자는 향후 1년 동안 해동공업사에서 수출하는 제품 전량을 구매하기로 해동공업사와 계약을 체결하였다고 한다. 해동공업사에서 생산하는 2가지 모델에 대한 제조명세서가 다음과 같을 때 물음에 답하시오.

공정 / 제품	절삭	페인팅	마무리	검수와 포장	1대당 이익
동해	7/10시간	1/2시간	1시간	1/10시간	10,000원
남해	1시간	5/6시간	2/3시간	1/4시간	9,000원
이용가능한 시간	630	600	708	135	

① 이익을 최대화할 수 있도록 선형계획모형을 완성하시오.

② 회사가 얻을 수 있는 최대 이익은 얼마이며 그리고 모델별 최적 생산 수량은?

③ 최적 생산량을 제조하는데 필요한 총 공정시간은 몇 시간인가?

④ 최적 생산량에 따른 각 공정별 유휴시간은 몇 시간인가?

10. 다음과 같이 LP 문제가 주어져 있다. 물음에 답하시오.

$$\begin{aligned} \text{max. } & z = 5{,}000x_1 + 4{,}000x_2 \\ \text{st. } & x_1 + x_2 \geq 5 \\ & x_1 - 3x_2 \leq 0 \\ & 10x_1 + 15x_2 \leq 150 \\ & 20x_1 + 10x_2 \leq 160 \\ & 30x_1 + 10x_2 \geq 135 \\ & x_1,\ x_2 \geq 0 \end{aligned}$$

① 최종 심플렉스 테이블에서 기저변수의 상한과 하한을 제시하시오.

② 최종 심플렉스 테이블에서 비기저변수의 상한과 하한을 제시하시오.

③ 우변상수 값(RHS value)의 범위를 제시하시오.

11. 다음과 같이 LP 문제가 있다. 물음에 답하시오.

$$\begin{aligned} \text{max. } & z = 70x_1 + 30x_2 \\ \text{st. } & 2x_1 + x_2 \leq 1 \\ & x_1 + 8x_2 \leq 4 \\ & x_1,\ x_2 \geq 0 \end{aligned}$$

① 도해법으로 해를 구하시오.

② 심플렉스법으로 최적해를 구하시오.

③ 최종해에서 포함되지 않은 제품이 최종해에 포함되려면 단위당 이익이 최소한 얼마가 되어야 하는가?

④ 최종해를 변화시키지 않고 2번째 제약식의 우변상수 값이 변화할 수 있는 값의 범위를 제시하시오.

12. 주식회사 KS는 수익이 나지 않는 생산라인을 가동 중지시키려고 한다. 그러다 보니 생산역량이 과잉이 됨을 우려하고 있다. 경영진들은 이러한 과잉설비를 다음의 3개 제품들 중의 어느 한 제품 또는 그 이상의 제품을 생산하는데 집중시키려고 한다. 제품 단위당 요구되는 기계작업시간에 대한 자료가 아래와 같다. 물음에 답하시오.

아래 표는 제품 단위당 각 기계에서 작업을 요구하는 시간과 제품 단위당 이익 그리고 각 기계의 1주일당 이용 가능한 시간을 표시하고 있다. 예를 들면 제품 x_1을 한 단위 생산하려면 밀링머신 8시간, 선반 작업 4시간, 그라인더 작업 1시간이 필요하다는 설명이다.

기계유형	제품			기계당 1주일 이용 가능 시간
	x_1	x_2	x_3	
밀링머신	8	2	3	800
선반	4	3	0	480
그라인더	2	0	1	320
제품 단위당 이익	20만원	6만원	8만원	

① 주식회사 KS는 일주일당 이익을 극대화하는 계획을 수립하고자 한다. 상기 문제를 LP 모형으로 작성하시오.

② 심플렉스법으로 해를 구하시오.

③ 최적해는 무엇인가? 각 제품을 얼마만큼 만들어야 하며 그때 KS사가 얻을 수 있는 최대이익은?

④ 최적해에 도달하였을 경우 이때 각 자원의 사용 실태는 어떠한가? 각 기계의 이용 가능 시간을 어느 정도 활용하고 있는가?

⑤ 밀링머신의 1주일당 이용 가능 시간이 200시간이 추가되고 1시간당 1만 5천원이 추가된다면 이 계획안은 추천할 만한가?

chapter

5 수송모형

분배문제(distribution problem)는 선형계획 문제의 특별한 유형이다. 분배문제는 2가지 유형이 있다. 하나가 수송문제(transportation problem)이고 나머지 하나는 할당문제(assignment problem)이다. 수송문제는 다수의 공급지에서 다수의 수요지로 상품을 선적하는 문제를 다루는데, 공급지가 공급하는 제품수량은 제한을 받으며, 각 수요지의 상품에 대한 수요와 각 공급지에서 수요지로 제품을 선적하는 수송비용 또한 이미 확정적으로 알려져 있음을 가정하여 문제의 해를 구하는 기법이다. 수송모형의 목표는 공급량의 제약을 위배하지 않고 수요를 만족시키면서 가장 저렴한 비용으로 선적일정을 찾는데 있다.

할당문제는 특정 지위에 주어진 후보군들 중에서 한사람을 일대일로 최적의 연결을 찾는 방법이다. 할당문제의 예를 들면 기계에 작업자를 배치하는 방법, 교실에 선생님을 배정하는 방법 등이 있다. 할당법의 최적해는 각 배정에 따른 이익을 최대화하거나 비용을 최소화하는 것이다.

본 장에서는 분배문제의 해를 찾는 방법으로 기본적인 선형계획 모형의 제시와 함께 수송모형을 분석한다.

5.1 수송문제의 특징과 가정

수송문제는 다수의 공급지와 수요지가 널리 분포되어 있고, 각 공급지로부터 각 수요지로 제품을 수송하고자 할 때 각 공급지의 공급량 제약 범위 내에서 총 수송비가 최소가 되도록 각 수요지로 수송할 상품량과 수송방법을 결정하는 문제이다.

수송모형은 다음과 같은 특성과 가정들을 가지고 있다.

- **공급** : 어떤 상품의 공급량은 상품의 공급지(공장이나 농장 등)로부터 공급되지만 제한되며 항상 일정한 것으로 가정한다.
- **수요** : 다수의 목적지(예를 들면, 유통센터, 상점, 도매상 등)에서 상품의 수

요가 있으며, 수요량은 이미 확정적인 값으로 알려져 있다.

- **수송비용** : 하나의 공급지에서 하나의 수요지로 하나의 상품에 대한 수송비용은 일정한 것으로 알려져 있다.
- 공급지들 간에 또는 수요지들 간에 상품의 공급은 없는 것으로 가정한다.
- 모든 공급량과 수요량은 정수로 가정한다.
- 수송문제는 상품의 총 수송비용을 최소화하면서 모든 수요를 만족시킬 수 있도록 공급지에서 수요지까지 수송량을 결정하는 문제이다.

수송문제는 해를 구하는 절차를 쉽게 나타내기 위한 편리한 방법으로 표를 이용한다. 수송문제에서 사용할 표를 설명하면 아래의 [표 5-1]과 같은데 표의 구성을 살펴보자.

표의 좌측 첫 번째 열은 공급자의 목록을 표시하며 첫 번째 열의 각 행은 공급자들을 표시한다. 표의 상단은 상품의 수요지를 나타내며, 가장 우측 열은 공급지별로 공급량을 표시한다. 표의 하단은 각 수요지의 수요량을 표시하며, 표의 중앙에는 각 공급지에서 수요지까지의 상품 공급에 따른 수송비용과 해를 구하는 절차가 진행됨에 따라 공급량을 표시한다. 그리고 표의 우측 하단에는 상품의 총 공급량과 총 수요량을 표시한다.

표 5-1. 수송모형 표

공급지 \ 수요지	R	S	T	공급량
A	C_{AR} x_{AR}	C_{AS} x_{AS}	C_{AT} x_{AT}	S_A
B	C_{BR} x_{BR}	C_{BS} x_{BS}	C_{BT} x_{BT}	S_B
수요량	d_R	d_S	d_T	총수요 \ 총공급

여기서 A와 B는 공급지를 나타내며, R, S, T는 수요지를 나타낸다. 그리고 C_{AR}은 공급지 A에서 수요지 R로 상품을 공급할 때 상품 1개당 수송비용을 나타내며, x_{AR}은 공급지 A에서 수요지 R로 수송할 상품의 양이다. 그리고 S_A는 공급지 A의 공급량을 나타내고 d_R은 수요지 R의 수요량을 나타낸다. 그리고 $x_{AR}+x_{AS}+x_{AT}=S_A$이고, $x_{BR}+x_{BS}+x_{BT}=S_B$이다. 마찬가지로 $x_{AR}+x_{BR}=d_R$이고 $x_{AS}+x_{BS}=d_S$ 그리고 $x_{AT}+x_{BT}=d_T$이다.

5.2 수송모형의 해를 구하기

수송문제는 보통 아주 거대하며 때에 따라서 가능해의 수가 무한할 수도 있다. 이러한 문제의 해를 구하는 방법은 선형계획법으로 해를 구하기, 열거법(enumeration method)으로 해를 구하기 그리고 수송모형(transportation model)으로 해를 구하는 방법이 있다.

선형계획법으로 해를 구하기

[표 5-1]의 수송모형표에서 제시된 문제의 해를 선형계획법으로 구한다면 목적함수식과 제약조건식을 다음과 같이 표기할 수 있다.

$$\text{minimize } Z = C_{AR}x_{AR}+C_{AS}x_{AS}+C_{AT}x_{AT}+C_{BR}x_{BR}+C_{BS}x_{BS}+C_{BT}x_{BT}$$

그런데 여기서 고려해야 할 것은 총공급량과 총수요량에 대한 상황이다. 다음과 같이 3가지 상황을 생각할 수 있다.

① **총수요량 = 총공급량** : 이러한 경우 제약조건식은 모두 등식(=)의 관계가 된다.

$$\begin{aligned} \text{st.}\ & x_{AR} + x_{AS} + x_{AT} = S_A \\ & x_{BR} + x_{BS} + x_{BT} = S_B \\ & x_{AR} + x_{BR} \qquad\quad = d_R \\ & x_{AS} + x_{BS} \qquad\quad = d_S \\ & x_{AT} + x_{BT} \qquad\quad = d_T \end{aligned}$$

② **총공급량 > 총수요량** : 이 경우에는 수요량의 제약조건식은 등식(=)으로 공급량의 제약조건식은 부등호(≤)이다. 즉

$$\begin{aligned} \text{st.}\ & x_{AR} + x_{AS} + x_{AT} \le S_A \\ & x_{BR} + x_{BS} + x_{BT} \le S_B \\ & x_{AR} + x_{BR} \qquad\quad = d_R \\ & x_{AS} + x_{BS} \qquad\quad = d_S \\ & x_{AT} + x_{BT} \qquad\quad = d_T \end{aligned}$$

③ **총수요량 > 총공급량** : 공급량의 제약조건식은 등식(=)으로 표기하며, 수요량의 제약조건식은 부등호(≤)로 표기한다.

$$\begin{aligned} \text{st.}\ & x_{AR} + x_{AS} + x_{AT} = S_A \\ & x_{BR} + x_{BS} + x_{BT} = S_B \\ & x_{AR} + x_{BR} \qquad\quad \le d_R \\ & x_{AS} + x_{BS} \qquad\quad \le d_S \\ & x_{AT} + x_{BT} \qquad\quad \le d_T \end{aligned}$$

여기서 모든 의사결정변수는 비음조건을 만족한다. 즉 x_{AR}, x_{AS}, x_{AT}, $x_{BR}, x_{BS}, x_{BT} \ge 0$이다.

〈예제 5-1〉

아래와 같이 수송표가 있다. 이를 LP 모형으로 해를 구하고자 한다. LP 모형을 완성하라.

공급지 \ 수요지	1	2	공급량
1	20	50	400
2	40	10	250
3	45	40	180
수요량	500	230	830 / 730

풀이

주어진 수송문제를 보면 총공급량이 총수요량보다 100이 많은 문제이다. 즉 총공급량 > 총수요량의 형태이다. 따라서 수요량의 제약조건식은 등식(=)으로 설정해야 하며 공급량의 제약조건식은 부등호(≤)로 나타내어야 한다. 이를 고려하여 LP 식을 작성하면 다음과 같다.

$$\min Z = 20x_{11} + 50x_{12} + 40x_{21} + 10x_{22} + 45x_{31} + 40x_{32}$$

$$\begin{aligned}
\text{st.}\quad & x_{11} + x_{12} && \leq 400 \\
& x_{21} + x_{22} && \leq 250 \\
& x_{31} + x_{32} && \leq 180 \\
& x_{11} + x_{21} + x_{31} && = 500 \\
& x_{12} + x_{22} + x_{32} && = 230 \\
& x_{11},\ x_{12},\ x_{21},\ x_{22},\ x_{31},\ x_{32} && \geq 0
\end{aligned}$$

열거법(enumeration method)으로 해를 구하기

열거법으로 해를 구하는 절차는 수송표로 문제를 표시하고 각 조건을 만족하는 값을 표의 모든 란에 부여하여 초기해를 구한다. 초기해가 최적조건을 만족하면 문제의 해가 구해진 것이며, 조건을 만족하지 않으면 개선된 다른 해를 구하는 절차를 진행하여 최적해가 나올 때까지 반복한다. 이를 도시하면 〈그림 5-1〉과 같다.

수송문제 해를 구하는 과정 그림 5-1

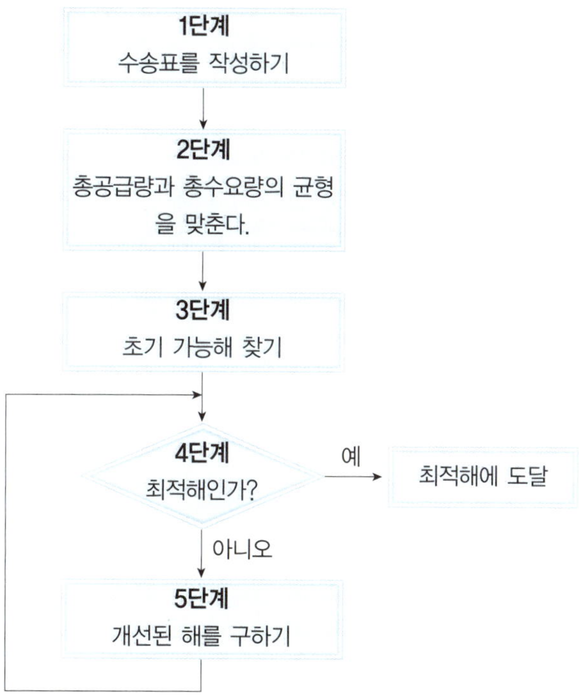

수송법(transportation method)으로 해를 구하기

수송법은 거대한 수송문제를 해를 구하는 효율적인 계산방법을 제공한다. 다음 절에서 이를 상세하게 설명하기로 한다.

5.3 수송법(Transportation Model)

수송법은 선형계획법의 심플렉스 알고리즘과 아주 유사하게 알고리즘을 탐색하고 평가하여 최적해를 찾아가는 방법이다. 수송법은 다음의 5단계로 이루어진다.

1단계 : 수송표를 작성하기

수송문제를 표로 만들고 먼저 각 표의 란(cell)에 주어진 데이터를 표시한다. 이를 위해 간단한 예를 제시하고 수송법을 이용하여 문제의 해를 구해 본다.

2단계 : 균형 수송표를 작성하기

[표 5-2]는 공급량과 수요량이 일치하는 균형표이다. 1단계에서 수송법을 적용하기 위한 표를 작성할 때 공급량과 수요량이 일치하지 않으면 반드시 공급량과 수요량을 일치시켜야 한다. 공급량과 수요량을 일치시키기 위한 방법은 수송표에서 공급량이나 수요량 중 부족한 부분이 있는 영역에 가상 수요(dummy)나 공급을 표시하는 것이다. 예를 들어보면 [표 5-3]의 수송문제인 경우 공급량은 830이나 수요량이 730으로 수요량이 100 부족하다. 이럴 경우 가상 수요지를 표에 설정해야 한다. 즉 표에 인공적으로 수요지를 추가함으로써 공급량과 수요량을 균형화시켜야 한다. 가상 열(dummy column)을 수송표에 추가하여 균형된 수송표를 만들면 [표 5-4]와 같다. 이때 가상 수요지는 인공적으로 만들어졌기 때문에 각 공급지에서 가상 수요지로의 수송비용은 모두 0이다.

〈예제 5-2〉

대한포털사는 전국의 주요 도시의 소비자에게 필요한 물품을 공급하는 물류기지를 운영하고 있다. 아래의 그림에 표시된 것처럼 물류기지와 주요 수요도시, 물류기지에서 각 도시 간에 상품 1개당 수송비용이 제시되어 있다. 각 수요지의 수요량을 만족시키면서 수송비용을 최소화하는 최적해를 구하라. 원으로 표시된 곳은 공급지이며 원안의 숫자는 최대 공급량이다. 사각형으로 표시된 곳은 수요지이며 괄호안의 숫자는 수요량이다.

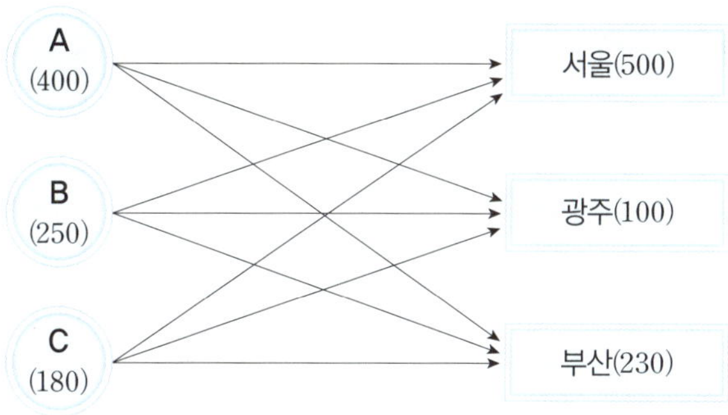

표 5-2. 균형 수송표

공급지 \ 수요지	서울	부산	광주	공급량
A	20	50	50	400
B	40	10	30	250
C	45	40	10	180
수요량	500	230	100	830 \ 830

표 5-3. 불균형 수송표

수요지 / 공급지	서울	부산	공급량
A	20	50	400
B	40	10	250
C	45	40	180
수요량	500	230	830 / 730

표 5-4. 균형된 수송표

수요지 / 공급지	서울	부산	D(dummy)	공급량
A	20	50	0	400
B	40	10	0	250
C	45	40	0	180
수요량	500	230	100(과잉공급)	830 / 830

3단계 : 초기 가능해 구하기

수송표에서 초기해를 구하는 방법은 2가지가 있다. 하나는 북서코너법(Northwest Corner rule)과 최소비용법(The least-cost mehod)이 있다. 먼저 북서코너법을 이용하여 초기해를 구하는 절차를 설명하기로 한다.

1. 북서코너법으로 초기해 할당

① 수송표의 북서방향(표의 제일 상단의 왼쪽)의 셀에 행의 공급량과 열의 수요량 중에서 적은 값을 할당한다. (북서코너법)

② 행의 공급량과 열의 수요량에 셀에 이미 할당된 양을 뺀다.

③ 행의 공급량이 0이 된다면 바로 아래 행의 셀로 이동한다. 만약 행과 열의 값이 모두 0이 된다면 아래 행으로 이동하고 즉시 바로 인접한 오른쪽 셀로 이동한다.

④ 이 단계가 진행되면 이동된 셀은 북서코너 셀이 된다.

⑤ 남은 행과 열의 값이 모두 0이 될 때까지 ①과 ④의 단계를 반복한다.

북서코너법은 아주 단순한 기계적인 과정으로 이루어져 있는데 이것이 장점이다. [표 5-5]의 초기해의 수송비용을 구하면 다음과 같다.

공급지 A에서 수요지 서울로 400개 수송	400 × 20 = 8,000
공급지 B에서 수요지 서울로 100개 수송	100 × 40 = 4,000
공급지 B에서 수요지 부산으로 150개 수송	150 × 10 = 4,000
공급지 C에서 수요지 부산으로 80개 수송	80 × 40 = 3,200
공급지 C에서 수요지 광주로 100개 수송	100 × 10 = 1,000
	총비용 : 20,200

표 5-5. 북서코너법에 의한 초기해

수요지 / 공급지	서울	부산	광주	공급량	남은 공급
A	(20) 400	(50)	(50)	400	0
B	(40) 100	(10) 150	(30)	250	~~150~~ 0
C	(45)	(40) 80	(10) 100	180	~~100~~ 0
수요량	500	230	100		
남은 수요	~~100~~ 0	~~80~~ 0	0		

최소비용법으로 초기해 구하기

최소비용법(least-cost method)으로 초기해를 구하면 [표 5-6]과 같다. 최소비용법은 초기해를 구하기 위하여 사용할 뿐만 아니라 초기해에서도 쉽게 최적에 도달할 수 있다. 최소비용법은 휴리스틱 접근법으로 [표 5-6]의 비용데이터를 이용하여 초기해를 구한다.

최소비용법으로 초기해를 구하면 먼저 표에서 가장 적은 수송비용을 가지는 셀을 선택한다. 이 경우에 최소비용을 보이는 셀이 공급지 B에서 부산으로 수송하는 셀과 공급지 C에서 광주로 수송하는 셀의 수송비용이 각각 10으로 동일하다. 이 경우 가장 많은 양을 할당할 수 있는 B-부산 셀을 선택하여 230을 할당한다. 다음으로 C-광주 셀에 100을 할당한다. 이렇게 할당하고 나면 부산 열과 광주 열은 이미 수요량을 채웠기 때문에 더 이상 상품을 공급받을 수 없다. 따라서 서울 열의 셀만 남게 되고 이들 중에서 가장 적은 수송비용을 갖는 A-서울 셀에 최소값인 400을 할당한다. 다음 공급지 B의 남은 공급량 20을 B-서울 셀에 할당하고 C의 남은 공급량 80을 C-서울 셀에 할당하고 나면 남은 양은 모두 0이 된다.

표 5-6. 최소비용법에 의한 초기해

공급지 \ 수요지	서울	부산	광주	공급량
A	20 400	50	50	400
B	40 20	10 230	30	250
C	45 80	40	10 100	180
수요량	500	230	100	830 / 830

최소비용법에 의한 초기해의 총비용은 15,700이 된다. 일단 초기해가 구해지면 최적성 검사를 실시한다.

4단계 : 최적성 검사(Testing for Optimality)

최적성 검사의 목적은 초기해에서 구해진 값이 개선될 수 있는지의 여부를 확인하는 것이다. 최적성 검사의 방법은 심플렉스법과 비슷하다.

초기해에서 상품이 할당된 셀은 기저변수(basic variable)가 되고, 비어 있는 셀은 비기저변수(non-basic variable)가 된다. 각 비기저변수에 대하여 변화를 주었을 때 개선의 여지가 보이면 새로운 해를 구하는 단계를 시작해야 한다.

변화의 효과를 계산하는 절차로는 디딤돌법(stepping-stone method)과 MODI(Modified distribution)법이 있다. 여기서 주의해야 할 것은 최적해는 반드시 비퇴화해(non-degenerated solution)가 되어야 한다는 것이다. 즉 상품이 할당된 셀의 수 $= m + n - 1$이어야 한다. 이때 m은 공급지의 수이고 n은 수요지의 수이다.

디딤돌법(Stepping-stone method)

디딤돌법은 수송법에서 마지막 2단계를 실행하는 것이다. 최적성 검사는 모든 비어 있는 셀에 대하여 셀 평가치(cell evaluators)를 계산함으로써 수행된다. 그리고 비최적해를 개선하는 방법은 첫째, 진입되는 셀(incoming cell)을 확인하고 둘째, 개선된 해를 설계하는 것으로 구성된다.

최적성 검사 최적성 검사를 수행하기 위하여 먼저 상품이 할당되지 않은 셀을 중심으로 인접한 상품이 할당된 셀과 폐쇄 망을 형성하는 경로를 구축하는 것으로 시작된다. 셀 평가치는 폐쇄 경로를 따라 기저 셀에서 비기저 셀로 상품을 한 단위 이동했을 때 폐쇄 경로에 포함된 셀의 비용 변화를 계산한 값으로 비기저 셀의 평가치가 모두 양의 값을 가지면 최적해에 도달한 것으로 간주한다.

북서코너법으로 수송문제의 초기해를 구한 것이 [표 5-5]에 제시되어 있는데, 공급지 A는 전량을 서울에 공급하고, 공급지 B는 공급량 250을 서울과 부산에 각각 100, 150을 할당한다. 공급지 C는 부산에 80 그리고 광주에 100을 배정함으로써 공급량과 수요량을 모두 소진하였으며, 총 수송비용은 20,200이었다. 이제 이 초기해가 최적해인지 아닌지를 검사해야 한다. 디디돌법을 이용하여 최적해 여부를 평가해 보자.

절차 1 : 모든 비기저 셀 확인하기 초기해에서 상품이 할당되지 않은 비기저 셀은 A-부산 셀, A-광주 셀, B-광주 셀 그리고 C-서울 셀이다. 모든 비기저 셀의 평가치를 산정한다.

절차 2 : 셀 평가치를 구할 비기저 셀 선정 어떤 비기저 셀을 먼저 선정해야 하는 원칙은 없다. 먼저 A-부산 셀의 평가치를 구해 보자.

절차 3 : 선정된 비기저 셀을 중심으로 폐쇄 경로를 설정 A-부산 셀의 평가치를 구하기 위해 A-부산 셀을 중심으로 하는 폐쇄 경로를 만들면 [표 5-7]과 같다.

절차 4 : 폐쇄 경로를 따라 비기저 셀의 평가치 산정 [표 5-7]에 제시되어 있는 폐쇄 경로상에서 먼저 A-서울 셀에서 1단위를 A-부산 셀로 이동을 한다. A–부산 셀이 1 증가하면 B–부산 셀은 1 감소하여 할당된 수량이 150에서 (149) 가 된다. 그러면 B–서울 셀은 1 증가하여 (101) 이 된다. 이어 서울 열의 합이 501이 되니 원래의 수요량을 초과한다. 따라서 A–서울 셀은 (399) 가 되어야 한다. 이 경로에 따라 형성된 폐쇄 경로에서 비용은 +50 − 10 + 40 − 20이므로 +60이 된다. 이러한 방법으로 초기해에서 모든 비기저 셀(할당이 되지 않은 셀)의 평가치를 계산하면 다음과 같다. 그리고 셀에서 − 기호는 비용의 감소를, + 기호는 비용의 증가를 의미한다.

표 5–7. 셀 A–부산의 폐쇄 경로

공급지 \ 수요지	서울	부산	공급량
A	(399) 20 400 −	(1) 50 +	400
B	(101) 40 100 +	(149) 10 150 −	250
수요량	500	230	

표 5–8. 비기저 셀의 평가치

비기저 셀	폐쇄 경로	셀 평가치
A–부산	A–서울 → A–부산 → B–부산 → B–서울 → A–서울	50−10+40−20=60
A–광주	A–서울 → A–광주 → C–광주 → C–부산 → B–부산 → B–서울 → A–서울	50−10+40−10+40−20=90
B–광주	B–부산 → B–광주 → C–광주 → C–부산 → B–부산	30−10+40−10=50
C–서울	C–부산 → C–서울 → B–서울 → B–부산 → C–부산	45−40+10−40=−25

[표 5-8]을 보면 셀 평가치에서 C-서울 셀의 값이 -25로 아직 비용개선의 여지가 있다. 즉 현재 해가 최적해가 아니며 따라서 해를 개선하기 위한 새로운 표를 작성해야 한다.

최적성 조건

비기저변수의 셀 평가치 ≤ 0

5단계 : 비최적해를 개선하기

현재의 해가 최적해가 아니라면 수송법에서의 다음 단계는 더 나은 해를 찾는 것이다. 이 과정을 설명하면 다음과 같다.

1) 진입 셀을 확인하라. 여기서 진입 셀이란 현재는 비어 있는 셀이지만 곧 상품이 할당될 셀을 의미한다. 최소화 문제의 경우 가장 큰 음의 값을 갖는 셀 평가치를 갖는 셀이 진입 셀로 결정된다. 이익을 최대화하는 문제에서는 가장 큰 양의 값을 갖는 셀이 진입 셀이 된다. 전술하고 있는 문제에서는 C-서울 셀이 진입 셀이 된다.

2) 개선된 해를 설계한다. 일단 할당이 되지 않은 비어 있는 셀들 중에서 진입 셀이 결정되고 나면 폐쇄 경로에 따라 할당할 수 있는 최대 양을 진입 셀에 배정함으로써 비용개선을 이루어낸다. 셀들 간에 상품의 이전은 할당된(공급된) 양을 잃는 셀들 중에서 하나가 0이 될 때까지 계속 진행된다.

[표 5-8]을 이용하여 해를 개선해 보면 셀 평가치가 음의 값을 가지는 셀은 C-서울 셀뿐이다. 따라서 C-서울 셀의 폐쇄 경로에서 C-부산 셀에서 최대치 80을 C-서울 셀로 이동하고, B-서울 셀에서 B-부산 셀로 80을 이전시킨다. 이 과정을 그림으로 나타내면 〈그림 5-2a〉와 〈그림 5-2b〉와 같다. 〈그림 5-2a〉의 셀 할당량에서 〈그림 5-2b〉의 상태로 셀 할당량이 수정되었으며 이 과정을 통해 비용의 개선상황을 요약하면 [표 5-9]와 같고 개선된 해는 [표 5-10]에 제시되어 있다.

셀 할당량의 수정 그림 5-2

(a) 수정 전 셀 할당량

수요지 / 공급지	서울	부산
B	(−80) 40 100 →	(+80) 10 150
C	(+80) 45 ←	(−80) 40 80
수요량	500	230

(b) 수정 후 셀 할당량

수요지 / 공급지	서울	부산
B	40 20	10 230
C	45 80	40 0
수요량	500	230

최적해에서 공급지에서 수요지까지의 수송비용을 나타내면 공급지 A에서 수요지 서울로 400개 수송하여 8,000 그리고 공급지 B에서 수요지 서울로 20개 수송하고 비용은 800, 공급지 B에서 수요지 부산으로 230개 수송하며 그때 비용은 2,300이다. 그리고 공급지 C에서 수요지 서울과 광주로 각각 80개와 100개를 수송하며 비용은 3,600과 1,000이다. 이를 모두 합산하면 총비용 = 15,700이다.

최적성 검사 최적해에 도달했는지를 확인하기 위하여 비기저 변수(할당되지 않은 셀)의 평가치를 구해 본다. 이때 모든 비기저변수의 평가치가 0보다 크거나 같으면 최적해이다. [표 5-10]에서 비기저변수는 A-부산, A-광주, B-광주, C-부산 셀이다. 모든 비할당된 셀의 평가치는 [표 5-11]과 같이 모두 0보다 큰 값을 가지므로 [표 5-10]의 해는 최적해이다.

표 5-9. 개선된 비용

셀 이동 상황	비용 증감
C-부산 셀에서 C-서울 셀로 80단위(단위당 45) 이동	+45 × 80 = 3,600
B-서울 셀은 80단위 감축(단위당 40)	−40 × 80 = −3,200
C-서울 셀에서 B-부산 셀로 80단위 이동(단위당 10)	+10 × 80 = 800
C-부산 셀은 80단위 감축(단위당 40)	−40 × 80 = −3,200
총 계	−2,000

표 5-10. 개선된 최적해

공급지 \ 수요지	서울	부산	광주	공급량
A	20 400	50	50	400
B	40 20	10 230	30	250
C	45 80	40 0	10 100	180
수요량	500	230	100	830

표 5-11. 비기저변수의 셀 평가치

비기저변수(비할당된 셀)	셀 평가치
A-부산	60
A-광주	65
B-광주	25
C-부산	25

디딤돌 법 요약

1. 모든 빈 공간의 셀(비기저변수)의 평가치를 계산한다. 폐쇄된 경로(망)에서 새로 상품을 할당받는 셀의 총비용에서 할당된 상품을 잃게 되는 셀의 총비용을 빼면 셀의 평가치가 계산된다.
2. 최소화 문제에서 모든 셀의 평가치가 비음의 값이면 최적해에 도달했다. 그렇지 않다면 비용개선이 가능하다. 혹은 비기저변수의 평가치가 0이면 해의 개선이 가능하다.
3. 개선된 해를 구한다는 것은 진입 셀을 확인하고 그 셀에 가능한 최대치를 이전시킨다. 진입 셀은 최소화 문제에서 가장 큰 비용감소를 가져다 준다. 이를 통해 폐쇄경로에 있는 얻는 셀과 잃는 셀의 수량을 조정하면 새로운 해가 얻어진다.
4. 개선된 해를 그때 테스트한다. 만약 그 해가 최적이 아니라면 또 다른 개선이 이루어져야 한다. 만약 최적해가 하나 있다면 결국 최적해에 도달하게 된다.

최대화 문제의 경우 수송문제가 최대화 문제라면 동일한 절차대로 진행하면 된다. 다만 최적성 검사의 경우 차이가 있다. 셀 평가치가 0보다 큰 값이 존재하면 개선의 여지가 있으며 아직 최적에 도달하지 않은 경우이다.

디딤돌법은 크기가 작은 수송문제에는 아주 효율적이다. 문제가 큰 경우에는 MODI법이 권고된다. 본서에서는 다루지 않는다. 다음은 예제를 통하여 가상공급과 가상수요가 있는 수송모형에서 초기해를 구하고 최적해를 구하는 단계로 처음부터 체계적으로 제시하기로 한다.

5.4 가상공급과 가상수요가 있는 수송문제

총공급량과 총수요량이 일치하지 않는 경우 초기해를 구하기 앞서 반드시 총 공급량과 총 수요량을 일치시켜 주어야 한다. 이를 위해서 가상공급(dummy supply) 행과 가상수요(dummy demand) 열을 수송표에 추가하여 문제의 해를 구하는 과정을 시작한다.

다음과 같이 아래에 수송표가 있다. 이때 초기해와 최적해를 구해 보자.

표 5-12. 공급량이 수요량보다 많은 수송문제

공급지 \ 수요지	1	2	3	공급량
1	25	30	20	300
2	15	40	20	325
수요량	200	300	275	625 / 775

1단계 : 초기해 구하기

일단 총 공급량이 총 수요량보다 많은 경우이다. 이럴 경우 가상수요 행을 수송표에 추가하여 공급량과 수요량을 일치시켜야 한다. 가상수요를 추가하여 균형을 맞춘 수송표를 작성하면 아래와 같다.

공급지 \ 수요지	1	2	3	공급량
1	25	30	20	300
2	15	40	20	325
3 (가상공급)	0	0	0	150 (초과수요)
수요량	200	300	275	775

가상공급지 3과 가상공급량 150이 설정되어 공급량과 수요량이 775로 균형을 맞추었다. 다음 단계는 북서코너법으로 초기해를 구해 보자.

북서코너법으로 초기해 구하기

북서코너법은 수송표의 북서코너 방향의 셀에 공급과 수요량의 최대값을 배정하는 것으로 시작한다. 다음으로 수요지 1의 수요량을 충족되었기에 오른쪽 셀로 이동하여 공급량의 나머지를 배정한다. 이러한 절차대로 남은 셀에 공급량을 배정하면 아래 표와 같다.

공급지 \ 수요지	1	2	3	공급량
1	25 200	30 100	20	300
2	15	40 200	20 125	325
3 (가상공급)	0	0	0 150	150 (초과수요)
수요량	200	300	275	775

2단계 : 최적해 여부 확인

초기해에서 수송비용은 18,500이었다. 이제 최적해 여부 확인을 위해 수송표에서 배정받지 못한 셀을 중심으로 셀 평가치를 구한다. 셀 평가치는 인접한 셀 중에서 배정을 받은 기저 셀을 이용하여 구한다. 먼저 셀21의 평가치를 구하면

$$40 + 15 - 25 + 30 = -20\text{이다.}$$

공급지 \ 수요지	1	2	공급량
1	25 200 −	30 100 +	300
2	15 +	40 200 −	325
수요량	200	300	

이때 다른 비기저 셀의 셀 평가치를 구하면 셀13은 10, 셀31은 −15, 셀32는 −20이었다. 그러나 셀31과 셀32는 가상 셀이기 때문에 고려할 필요가 없다.

3단계 : 디딤돌법으로 초기해 개선하기

셀21의 평가치는 −20으로 초기해가 최적해가 아님을 알 수 있다. 따라서 최대량을 셀22에서 셀21로 이동한다. 그러면 다음과 같이 재배정된 수송표가 작성된다. 총 수송비용은 14,500으로 4,000만큼 비용이 줄어들어 해가 개선되었음을 알 수 있다. 여기서 중요한 것은 이 해도 최적해인지 여부를 확인해야 한다. 최적해 여부의 검사를 위해 다음 단계로 넘어가자.

공급지 \ 수요지	1	2	3	공급량
1	25 0	30 300	20	300
2	15 200	40 0	20 125	325
3 (가상공급)	0	0	0 150	150 (초과수요)
수요량	200	300	275	775

4단계 : 최적성 여부 검사

최적성 검사는 배정받지 못한 비기저 셀의 셀 평가치를 구해 모두가 양의 값이면 최적해에 도달했으며, 음의 값을 가진 하나의 셀이라도 나오면 다시 해를 개선해야 한다. 이때 유의할 것은 가상 셀의 경우 배정받은 것으로 하고 해당 셀의 값을 ε(아주 아주 작은 값)으로 한다. 여기서 중요한 사실은 가상 셀의 셀 평가치보다 기존의 비기저 셀의 셀 평가치를 계산하면 된다.

실질적으로 기존의 셀 중에서 셀13의 셀 평가치를 구하기 위하여 폐쇄 경로를 설정하면 셀13과 셀33 그리고 셀 32와 셀 12가 된다. 물론 셀 32의 공급량은 ε이다. 셀 평가치는 $+20 - 0 + 0 - 30 = -10$이다. 따라서 여전히 최적해가 아니다. 개선된 해를 구하기 위하여 셀13을 중심으로 하는 폐쇄 경로에서 이동할 수 있는 최대량을 배정하면 150이다.

셀12에서 셀13으로 150만큼 이동하고 셀33에서 셀32로 150이 이동하면 최종해는 다음과 같이 수정된다. 이때 총수송비는 13,000이다.

공급지 \ 수요지	1	2	3	공급량
1	[25] 0	[30] 150	[20] 150	300
2	[15] 200	[40] 0	[20] 125	325
3 (가상공급)	[0]	[0] 150	[0] 0	150 (초과수요)
수요량	200	300	275	775

초기해에서 최종해에 이르기까지 총 수송비용은 18,500에서 14,500으로 그리고 최종적으로 13,000으로 줄었으며 최종해는 공급지 1에서 수요지 2와 3으로 각각 150, 150을 공급하고, 이어서 공급지 2에서 수요지 1로 200을, 수요지 3으로 125를 공급하는 것이다.

이 문제는 처음부터 수요량이 공급량을 초과하는 문제이기 때문에 수요지 2의 수요량 300 중에서 150만큼 일부 충족시키고 150을 충족시키지 못했지만 최적해에 도달한 것으로 평가된다.

연습문제

01. 아래에 주어져 있는 수송문제를 북서코너법(northwest corner method)으로 초기해를 구하시오.

공급지 \ 수요지	1	2	공급
1	5	4	25
2	2	7	45
3	3	6	30
수요	75	25	100

02. 수송문제의 초기해가 아래의 표와 같이 주어져 있다. 최적해를 구하시오.

공급지 \ 수요지	1	2	3	공급량
1	20	10	25	200
2	20	30	5	325
3	10	30	10	300
수요량	150	200	475	825

03. 최소비용법(the least-cost method)을 사용하여 수송문제의 초기해를 구하면 다른 방법에 비하여 장점이 있다. 그것을 설명하시오.

04. 상기 2번 문제를 LP 모형으로 구성하시오.

05. 부울공업사는 아래 〈표〉와 같이 지역 4곳에 공장을 가지고 있으며 4군데 창고를 운영하고 있다. 각 공장에서 창고에 상품을 수송하는데 비용이 아래와 같을 때 물음에 답하시오.

공장	공급량	창고	수요량
A	15	E	10
B	6	F	12
C	14	G	15
D	11	H	9

단위당 수송비용

공장 \ 창고	E	F	G	H
A	25	35	36	60
B	55	30	45	38
C	40	50	26	65
D	60	40	66	27

① 초기 수송표를 작성하시오.
② 북서코너법으로 초기해를 구하시오.
③ 최소비용법으로 초기해를 구하시오.
④ 초기해가 모두 최적해인가? 아니면 그 이유를 설명해 보시오.
⑤ 초기해가 최적해가 아니라면 최적해를 구하시오.

06. 다음과 같이 2개의 공급지에서 3개의 수요지로 제품을 수송하는 문제가 있다. 각 공급지의 공급량과 수요지의 수요량 그리고 각 공급지에서 수요지까지의 수송비용을 요약한 표가 아래와 같을 때 물음에 답하시오.

공급지 \ 수요지	1	2	3	공급량
A	1	2	3	200
B	4	1	5	100
수요량	80	120	160	300 \ 260

① 초기 수송표를 작성하시오.

② 북서코너법으로 초기해를 구하시오.

③ 최적해를 구하시오.

④ 위의 문제 해를 구하기 위하여 LP 모형으로 나타내 보시오.

07. 해운대 전자회사는 새로운 인터넷방송을 전용으로 청취할 수 있는 3가지 모델의 수신기를 개발하려고 한다. 지난달의 소비자 조사를 통해서 각 모델의 판매 가능성을 추정해 보니 모델 A, B, C가 각각 10,000대, 12,000대 그리고 7,000대이었다. 그리고 해운대 전자회사는 수신기를 생산할 수 있는 생산라인을 4개 가동하고 있으며, 각 생산라인의 월별 생산 가능량과 각 라인에서 수신기를 생산할 때 발생하는 비용이 다양하며 아래와 같이 제시되어 있다.

모델	생산라인			
	Q	R	S	T
A	60	53	61	50
B	80	75	81	70
C	75	70	75	65
생산 가능량	6,000	15,000	20,000	5,000

회사의 목적은 가장 저렴한 제조비용으로 추정 수요량을 충족시키고자 한다. 수송모형을 이용하여 최상의 월별 생산 스케줄을 완성해 보시오.

08. 아래와 같이 수익표(pay-off table)를 가진 수송문제가 있다.

① 북서코너법으로 초기해를 구하고 다음으로 최적해를 구하시오.

② LP 모형으로 제시하시오. (문제의 해를 구할 필요는 없음)

from \ to	1	2	공급
부산	6	4	50
대구	3	5	80
서울	8	7	60
대전	5	9	40
수요	80	100	

09. 동의전자는 2개의 공장에서 컴퓨터를 생산하고 있다. 각 공장의 생산역량을 살펴보면 A공장은 월별 150대, B공장은 월별 120대를 생산할 수 있다고 한다. 동의전자는 컴퓨터를 소매상에 판매하는 3명의 바이어를 가지고 있으며 각 바이어의 월별 주문량은 다음과 같다. 그리고 각 공장으로부터 바이어에게 컴퓨터를 수송할 때 발생하는 대당 수송비용표가 아래와 같을 때 물음에 답하시오.

바이어 1	60대
바이어 2	120대
바이어 3	80대

공장	바이어		
	1	2	3
A	27	40	60
B	35	28	42

① 수송모형으로 해를 구하시오.

② LP 모형으로 구축하시오.

chapter 6

네트워크 모형 : PERT/CPM

최근 우리 주위를 살펴보면 규모와 자금 그리고 일정에서 과거보다 비교가 되지 않는 프로젝트가 진행되고 있거나 계획되고 있다. 물론 과거에도 대형 프로젝트가 실행되었고, 그 결과는 외형적으로 우리들이 확인할 수 있다. 그러나 프로젝트의 성과에 대해서는 여전히 지속적으로 여론의 도마 위에 놓여 있는 것 같다.

프로젝트의 주요 목적은 주어진 예산과 일정 내에서 원래 계획된 프로젝트의 범위를 준수하면서 프로젝트를 완성하는 것이다. 프로젝트를 완성하기 위해서는 실행과정에 필요한 인적, 물적 자원이 예정대로 이용 가능해야 하고 돌발적인 상황이 발생하지 않도록 충분한 관리와 통제가 따라야 한다.

이러한 복잡하면서도 상호연결된 활동을 가진 프로젝트는 선형계획법을 이용하여 해를 구하거나 네트워크 모형을 이용하여 문제의 해를 구할 수 있다. 네트워크 모형을 이용하면 간단한 기계적인 절차를 통해 문제의 해를 쉽게 구할 수 있도록 고안되어 현재까지 많은 조직에서 프로젝트의 일정관리와 비용통제를 위하여 사용하고 있다.

네트워크 모형은 대형 국책과제를 수행하거나 기업의 대형 프로젝트를 수행 또는 대형의 다리나 댐 그리고, 발전소 건설이나, 화학공장이나 대형 공항의 건설, 대형 IT 솔루션 개발과 같은 서비스 산업에서 사용되고 있다. 점차 사용영역이 확대되고 있어 경영학을 전공하는 학생들이 필수적으로 이를 학습하고 활용할 수 있는 능력배양이 요구된다.

동일한 목적은 아니지만 비슷한 시기에 개발된 PERT/CPM은 대표적인 네트워크 모형으로 네트워크를 이용하여 최적해를 체계적으로 구한다는 점에서 유사하다. 본 장에서는 다양한 네트워크 모형들 중에서 PERT/CPM을 중심으로 경영문제의 최적해를 구하는 절차를 설명하기로 한다.

6.1 기본 개념

PERT와 CPM은 주로 프로젝트의 일정관리와 비용통제의 목적으로 사용되는 기법으로 네트워크를 이용하여 프로젝트에서 수행되어야 하는 활동들을 연결하고, 각 활동들의 선후관계를 분석하여 활동에 필요한 인적자원과 물적자원을 조달하고 이를 사용하여 적절한 관리와 통제를 통해 주어진 프로젝트의 목표를 달성하는 순차적인 관리기법이다.

프로젝트의 일정관리 목적으로 사용된 기법은 간트 차트였다. 간트 차트(Gantt Chart)는 1950년대 이전에 프로젝트의 일정관리를 위하여 주로 많이 사용되었다. 간트 차트는 작업의 진행상황을 알리기 위하여 작업을 표시한 막대(bar)를 이용하여 일정관리 달력의 왼쪽 아래로 제시되어 있는 프로젝트의 활동 목록에 따라 작업의 계획과 진척사항을 보여주는 막대그림(bar chart)이다. 막대그래프가 보여주는 일정 단위는 1일, 1주, 1월 단위로 프로젝트의 활동을 보여준다. 많은 학생들도 간트 차트를 이용하여 주일 일정표에 강의 시간과 횟수 그리고 미팅 횟수를 표기하거나 주별 또는 월별, 연간 목표를 일정표에 표시하고 진행상황을 체크하거나 달성도를 기입하면서 생활 상태를 점검하기도 한다.

그러나 프로젝트가 대형화되고 프로젝트를 구성하는 활동들 간에 상호관계가 더욱 복잡하게 연관되면서 간트 차트로 일정관리를 하기에는 어려움이 있게 되었다. 미국 해군성은 폴라리스 미사일을 개발하는 프로젝트 관리를 위해 간트 차트를 이용하는 것이 불가능하다는 것을 알게 되었다. 그래서 부즈 알렌 컨설팅사(Booz Allen consulting firm)와 협력하여 1958년 폴라리스 미사일 프로젝트를 일정관리하고 통제하기 위한 관리적 도구로서 프로젝트 평가와 리뷰 기법(Project Evaluation and Review Technique, PERT)이라 불리는 네트워크 방법을 개발하였다.

1950년대 비슷한 시기에 듀퐁사(Du Pont)의 워커(M.R. Walker)와 레밍턴랜드(Remington-Rand)사의 켈리(J.E. Kelly)는 화학처리공장의 스케줄링과 유지보수를 지원하는 주요경로법(Critical Path Method, CPM)이라 불리는 유사한 방법을 개발했다. PERT와 CPM은 서로 비슷한 시기에 독자적으로 개발되었지만 놀랍게도 아주 비슷하다. 두 기법이 용어나 개념 그리고 구조 면에서 약간의 차이가 있음을 언급하지 않더라도 2가지 주요한 차이를 보이고 있다. 첫째, PERT는 작업을 완수하는데 있어 시간의 불확실성을 인지하고 있는 반면에 CPM은 그렇지 않다는 것이다. 둘째, PERT는 시간 변수에 관심을 집중하지만 CPM은 시간과 비용의 트레이드 오프(trade-offs)에 집중한다.

PERT와 CPM을 적용하여 문제의 해를 구하는 절차를 진행하기에 앞서 프로젝트의 특징을 이해하는 것이 필요하다. 왜냐하면 프로젝트의 특징들 때문에 프로젝트의 관리는 단순히 생산라인의 관리보다도 훨씬 더 복잡하다.

프로젝트의 특징

프로젝트는 각 활동 간에 선후관계가 존재하며, 전단계의 활동이 완성되기 전에 다음 단계의 활동을 시작할 수 없고 때에 따라서는 동시에 진행되는 활동들이 다수가 존재하는 복잡하면서도 서로 연결된 활동들의 집합이다. 프로젝트는 다음과 같은 특징을 지니고 있다.

1) **프로젝트의 완성기간은 몇 주 또는 몇 달 심지어 몇 년이 소요된다.** 이러한 긴 기간 동안 예측하기 어려운 많은 변화가 생길 수 있다. 이러한 변화들은 프로젝트 수행에 필요한 비용과 시간, 자원에 중요한 영향을 끼친다. 프로젝트 완성시간이 길어지면 길어질수록 프로젝트 완성시간과 비용에서의 불확실성은 더 커져간다.
2) **프로젝트는 본질적으로 복잡하다.** 왜냐하면 프로젝트는 조직내부뿐만 아니라 조직외부에서부터 오는 참여자들(예를 들면 공급업자나 도급 또는 하도급업자)과 상호 연결된 활동들을 포함하고 있기 때문이다.
3) **완성시간의 지체는 많은 비용의 상승을 가져온다.** 지체에 따른 페널티 비용은 1일당 엄청나며, 프로젝트를 늦게 완성하면 다음에 기회를 잃을 뿐

만 아니라 최악으로 치달을 수 있다.

4) **프로젝트 활동은 순차적이다.** 다른 선행 활동들이 완성되기 전에 다음 활동들은 시작할 수가 없다.

5) **프로젝트는 전형적으로 과거에 경험하지 못했던 유일한 활동을 수행한다.**

네트워크 모형에서 사용되는 정의

네트워크 모형을 구성하는 활동들과 이벤트 그리고 전문 용어들을 이해할 필요가 있다. 이를 간략히 설명하면 다음과 같다.

- **활동**(activity) : 프로젝트를 완성하기 위하여 시간과 자원의 사용을 요구하는 노력으로 예를 들면 시험을 준비하기, 부품을 설계하기, 근로자를 교육하기 등이 있다.
- **이벤트**(event) : 이벤트는 프로젝트를 수행하는 동안 특정한 시간의 인식점(마일스톤, 체크 포인트)에서 구체적인 달성상태이다. 예를 들면 공정설계도 제출, 새로운 기계의 도입과 같은 것으로 시간을 소요하지는 않지만 이벤트에 도달하려면 이벤트에 선행되는 모든 활동들은 반드시 완성되어 있어야 한다. 이벤트의 달성은 목적의 달성과 같다.
- **프로젝트**(project) : 프로젝트는 정의될 수 있는 시작과 끝이 있는 활동들과 이벤트의 집합이다. 예를 들면 대학에서 학위취득, 특허와 발명, 대교 건설, 새로운 기계의 설치가 프로젝트가 될 수 있다.
- **네트워크**(network) : 네트워크는 프로젝트의 다양한 활동들과 이벤트들 사이에서의 관계를 그래픽으로 보여준다.
- **주요 활동**(critical activity) : 주요 활동은 만약 조금이라도 실행이 지체된다면 전체 프로젝트의 예정된 완성시간을 지연시키는 활동이다.
- **경로**(path) : 하나의 이벤트에서 다음 이벤트로 이어주는 일련의 인접한 활동들이다
- **주요 경로**(critical path) : 프로젝트의 시작과 완성 간의 연속적인 경로를

형성하는 순차적인 주요 활동들의 집합이다.

6.2 네트워크 모형의 구성

네트워크는 노드(node)와 아크(arc), 그리고 활동(activity)들로 구성된다. 노드는 이벤트의 완성을 가리키는 상태로 원(circle)으로 표기되며, 아크는 이벤트를 완성시키는데 필요한 활동들로 반드시 화살 모양으로 표기된다. 프로젝트를 시작하는 출발점은 1개의 노드로 표기되며 프로젝트의 완성을 나타내는 종착점도 반드시 하나의 노드로 표시한다. 〈그림 6-1〉을 보면 노드를 구별하기 위하여 각 노드에 숫자를 표기하고 있으며, 논리적으로 이벤트가 진행되는 순서로 숫자를 표기하고 있다. 즉 순서상으로 뒤에 있는 노드의 번호는 선행하는 노드의 번호보다 반드시 숫자가 커야 한다. 노드와 노드를 연결하는 아크 바로 위 또는 아래에 활동을 표기하고 때에 따라서 활동이름 옆 괄호 안에 작업완성시간을 표시하기도 한다.

그림 6-1 네트워크 구성요소와 작성방법

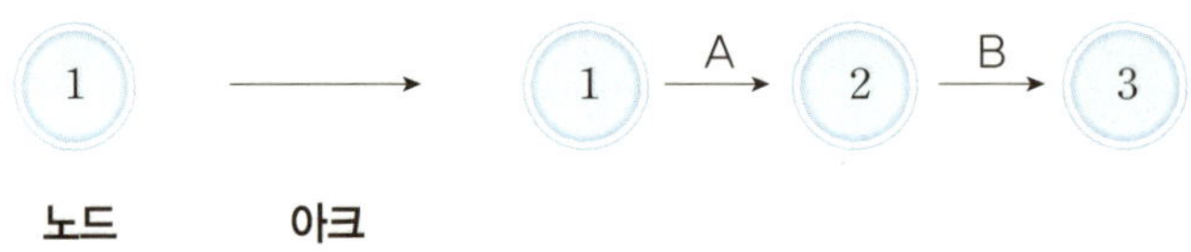

완성된 프로젝트 네트워크

그림 6-2

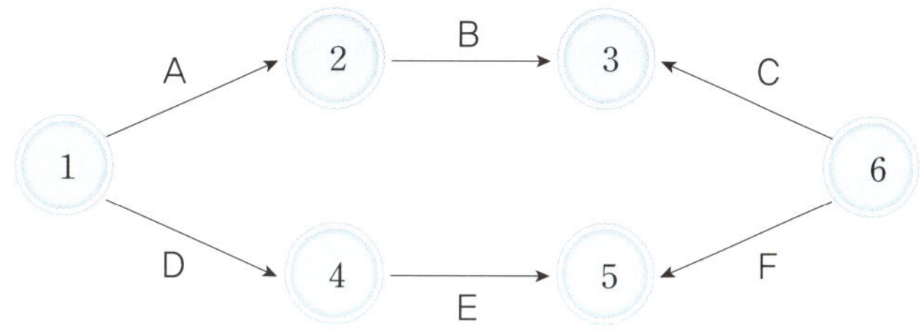

위의 〈그림 6-2〉와 같이 완성된 네트워크를 보면 출발점인 ①번 노드에서 출발하여 종착점인 노드 ⑥에서 프로젝트가 완성되어 종결된다. 각 노드를 연결하는 화살표 옆에 표시되어 있는 영어 알파벳 A~F는 프로젝트를 완성하기 위하여 필요한 활동들을 의미하고, 활동 A는 활동 B의 선행활동으로 활동 A가 완료되지 않으면 활동 B를 시작할 수 없다. 마찬가지로 활동 D는 활동 E의 선행활동이고, 활동 B는 활동 C의 선행활동이며 활동 E는 활동 F의 선행활동이다.

네트워크가 제공하는 또 하나의 정보는 활동 A와 B 그리고 C는 활동 D, E, F와 물리적으로 선후관계가 없다는 것이며, 6개 활동으로 구성되는 프로젝트를 완수시키는 경로가 2개임을 보여주고 있다. 즉 ① → ② → ③ → ⑥ 경로와 ① → ④ → ⑤ → ⑥ 경로가 있다. 이 2 경로는 서로 독립적으로 진행되나, 때에 따라서는 같은 자원을 사용할 수가 있다. 일반적으로 프로젝트의 일정관리에서 각 활동에서 사용하는 자원은 항상 이용 가능하다고 가정한다. 그러나 현실에서는 그렇게 되지 않을 수도 있음을 기억해야 한다.

프로젝트는 2가지 경로에 있는 모든 활동이 완료되었을 때 완성이 되며 2가지 경로의 완성일자 중에서 늦은 완성일자가 이 프로젝트의 최단 완성시간이며, 늦은 완성일자를 보이는 경로가 주요 경로(critical path)가 된다. 그리고 주요 경로상의 모든 활동이 주요 활동(critical activity)이 된다. 주요 경로를 때로는 애로 경로로 부르기도 한다.

〈예제 6-1〉

아래와 같이 프로젝트 네트워크가 주어져 있다. 이때 프로젝트의 완성에 필요한 모든 경로를 제시하고 프로젝트 완성일자를 계산하라.

작업	A	B	C	D	E	F	G
완성시간(일)	5	7	4	3	5	6	6

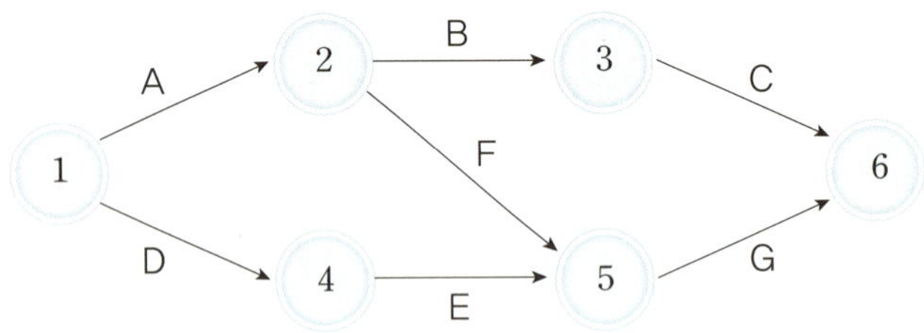

풀 이

〈예제 6-1〉에서 프로젝트의 경로는 3개로 ①→②→③→⑥ 경로와 ①→④→⑤→⑥ 경로 그리고 ①→②→⑤→⑥ 경로가 있다. 각 경로의 완성일자를 살펴보면 아래와 같다.

①→②→③→⑥ 경로 : 5 + 7 + 4 = 16일

①→④→⑤→⑥ 경로 : 3 + 5 + 6 = 14일

①→②→⑤→⑥ 경로 : 5 + 6 + 6 = 17일

여기서 ①→②→⑤→⑥ 경로의 완성일자가 17일로 가장 긴 완성시간을 보이므로 주요 경로가 되며, 17일이 이 프로젝트의 최단 완성시간이 된다.

프로젝트의 경로 중 가장 긴 완성시간 = 프로젝트의 최단 완성시간

6.3 네트워크 모형의 해 구하기

앞 절에서 예제를 통하여 프로젝트의 완성일자를 계산하는 방법을 알아보았다. 이제 구체적으로 프로젝트의 일정을 구하는 문제의 해를 구하는 절차를 제시하면 다음과 같다.

1단계 : 주어진 프로젝트에 관한 데이터를 이용하여 프로젝트의 네트워크를 완성한다.

2단계 : 프로젝트의 모든 경로를 나타내고 각 경로의 완성시간을 구한다.

3단계 : 경로별 완성시간을 비교하여 완성시간이 가장 긴 경로를 선택하고 이 경로를 주요 경로로 선정한다. 주요 경로의 완성시간이 이 프로젝트의 최단 완성시간이 된다.

〈예제 6-2〉

아래의 [표 6-1]과 같이 프로젝트에 관련된 활동들과 각 활동의 완성일자 그리고 선행관계가 주어져 있다. 프로젝트의 활동의 완성시간의 단위는 1주일이다. 프로젝트의 최단 완성시간을 구하라.

표 6-1. 프로젝트 데이터

활동	A	B	C	D	E	F
선행활동	–	–	–	A	B	B
완성시간	5	3	3	5	3	6
활동	G	H	I	J	K	L
선행활동	C	E	D, H	E	F, G	K
완성시간	5	4	4	7	5	3

풀이

1단계 : 주어진 각 활동과 작업시간, 선행활동에 대한 자료를 이용하여 프로젝트 네트워크를 완성하는 것이 급선무이다. 프로젝트 네트워크를 그릴 때 방법은 전진접근법과 후진접근법이 있다. 이 중에서 어떤 방법이 더 쉬운지는 의사결정자에 따라 약간 상이하다.

전진접근법은 우선 출발점에서 스타트한다. 먼저 A, B 그리고 C 활동은 선행활동이 없는 활동으로 독립적으로 작업을 시작할 수 있다. 이를 도시화하면 〈그림 6-3〉과 같다.

〈그림 6-3〉을 보면 활동 A, B, C는 선행활동이 없고 독립적인 활동이므로 출발점에서 동시에 시작하였다. 그런데 활동 D, E, F, G는 활동 A와 B 그리고 C를 선행활동으로 하고 있기 때문에 선행관계를 고려하여 노드 2와 3, 4에서 출발한다. 즉 작업 D는 2번 노드에서, 작업 E와 F는 3번 노드에서 그리고 작업 G는 4번 노드에서 출발한다. 이를 도시하면 〈그림 6-4〉와 같다.

네트워크 작성 다음 단계는 활동 D, E, F, G를 선행으로 하는 활동을 확인한다. 여기에 해당하는 활동은 H, I, J, K이다. 특히 활동 I와 K는 선행활동이 2개로 각각 활동 D, H와 활동 F, G이다. 활동 H와 J는 E만을 선행활동으로 삼기 때문에 같은 노드에서 출발할 수 있다. 그런데 활동 K는 활동 F와 G를 동시에

그림 6-3 네트워크 개발 1단계

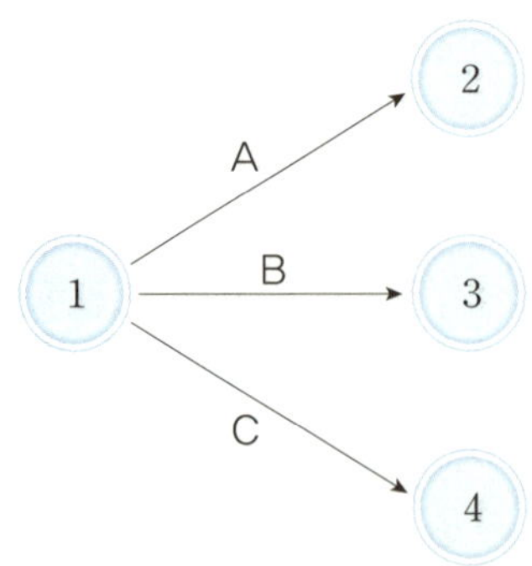

네트워크 개발 2단계

그림 6-4

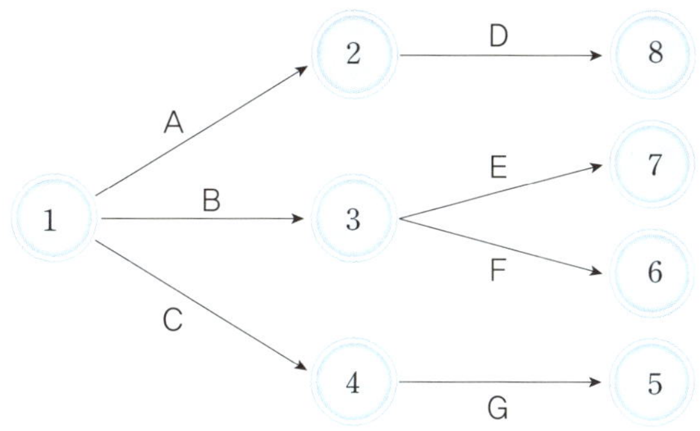

선행활동으로 하기에 〈그림 6-4〉의 네트워크는 〈그림 6-5〉의 네트워크로 수정되어야 한다. 즉 활동 F와 G가 하나의 노드로 귀결되어야 한다.

〈그림 6-4〉의 F 활동과 G 활동이 각각 독립적으로 출발하였으나 활동 K가 활동 F와 G를 선행으로 하므로 〈그림 6-5〉와 같이 5번 노드로 종착되게 네트워크가 수정되었다. 그리고 활동 I는 활동 D와 H를 선행으로 하기 때문에 하나의 노드인 7번 노드로 종착되었다. 이 단계에서 후행활동이 있는 활동은 K뿐이며 활동 I와 J는 더 이상 후행활동이 없이 마무리되면 이벤트가 종료된다. 따

네트워크 개발 3단계

그림 6-5

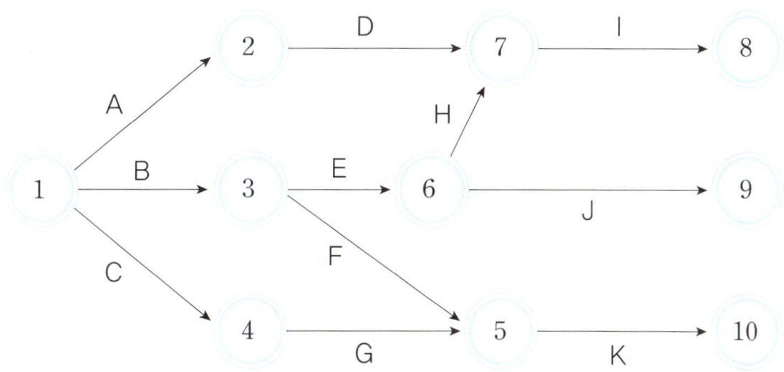

그림 6-6 네트워크 개발 4단계

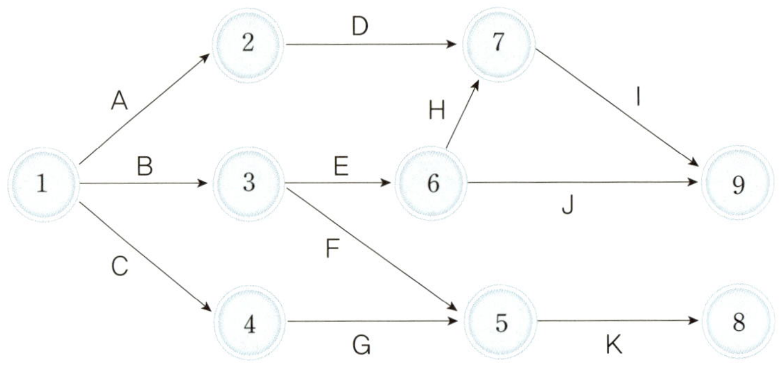

라서 이벤트가 종료되는 종착점은 유일하게 하나의 노드가 되어야 하므로 활동 I와 J는 하나의 노드로 끝을 지어야 한다. 즉 〈그림 6-6〉으로 수정된다.

〈그림 6-6〉을 보면 활동 I와 J가 하나의 노드로 종료되었다. 다만 아직 활동 L이 남아 있는데 활동 L은 활동 K를 선행으로 하여 작업이 시작되며, 작업이 완수되면 이 이벤트도 종결되어 프로젝트는 마무리 된다. 그런데 9번 노드는 활동 I와 J의 종착점으로 더 이상 후행활동이 없다. 활동 L은 노드 9를 종착점으로 하여 연결되어야 한다. 이를 반영하여 프로젝트의 최종 완성된 네트워크를 그려

그림 6-7 완성된 네트워크

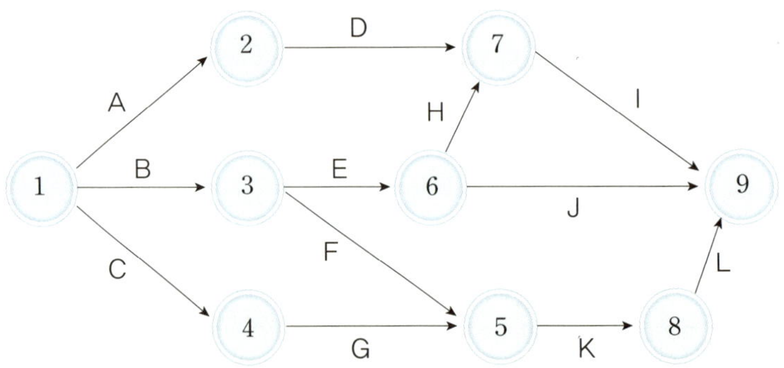

보면 〈그림 6-7〉이 된다.

지금까지의 단계가 주어진 프로젝트 데이터를 이용하여 프로젝트의 네트워크를 완성하는 모습을 보여주고 있다. 이처럼 네트워크를 완성하기까지 시행착오를 거듭해야 한다. 이러한 시행착오는 아주 중요한 경험이고 학습해야 하는 과정이다. 처음부터 완벽하게 완성된 네트워크를 그릴 수는 없다. 그러나 네트워크를 정확하게 그리지 못하면 네트워크 모형을 이용하여 프로젝트의 공사 완성일자를 구할 수 없음을 유의해야 한다.

2단계 : 해를 구하기 2단계는 완성된 프로젝트의 네트워크를 기반으로 하여 모든 가능한 경로를 찾고 각 경로의 완성일자를 구하는 것이다. 가능한 경로는 모두 5개로 각 경로와 완성일자를 제시하면 [표 6-2]와 같다.

3단계 : [표 6-2]를 보면 가능한 경로는 5개가 있으며, 각 경로의 작업이 모두 완수되었을 때 프로젝트는 종료된다. 이때 프로젝트의 종료는 경로들 중에서 가장 긴 완성일자를 보이는 경로가 완성되었을 때이다. 5개 경로들 중에서 ①→③→⑦→⑧→⑨ 경로가 가장 긴 완성시간을 보이므로 프로젝트의 주요 경로가 되고, 경로 완성일자인 17일이 프로젝트의 최단 완성일자가 된다. 그리고 ①→③→⑦→⑧→⑨ 경로의 모든 작업(활동)이 주요 활동이 된다.

표 6-2. 프로젝트 경로와 완성일자

경로	완성시간(일)	비고
①→②→⑥→⑨	A(5) + D(5) + I(4) = 14	
①→③→⑤→⑥→⑨	B(3) + E(3) + H(4) + I(4) = 14	
①→③→⑤→⑨	B(3) + E(3) + J(7) = 13	
①→③→⑦→⑧→⑨	B(3) + F(6) + K(5) + L(3) = 17	최장 완성시간
①→④→⑦→⑧→⑨	C(3) + G(5) + K(5) + L(3) = 16	

6.4 PERT(Program Evaluation Review Technique)

PERT는 앞 절에서 설명하였던 프로젝트의 경우와 달리 프로젝트를 완성하는데 필요한 작업의 완성시간이 확정적으로 알려지지 않는 불확실한 경우에 프로젝트에 관련된 해를 구하는 최적의 방법이다. PERT를 통해 해를 구하는 절차를 제시하면 다음과 같다.

1) 프로젝트에서 수행되어야 할 작업을 확인한다.

프로젝트 수행에 필요한 기술적인 면을 이해하고 모든 활동들의 목록을 만들어야 한다. 프로젝트를 완성하기 위하여 반드시 요구되는 모든 활동들이 동일한 수준에서 상세하게 설명되고 제시되어야 한다.

2) 작업의 순서를 결정하고 작업의 선행관계를 반영한 네트워크를 완성한다.

이 단계는 PERT 작업에서 아주 가치가 있는 단계로 작업들 간에 어떤 상관관계가 있는지를 분석해야 하며, 작업의 선후관계를 고려하여 프로젝트의 시작과 끝을 볼 수 있도록 네트워크로 제시해야 한다. 앞 절에서 이미 설명하였지만 노드는 각 이벤트의 시작과 종료를 알리며, 노드를 연결하는 화살(arrow)에 해당 작업을 반드시 표시하도록 한다. 작업은 활동을 의미하고 작업완료는 이벤트를 나타낸다.

네트워크가 구축되고 나면 작업의 선후관계에서 논리적이지 못한 것이 있는지 확인하고 때에 따라서 가상활동(dummy activity)이 요구될 경우가 있음을 기억해야 한다. 예를 들면 활동이 A, B, C, D가 있다. 활동 A와 B는 독립적으로 실행되는 활동이며, 작업 C는 작업 A만을 선행 작업으로 요구하고 있으나 작업 D는 A와 B 모두를 선행 작업으로 필요하다고 할 때 이들 간의 관계를 고려하여 네트워크를 작성하면 〈그림 6-8〉과 같은 가상작업이 필요해진다. 가상활동은 네트워크에서 점선으로 표시한다.

가상활동의 도입 그림 6-8

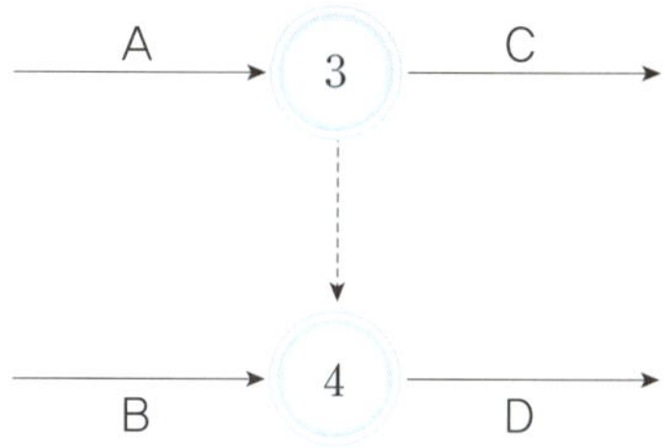

3) 각 활동의 시간 추정치를 확인한다.

PERT 알고리즘에서 활동에 대한 3개의 시간 추정치들이 사용된다. 첫째, a로 표기되는 낙천적인 시간(optimistic time)은 발생 가능성이 아주 낮은 확률을 가지는 작업시간으로 보통 이 시간보다 더 짧게 작업을 완성할 확률은 거의 1% 정도이다. 그 다음으로 m으로 표기되는 시간으로 가장 발생 가능성이 높은 시간 추정치로 CPM 분석에서는 주로 이 시간만을 사용한다. 끝으로 b로 표기되는 가장 비관적인 시간(pessimistic time) 추정치로 a와 마찬가지로 b보다 더 긴 작업시간을 가질 확률은 거의 1% 정도이다.

PERT에서 사용하는 3가지 시간 추정치들은 일반적으로 베타분포(β-distribution)를 이루는 것으로 알려져 있다. 이들 시간 추정치들을 베타분포도에서 살펴보면 〈그림 6-9〉와 같다. 보통 이러한 작업시간의 추정에 대한 정보는 이 작업을 수행할 사람들로부터 얻을 수 있다.

그림 6-9 베타분포도

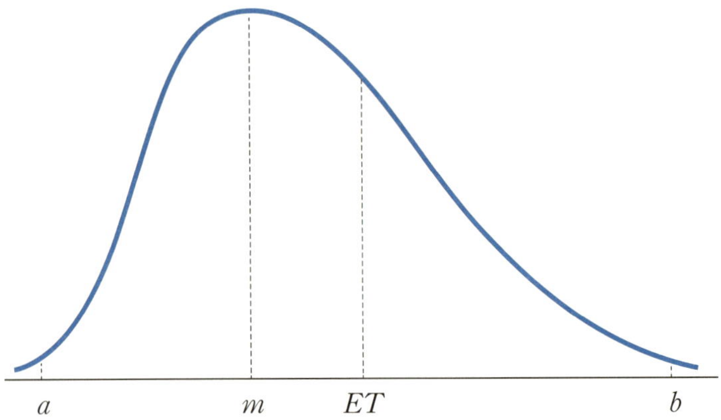

a : 작업시간에 대한 낙천적인 추정치로 t_a로도 표기된다.

b : 작업시간에 대한 비관적인 추정치로 t_b로도 표기된다.

m : 가장 발생 가능성이 높은 작업시간 추정치로 t_m으로도 표기된다.

4) 각 활동의 기대시간과 분산을 계산한다.

베타분포의 평균값을 계산하는 공식을 통해 작업시간에 대한 기댓값(expected time, ET)을 구한다. 즉

$$ET = \frac{a+4m+b}{6} \quad \text{(식 6-1)}$$

그리고 분산(σ^2)을 구하는 공식은 다음과 같다.

$$\sigma^2 = \left(\frac{b-a}{6}\right)^2 \quad \text{(식 6-2)}$$

5) 주요 경로를 결정한다.

주요 경로는 네트워크에서 가장 긴 작업시간을 갖는 작업들의 연결 경로로 여유시간이 0인 경로를 의미한다. 여유시간(slack time)은 CPM 분석에서 상세하게 설명할 것이다.

6) 주어진 일자 내에 프로젝트가 완성될 확률을 구한다.

PERT 분석만이 갖는 유일한 특징은 특정 시간 내에 작업을 완성할 확률을 구할 수 있다는 것이다. 달리 이야기하면 90%의 확률을 갖는 작업완성시간을 구할 수 있다는 것이다. 이러한 확률을 구하기 위하여 다음의 절차를 따르도록 한다.

① 주요 경로상의 모든 활동에 대한 분산을 합하라.

② 시간에 관한 확률변수를 Z 변수(표준정규분포의 확률변수)로 전환하라. Z 변수로 전환하는 방법은 다음과 같다.

$$z = \frac{X - T_E}{\sqrt{\Sigma\sigma_{cp}^2}} \qquad \text{(식 6-3)}$$

여기서, X = 의사결정자가 기대하는 프로젝트 완성일

T_E = 주요 경로의 공사완성일자

σ_{cp}^2 = 주요 경로상의 각 활동의 분산의 합

③ Z 값을 구하고 그 값을 이용하여 적정한 프로젝트 완성일의 확률을 찾는다. 이때 확률 값은 Z 확률분포표(표준정규분포표)에서 확률값을 찾는다. 반대로 특정 확률을 가진 프로젝트 완성일을 구하고자 할 경우는 이와 반대로 먼저 Z 확률분포표에서 먼저 확률에 따른 Z 값을 읽은 후 이를 X 값으로 변환시키면 된다. 이러한 해를 구하는 절차를 이용하여 실

제 문제의 해를 구해 보도록 하자.

〈예제 6-3〉

아래의 표와 같이 프로젝트의 작업시간과 작업 간 선행관계가 주어져 있을 때 프로젝트의 완성일자를 추정해 보자.

표 6-3. 작업시간의 추정치와 관계

활동	작업시간			선행활동
	a	*m*	*b*	
A	3	5	13	–
B	2	6	10	–
C	4	8	12	A
D	8	14	20	B
E	5	10	15	B
F	2	10	18	C, D
G	4	10	16	E

1) 네트워크 작성 : 작업의 각 활동의 선후관계를 고려하여 네트워크를 완성하면 아래와 같다.

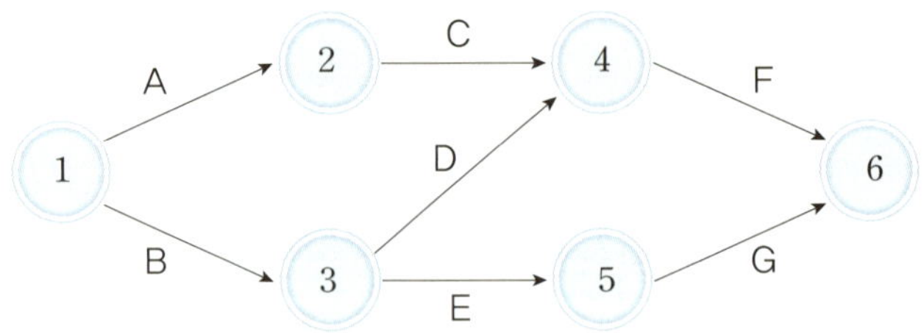

2) 평균 작업시간과 분산의 추정 : 위의 표의 작업시간을 보면서 PERT 기법을 적용하여 각 활동에 대한 평균 작업시간과 분산을 추정해야 한다. (식 6-1)과 (식 6-2)를 이용하여 평균 작업시간과 분산을 구하면 아래의 [표 6-4]와 같다.

표 6-4. 활동별 평균시간 추정치와 분산

활동	*ET*(평균 작업시간)	σ^2
A	6	25/9
B	8	16/9
C	8	16/9
D	14	4
E	10	25/9
F	10	64/9
G	10	4

3) 주요 경로의 완성시간과 분산을 구한다. 완성된 네트워크를 보면 3개의 경로가 존재하며 각 경로의 평균 완성시간과 분산을 구하면 다음과 같다.

경로	완성시간(일)	σ^2
① → ② → ④ → ⑥	A(6) + C(8) + F(10) = 24	105/9
① → ③ → ④ → ⑥	B(8) + D(14) + F(10) = 32	116/9
① → ③ → ⑤ → ⑥	B(8) + E(10) + G(10) = 28	77/9

상기 표에서 가장 긴 평균 작업시간을 갖는 경로는 ① → ③ → ④ → ⑥ 경로이고 이 경로의 분산은 116/9이다. 따라서 이 프로젝트의 최단 작업완성시간 추정치는 32일이고 분산은 116/9이다.

이때 이 프로젝트가 40일 만에 완성될 확률을 구한다면 다음과 같이 진행된다.

$$P(X \le 40) = P\left(Z \le \frac{40-32}{\sqrt{116/9}}\right) = P(Z \le 2.228)$$

표준정규분포표에서 $P(z \le 2.22)$와 $P(z \le 2.23)$의 확률을 읽고 $P(z \le 2.28)$의 값을 보간법을 통하여 구한다. 이렇게 구한 $P(z \le 2.28)$의 확률은 0.9870으로 98.7%이다. 즉 이 프로젝트가 40일 만에 완성될 확률은 98.7%라는 것이다. 그렇다면 여기서 95%의 확률 값을 갖는 공사완성일은?

95%의 확률을 갖는 공사완성일을 추정하려면 먼저 Z 분포표에서 95%의 확률을 갖는 Z 값을 먼저 구해야 한다. Z 분포표에서 95%와 인접한 확률값을 보면 $z = 1.64$일 때 확률값이 0.9495이고 $z = 1.65$일 때 확률값이 0.9505이다. 따라서 0.95의 z 값을 구하려면 역시 보간법을 이용하여 구해 보면 $z = 1.645$이다.

이제 이 값을 이용하여 $z = \frac{X-32}{\sqrt{116/9}}$에서 $3.59 \times 1.645 = X - 32$

$X = 32 + 5.91 = 37.91$. 즉 공사완성일이 37.91일일 때 공사완성확률이 95%가 된다는 것이다.

6.5 CPM(Critical Path Method, 주요경로법)

CPM과 PERT 사이에 주요 차이점은 이미 설명한 것처럼 개발 목적이 상이한 관계로 사용하는 데이터나 용어에서 발생한다. 그러나 네트워크를 작성하고 해를 구하는 절차는 상당히 유사하다.

PERT에서의 해를 구하는 절차와 유사한 CPM에서의 해를 구하는 절차를 제시하면 다음과 같다.

1) 프로젝트에서 수행해야 할 활동들과 활동들의 작업완성시간을 확인한다.
2) 활동들 간의 선행관계를 결정하고 이를 반영한 네트워크를 개발한다.
3) 네트워크에서 주요 경로를 결정하고 각 활동들에 대한 4가지 시간을 계산한다.

   빠른 시작시간(Early Start time, ES) : 활동을 가장 빨리 시작할 수 있는 시간

   빠른 완료시간(Early Finish time, EF) : 이른 시작시간에 활동을 완성하기 위하여 요구되는 작업시간을 더한 시간이다. 즉 $EF = ES +$ 작업완성시간

   늦은 시작시간(Late Start time, LS) : 프로젝트의 전체 일정을 지체시키지 않고 작업을 가장 늦게 시작할 수 있는 시간

   늦은 완료시간(Late Finish time, LF) : 프로젝트 전체 일정을 지체시키지 않고 작업을 마치는 가장 늦은 시간으로 $LF = LS +$ 작업완성시간이다.

간단한 예를 가지고 4가지 시간을 구해 보도록 하자. 네트워크에서 활동 옆에 괄호 안의 숫자는 각 활동을 완성하는데 소요되는 작업시간이며 단위가 1일이다. 각 활동의 빠른 시작시간과 빠른 완료시간의 계산은 전진접근법(foward approach)을 이용하여 구하며, 각 활동의 늦은 시작시간과 늦은 완료시간은 후진접근법(backward approach)으로 계산하여 구한다.

그림 6-10 예제 네트워크

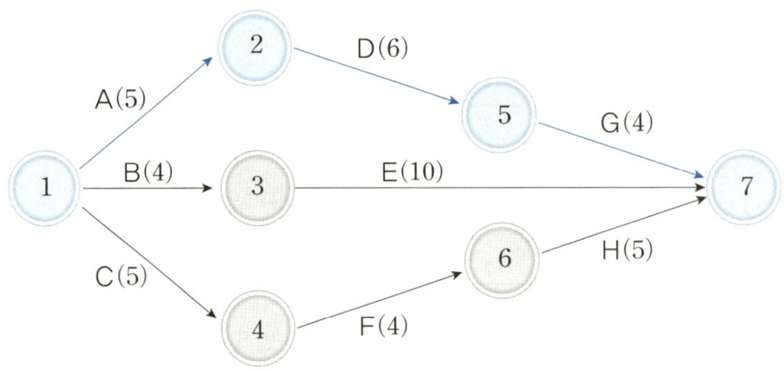

상기 프로젝트 네트워크를 보면 프로젝트가 완료되기까지 가능한 경로가 3개 있다. 첫 번째는 ① → ② → ⑤ → ⑦ 경로이고 두 번째 경로는 ① → ③ → ⑦이며 세 번째 경로는 ① → ④ → ⑥ → ⑦이다. 프로젝트는 이 3가지 경로상에 있는 모든 활동이 실행되었을 때 완료되며, 프로젝트의 최단 완성시간은 가장 긴 완성시간을 보이는 경로의 완성일자이다.

네트워크를 보면 가장 긴 완성일자를 보이는 경로는 ① → ② → ⑤ → ⑦이며 완성일자는 15일이다. 따라서 프로젝트 최단 완성시간은 15일이다. 그러면 각 경로상의 ES와 EF 그리고 LS와 LF를 구해 보자.

전진접근법으로 ES와 EF 계산하기

① → ② → ⑤ → ⑦ 경로상의 활동 A, D, G 활동의 ES와 EF를 구해 보자. 노드 1에서 활동 A의 ES는 0이다. 즉 노드 1은 프로젝트를 시작하는 출발점이기 때문에 전단계가 없다. 따라서 출발점에서 시작하는 독립적인 활동들의 모든 ES는 0이다. 활동 A의 EF는 ES + 작업시간이기에 계산하면 $0 + 5 = 5$일이다. 노드 2의 단계까지 오려면 반드시 최소 5일이 경과해야 한다. 활동 D의 ES는 5일이 되며 $EF = 5 + 6 = 11$일이 된다. 그리고 활동 G의 ES는

11일이고 EF는 $11 + 4 = 15$일이 된다. 이러한 절차를 따라 나머지 경로의 ES와 EF를 구하면 [표 6-5]와 같다. 여기서 선후관계가 있는 활동의 ES는 전 단계 활동의 EF라는 점이다.

표 6-5. 경로별 ES와 EF

경로	활동	ES	EF
① → ③ → ⑦	B	0	$0 + 4 = 4$
	E	4	$4 + 10 = 14$
① → ④ → ⑥ → ⑦	C	0	$0 + 5 = 5$
	F	5	$5 + 4 = 9$
	H	9	$9 + 5 = 14$

후진접근법으로 LS와 LF 계산하기

늦은 시작시간과 늦은 종료시간을 구하는 절차는 후진접근법으로 알려진 방법을 이용하여 계산된다. 네트워크의 완성시간이 구해지면 완성시간을 기점으로 하여 역으로 LS와 LF를 계산해 간다. 이때 주요 경로상의 모든 활동의 ES와 LS 그리고 EF와 LF는 모두 같은 값을 가진다.

CRITICAL PATH상의 모든 활동의 $ES = LS$, $EF = LF$이다.

일반 경로상의 모든 활동들의 LS는 LF에서 활동의 작업시간을 빼면 계산된다. 즉 $LS = LF -$ **작업시간**이다. 여기서 우리는 중요한 정보를 얻을 수 있다. 주요 경로가 아닌 비주요 경로(noncritical path)의 활동은 주요경로상의 활동들과 달리 작업의 시작과 종료에 여유시간(slack time)을 갖는다는 것이다.

여유시간이란 전체 프로젝트의 완료시간을 지체시키지 않고 특정 활동의 작업의 시작과 종료에 여유를 가질 수 있는 시간을 의미한다. 따라서 주요 경로상의 모든 활동은 여유시간이 없으며 오직 비주요 경로상의 활동들만 여유시간을 갖는다.

$$\text{여유시간(slack time)} = LS - ES = LF - EF$$

여유시간은 프로젝트 관리 책임자에게 상당한 융통성을 제공한다. 프로젝트를 예정된 시간 내에 완성시키기 위하여 프로젝트의 전 활동을 관리 · 통제해야 한다. 이미 설명한 바와 같이 프로젝트 완성에는 인적 · 물적 자원이 소요되며, 이러한 자원은 조직에서 희소한 자원들이다. 프로젝트를 시작하기에 앞서 활동 수행에 필요한 자원들은 항상 이용 가능하다고 전제하지만 실제 프로젝트를 수행하는 과정에서 독립적으로 수행되는 활동 간에 자원의 중복 사용으로 인해 의존관계로 변하는 경우가 실제 발생한다. 이러한 상황에서 여유시간의 존재는 프로젝트 관리자에게 상당한 팁을 제공한다.

여유시간은 프로젝트 수행 기간 중에 필요한 자원의 배치에 탄력적으로 운용할 수 있게 프로젝트 관리자를 도와준다. 또한 자원에 대한 주문과 관리에도 도움을 줄 수 있다.

〈예제 6-4〉 빠른 시간 구하기

아래의 그림과 같이 복수의 활동이 선행으로 완성되어야 하는 노드 4에서 ES를 구하는 절차는 다음과 같다. 단 $ES_1 = 6$, $ES_2 = 4$, $ES_3 = 7$이고 $t_A = 5, t_B = 4, t_C = 2$이다.

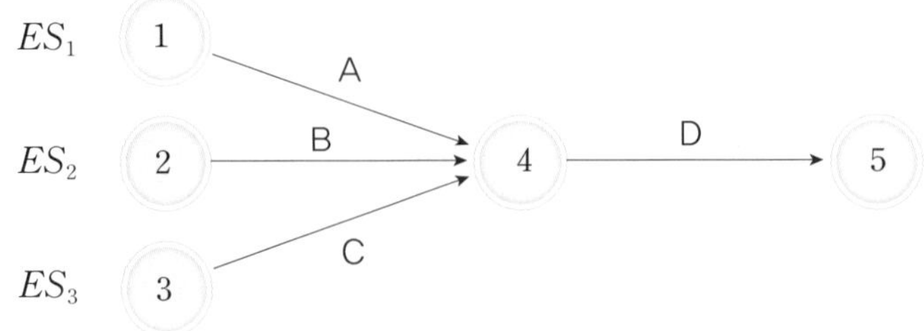

$$ES_D = \max\ (ES_1 + t_A, ES_2 + t_B, ES_3 + t_C)$$
$$= \max\ (6+5, 4+4, 7+2) = 11$$

여기서 각 활동 A, B, C의 빠른 종료시간(EF)을 구하면

$$EF_A = ES_1 + t_A = 6 + 5 = 11$$
$$EF_B = ES_2 + t_B = 4 + 4 = 8$$
$$EF_C = ES_3 + t_C = 7 + 2 = 9$$이다.

결국 활동 D의 ES는 노드 4의 이전 단계에서 가장 긴 EF를 가지는 활동의 EF와 동일함을 알 수 있다. 즉

현 단계의 ES = 전 단계의 가장 긴 EF이다.

전술한 〈그림 6-10〉의 예제 네트워크를 이용하여 프로젝트의 모든 활동에 대한 4개의 시간을 계산해 보자. 예제 프로젝트의 네트워크를 보면 모두 8개 활동이 있으며 그중에서 A, D, G 활동은 주요 경로상의 활동이므로 $ES = LS$이고 $EF = LF$이다. 즉 프로젝트의 종료점인 7번 노드에서 완성시간은 15일이다. 따라서 활동 G의 LF = 15일이며, LS는 15일에서 작업시간 4일을 뺀 11일이 가장 늦은 시작시간이 된다. 동일한 절차로 활동 D의 LF는 활동 G의 LS인 11일이다.

주요 경로상의 활동 D의 LS는 D의 LF 11일에서 작업시간 6일을 뺀 5일이다. 그리고 활동 A의 LF와 활동 D의 LS는 동일한 값으로 5일이며, 활동 A의 LS는 LF 5일에서 활동 D의 작업시간 5일을 빼면 0일이다. 이 값은 이미 구한 주요 경로상의 ES와 EF와 동일하다. 이를 이용하여 모든 활동의 ES와 LS 그리고 EF와 LF를 활동과 결합하여 네트워크에 표시하면 〈그림 6-11〉과 같다.

그림 6-11 4가지 시간 정보가 포함된 네트워크

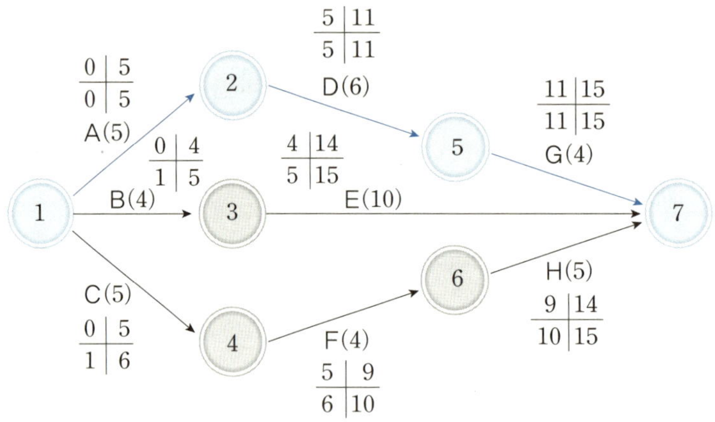

각 활동의 4가지 시간을 하나로 묶어 표시하면 다음과 같이 표기할 수 있다.

ES	EF
LS	LF

CPM의 가정과 용어 정리

CPM 분석기법은 시간과 비용의 상호교환(trade-off)을 이용하여 최소한의 비용을 추가하여 프로젝트 일정을 단축하거나 프로젝트의 지연을 최소화하고자 하는 방법이다. CPM 분석에서 중요한 절차는 일정을 줄이고자 할 때 어떤 활동의 작업일정을 먼저 줄여야 하는가와 어떤 절차의 일정을 줄여도 전체 프로젝트의 일정에 영향을 주지 않는가에 대한 인식이다.

CPM 분석을 하였을 때 다음과 같은 사항들의 가정이 성립되어야 한다. 첫째로 자원의 추가투입으로 작업일정을 단축시킬 수 있다. 둘째로 자원의 추가투입은 전체비용의 증가를 가져오지만 일정 단축이나 지연을 최소화함으로써 이에 부가되는 관리비용의 감소를 가져온다는 것이다.

PERT와 달리 CPM 분석에 사용되는 용어에 대하여 사전에 이해하는 것이 필요하다. 정상시간과 정상비용 그리고 단축시간과 단축비용을 정의하면 다음과 같다.

- **정상시간**(normal time, NT) : 정상조건에서 소요되는 작업시간
- **정상비용**(normal cost, NC) : 정상적인 작업일정을 적용하여 작업할 때 소요되는 비용
- **단축시간**(crash time, CT) : 단축이 가능하다고 가정할 때 작업시간
- **단축비용**(crash cost, CC) : 단축일정에 따라 발생하는 작업완성 비용

CPM을 적용하여 프로젝트 일정 단축하기

프로젝트 일정관리를 할 때 작업의 성격에 따라 추가적인 자원의 투입으로 전체 프로젝트 일정을 단축할 수 있거나 일정지연을 가져오는 상황이 발생할 경우 이를 미리 예측하여 자원을 추가적으로 투입하여 전체 일정의 지체를 최소화할 수 있다. 그렇다고 모든 프로젝트가 자원의 추가적인 투입으로 일정을 단축할 수 있는 것은 아니다.

작업일정의 단축은 중요한 관리의사결정 문제로 여러 가지 관점에서 검토되고 결정된다. 기업 간의 경쟁전략적 차원에서의 실행이나 기상이나 주위 환경의 불안정에 따라 프로젝트를 조기에 완성하거나 프로젝트 완료시점을 조절할 필요가 있을 때 프로젝트 관리자는 이해관계자와 협의하여 일정단축을 실행한다.

프로젝트에서 일정의 단축을 크래싱(crashing)이라 한다. 즉 자원의 추가적인 투입을 통해 작업의 진행속도를 높이거나 계속적인 작업으로 전체적인 작업진도를 가속화시킴으로써 일정단축을 가져오는 일정과 자원사용 간의 상호교환을 실행하는 것이다. 예를 들면 일반 노동자에 비하여 숙련된 노동자를 작업에 투입하거나 사람보다 특수장비나 기계를 투입함으로써 진행 속도를 빨리 한다든가 아니면 품질수준이 더 높은 자원을 사용함으로써 전체의 일정을 줄일

수 있다.

CPM을 적용하여 프로젝트 일정을 단축하고자 할 때 다음의 절차를 따른다.

단계 1 : 프로젝트의 전 활동에 대한 정상시간과 비용 그리고 단축시간과 단축비용 정보를 확인한다.

단계 2 : 개별 활동에 대한 단위시간당 일정단축 비용을 계산한다. 일정단축 비용을 계산하는 방법은 다음과 같다.

$$\text{단위시간당 일정단축 비용} = \frac{\text{단축비용} - \text{정상비용}}{\text{정상시간} - \text{단축시간}}$$

단계 3 : 주요 경로상의 개별 작업들의 단위시간당 일정단축 비용을 계상한 후 최소 단축비용을 가져오는 활동을 선정한다.

단계 4 : 주요 경로상의 최소 단축비용을 가져다 주는 활동의 작업시간을 단축이 가능한 범위 내에서 필요한 만큼 일정을 단축시킨다.

단계 5 : 원래 의도한 만큼의 단축이 되었는가를 확인하고 필요할 때 추가적으로 단축을 실행한다.

단계 6 : 프로젝트의 주요 경로의 변화 여부를 체크한다. 최초의 주요 경로상의 작업을 단축하다 보면 네트워크의 주요 경로가 변경되거나 복수의 주요 경로가 발생할 수 있다. 이럴 경우 변경된 주요 경로의 일정을 단축하거나, 복수의 주요 경로가 발생하는 경우 어느 하나의 주요 경로의 일정을 단축한다는 것은 의미가 없게 된다. 이러한 점을 고려하여 전체 프로젝트의 일정이 목표한 만큼 조정되었는가를 확인한다.

단계 7 : 원래의 일정단축 목표를 달성하였다면 여기서 작업은 종결된다. 그러하지 않다면 단계 4로 가서 일정단축 작업을 진행한다.

이제 CPM을 적용하여 실제 프로젝트에서 일정단축과 비용통제를 진행해 보자.

〈예제 6－5〉

경인상사는 신규시장에 인접한 지역에 상품생산과 서비스를 위하여 새로운 플랜트를 건설할 계획을 수립하고 있다. 플랜트 건설에 관한 작업일정과 비용 및 프로젝트 진행 네트워크가 아래와 같다. 경인상사는 가능한 플랜트 건설시간을 단축하여 시장에 상품을 일찍 공급하고자 한다. 플랜트 건설일정을 단축한다면 어느 정도 가능할까? 그때 발생하는 추가비용은? CPM을 적용하여 문제의 해를 구해 보시오.

활동	정상시간	정상비용	단축시간	단축비용
A	5	2500	3	3600
B	4	3000	2	4000
C	5	2400	3	3000
D	6	3200	3	5300
E	5	2800	3	3600
F	6	3500	4	4000
G	4	3100	2	4900
H	5	2500	3	3300
I	4	2400	3	2700
J	6	3600	4	5200
K	3	2400	2	2900
L	4	3000	2	3800

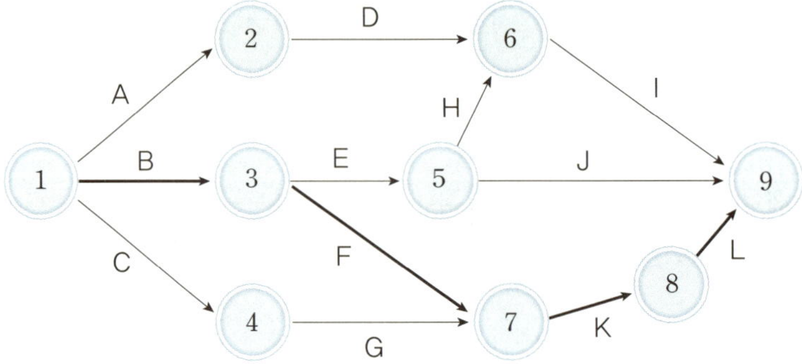

문제의 해를 구하는 과정을 이해를 돕기 위하여 단계별로 제시하면 다음과 같다.

1단계 : 프로젝트를 구성하는 각 활동의 관계에 대한 정보는 이미 네트워크가 제시되어 있기 때문에 별도로 설명되지 않아도 된다. 먼저 프로젝트를 완성하는데 수행되어야 할 경로를 찾고 각 경로의 완성일자를 살펴보아야 한다.

경인상사의 프로젝트는 모두 5개 경로를 가지며 경로별 완성일자와 완성비용을 제시하면 [표 6-6]과 같다.

표 6-6. 정상시간에 의한 경로완성시간과 정상비용

경로	정상 완성시간(일)	정상비용
① → ② → ⑥ → ⑨	A(5) + D(5) + I(4) = 14	8,100
① → ③ → ⑤ → ⑥ → ⑨	B(3) + E(3) + H(4) + I(4) = 14	10,700
① → ③ → ⑤ → ⑨	B(3) + E(3) + J(7) = 13	9,400
① → ③ → ⑦ → ⑧ → ⑨	B(3) + F(6) + K(5) + L(3) = 17*	11,900
① → ④ → ⑦ → ⑧ → ⑨	C(3) + G(5) + K(5) + L(3) = 16	10,900

* : critical path를 표시

네트워크에서 가장 긴 경로는 ① → ③ → ⑦ → ⑧ → ⑨ 경로로 완성시간은 17일이고 경로 비용은 11,900이었다. 경로 완성일자 17일은 프로젝트의 최단 완성일자와 동일하며 프로젝트를 완성하는 정상경비의 합은 전기 문제의 표에서 정상비용을 모두 합한 비용인 34,400이다.

2단계(공사일정 단축하기) : 만약 현재의 주요 경로를 변경시키지 않고 프로젝트 완성일자를 줄인다면 최대 몇 일을 단축할 수 있을까? 주요 경로와 비교하였을 때 그 다음으로 공사기간이 긴 경로는 16일을 보이는 ① → ④ → ⑦ → ⑧ → ⑨ 경로이다. 따라서 최대 1일을 단축할 수 있다. 이때 이 경로에서 어떤 작업을 1일 단축하는 것이 최소비용으로 할 수 있을까?

일단 이 문제를 해결하려면 각 활동별로 단위시간당 일정단축 비용을 모두 구하는 것이 향후 요구사항을 해결하기가 쉽다. [표 6-7]을 보면 ① → ③ → ⑦ → ⑧ → ⑨ 경로에서 1일당 단축비용이 가장 작은 활동은 F 활동으로 250을 추가하면 즉 완성비용을 34,400에서 34,650으로 늘리면 프로젝트 완성일자를 1일 단축할 수 있다.

상기한 경우처럼 프로젝트 완성일자를 1일 단축하면 현재의 주요 경로는 변화하지 않지만 추가적으로 ① → ④ → ⑦ → ⑧ → ⑨ 경로도 주요 경로가 되어 경인상사의 프로젝트는 〈그림 6-12〉처럼 복수의 주요 경로를 갖게 된다.

그림 6-12 수정된 경인상사 프로젝트 네트워크의 주요 경로

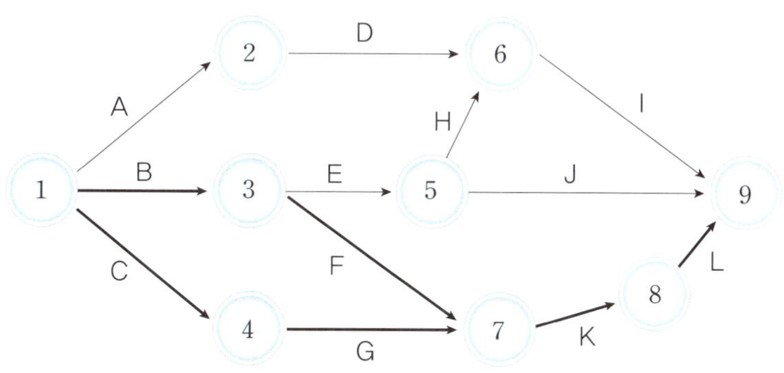

표 6-7. 활동별 1일당 단축비용

활동	A	B	C	D	E	F	G	H	I	J	K	L
1일당 단축 비용	550	500	300	700	400	250	900	400	300	800	600	400

3단계(추가적인 작업일정 단축) : 경인상사 프로젝트는 추가적으로 며칠 단축할 수 있을까? 경인상사의 네트워크를 보면 현재 프로젝트 완성일자가 16일인데 그 다음 경로의 완성일자를 보면 14일이다. 따라서 2일을 단축할 수 있다.

완성일자를 2일 단축하려면 주요 경로 2개 모두 2일이 단축되어야 한다. 먼저 ①→③→⑦→⑧→⑨를 2일 단축한다면 1일당 단축비용이 가장 작은 활동이 F로 1일 단축하고, 다음에 저렴한 비용인 400의 L을 1일 줄인다. 왜냐하면 F는 전 단계에서 1일 단축했기 때문에 추가적으로 줄일 수 있는 공사일은 1일이다.

다음으로 ①→④→⑦→⑧→⑨ 경로에서 2일을 줄여야 한다. 그런데 ①→③→⑦→⑧→⑨ 경로에서 1일 단축할 때 L 활동이 1일 줄었기 때문에 하루만 더 단축하면 된다. 남은 활동에서 1일당 단축비용이 가장 저렴한 활동은 C로 C 활동을 1일 단축하면 300이 추가적으로 발생한다. 현재 주요 경로가 2일 단축되는데 추가적으로 소요되는 경비는 F 1일(250) + L 1일(400) + C 1일(300) = 950이 발생한다.

4단계(주요 경로의 변화 여부 확인) : 지금까지 프로젝트의 완성일은 총 3일 단축되었다. 추가적인 일정단축을 하고자 한다면 먼저 네트워크에서 주요 경로의 변화 여부를 확인해야 한다. 만약 주요 경로가 변화가 없었다면 현재까지 진행하던 방식으로 일정단축을 시도하면 된다. 그러나 주요 경로가 변화하였다면 프로젝트 일정단축을 하려고 할 때 이를 고려해야 한다.

네트워크에서 작업일정은 14일로 단축되었다. 이럴 경우 주요 경로는 〈그

변화된 주요 경로 그림 6-13

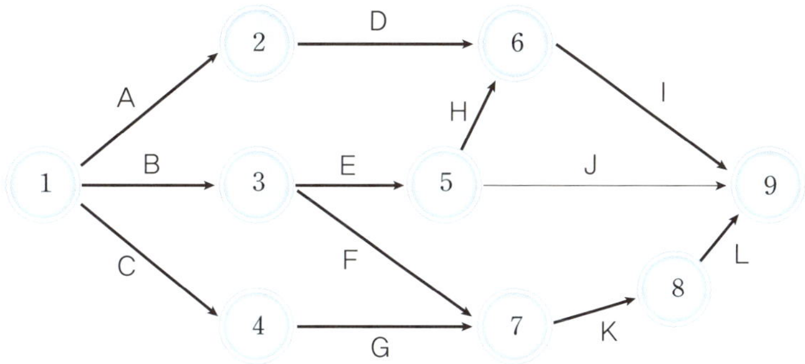

림 6-13>처럼 4개가 되었다.

5단계(일정 추가 단축 여부 확인) : 〈그림 6-13〉을 보면 비주요 경로가 한 개 있으며 완성일자도 13일이다. 따라서 1일 추가 단축이 가능하다. 다만 현재 주요 경로가 4개이기 때문에 4개 경로 모두 1일 단축해야 한다. [표 6-8]을 보면 현재 활동들 중에서 작업일정을 단축할 수 있는 활동은 F를 제외한 11개 활동이며 11개 활동의 1일 단축비용 정보를 알 수 있다. 그리고 [표 6-9]를 보면 주요 경로에서 가장 작은 비용으로 공사일정을 단축할 수 있는 활동이 제시되어 있다. 특히 I 활동과 L 활동이 1일 단축된다면 4개 주요 경로의 모든 작업일정이 1일 단축된다. 여기서 주의할 것은 ①→④→⑦→⑧→⑨ 경로에서 1일당 일정단축 비용이 최소인 활동이 C이다. 따라서 C 활동을 1일 줄인다면 결국 ①→④→⑦→⑧→⑨ 경로의 작업완성일은 12일 된다. 이는 새로운 문제로 경인상사의 경영진이 의사결정을 해야 하는 부분이 된다.

이제 프로젝트의 모든 활동이 주요 활동이 되고 모든 경로가 주요 경로가 되었다. 이는 프로젝트 관리자가 더 엄격하게 프로젝트 관리를 해야 된다는 것이며, 어떠한 활동의 수행에서 지체나 문제가 생긴다면 전체 프로젝트의 일정이 지체된다는 것을 명심해야 한다.

표 6-8. 활동과 단축 가능 시간

활동	단축 가능 시간	1일당 단축비용
A	2	550
B	2	500
C	1	300
D	3	700
E	2	400
F	2	250
G	2	900
H	2	400
I	1	300
J	2	800
K	1	600
L	1	400

표 6-9. 주요 경로상의 1일 최소 단축비용 활동

경로	1일 최소 단축비용 활동	추가 단축비용
① → ② → ⑥ → ⑨	I	300
① → ③ → ⑤ → ⑥ → ⑨	I	300
① → ③ → ⑦ → ⑧ → ⑨	L	400
① → ④ → ⑦ → ⑧ → ⑨	C	300

연습문제

01. 아래의 표를 보고 물음에 답하시오.

작업	작업시간	선행작업
A	5	
B	7	
C	4	A
D	8	D
E	7	B
F	6	C, D
G	5	C, E

① 네트워크를 완성하시오.

② 가능한 모든 작업경로를 표시하시오.

③ 주요 경로와 최단 공사완성시간을 제시하시오.

02. 다음 네트워크를 보고 주요 경로와 공사완성시간을 제시하시오.

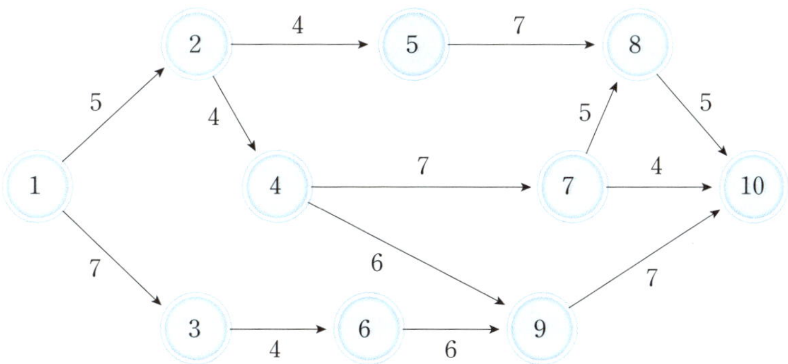

03. 2번 네트워크의 각 활동별 ES와 EF 그리고 LS와 LF를 구하시오.

04. 프로젝트에 관련된 정보가 표로 주어져 있다. 물음에 답하시오.

활동	완료시간	선행활동
A	1	
B	4	A
C	3	A
D	7	A
E	6	B
F	2	C, D
G	7	E, F
H	9	D
I	4	G, H

① 네트워크를 완성하시오.

② 활동별 ES와 EF 그리고 LS와 LF를 구하시오.

③ 모든 경로와 경로완성시간을 제시하시오.

④ 주요 경로와 최다 프로젝트 완성시간을 제시하시오..

05. 아래 네트워크를 보고 물음에 답하시오.

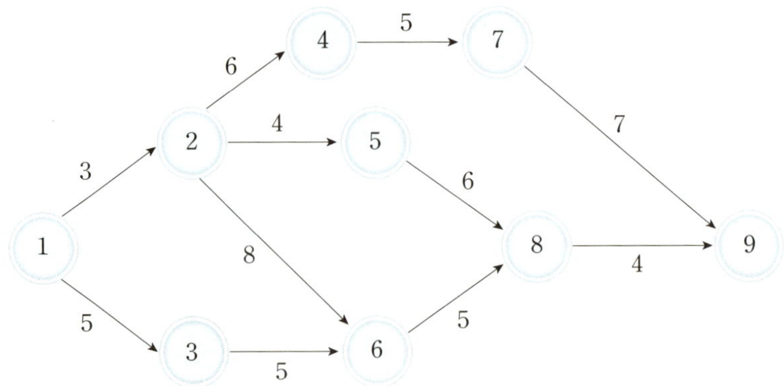

① 주요 경로와 프로젝트 완성일자를 제시하시오

② 각 활동의 ES와 EF 그리고 LS와 LF를 계산하여 제시하시오.

③ 가능한 경로는 모두 몇 개인가?

06. 아래 네트워크를 보고 답하시오.

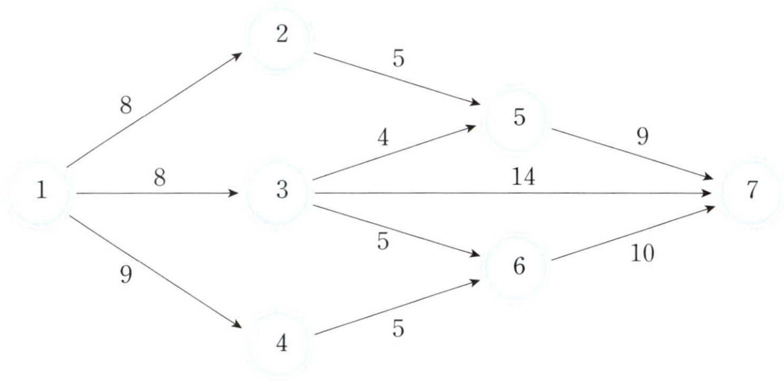

① 각 활동의 ES와 EF 그리고 LS와 LF를 구하고 네트워크에 표시하시오.

② CRITICAL PATH를 제시하시오.

③ 네트워크의 최단 완성시간은?

07. 다음과 같이 네트워크가 주어져 있다. 물음에 답하시오. 단 아래의 각 작업의 일정은 PERT 시간 추정치이다. 즉 $(a,\ m,\ b)$로 표기됨.

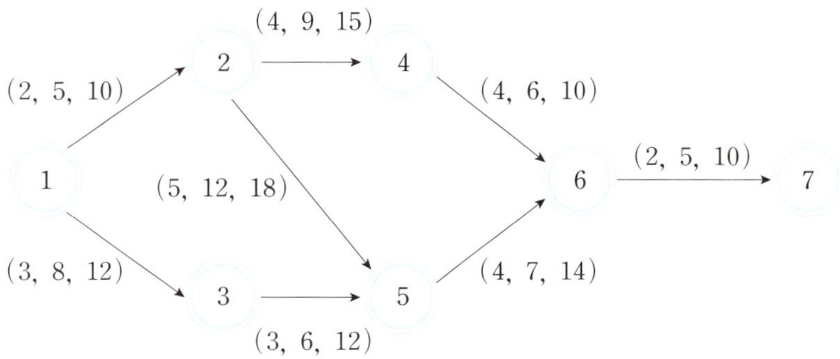

① 네트워크 완성에 필요한 모든 경로를 제시하고 각 경로별 완성일자를 제시하시오.

② 주요 경로를 찾고 주요 경로의 작업완성일자를 구하시오.

③ 주요 경로의 표준편차를 구하시오.

④ 90% 확률을 보이는 프로젝트 완성일자를 제시하시오.

08. 다음과 같이 PERT 네트워크와 데이터가 있다. 물음에 답하시오

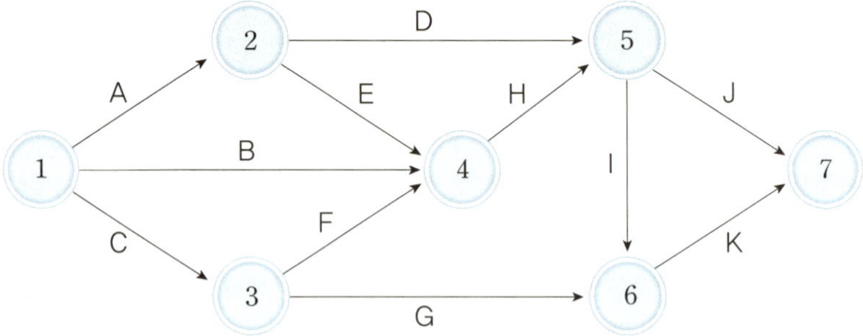

활동	a	m	b
A	2	4	9
B	1	3	8
C	5	7	13
D	3	7	14
E	3	5	13
F	1	2	7
G	5	8	18
H	1	2	7
I	2	4	10
J	4	7	14
K	4	6	13

① 프로젝트 완성시간을 추정하시오.

② 2번과 3번 노드의 여유시간을 계산하시오.

③ G와 H 활동의 여유시간을 계산하시오.

④ 이 프로젝트가 20일 이내에 완성될 확률을 구하시오.

⑤ 이 프로젝트가 30일 이내에 완성될 확률을 구하시오.

⑥ 90% 확률을 보이는 프로젝트의 완성일자를 추정하시오.

⑦ 95% 확률을 보이는 프로젝트의 완성일자를 설명하시오.

09. 다음과 같이 PERT 데이터가 주어져 있다.

활동	선행활동	a	m	b
A		2	3	4
B	A	1	2	3
C	A	4	5	12
D	A	3	4	11
E	B	1	3	5
F	C	1	2	3
G	D	1	8	9
H	E, F	2	4	6
I	H	2	4	12
J	G	3	4	5
K	I, J	4	7	16

① 네트워크를 완성하시오.

② 주요 경로를 구하시오.

③ 프로젝트의 완성시간의 기댓값을 구하시오.

④ 이 프로젝트가 25일 이내에 완성될 확률을 구하시오

⑤ 90%의 확률을 보이는 공사완성일을 제시하시오.

⑥ 프로젝트 완성확률이 95%가 되는 완성일자는?

⑦ 프로젝트의 모든 경로의 완성일자를 구하고 표준편차를 구하시오.

⑧ 각 경로의 95% 확률을 보이는 경로 완성일자를 구하여 제시하시오.

10. 다음과 같이 CPM 네트워크 데이터가 주어져 있다. 물음에 답하시오.

(단위 : 월, 만원)

활동	정상시간	정상비용	단축시간	단축비용	선행활동
A	3	900	1	1,200	
B	5	2,000	3	2,400	
C	4	1,600	2	2,500	
D	5	1,000	4	1,300	A
E	4	2,000	3	2,400	B
F	4	1,600	3	2,000	C
G	4	2,400	2	3,400	D
H	3	1,500	2	1,800	D
I	4	2,000	3	2,400	E, F
J	4	1,200	2	2,000	G
K	5	2,000	4	2,150	H, I

① 네트워크를 완성하시오.

② 가능한 모든 작업경로를 제시하고 완성일자를 설명하시오.

③ 최단 프로젝트 완성시간은?

④ 프로젝트 완성일자를 1일 단축하고자 한다면 어떤 활동을 줄이는 것이 최적인가? 그 이유를 설명하시오.

⑤ 프로젝트 완성일자를 3일 단축하고자 한다면 가능한가? 해법을 제시하시오.

⑥ 이 프로젝트를 최대한 단축한다면 최대 몇 일 단축 가능할까? 그리고 그 때 프로젝트 완성비용을 제시하시오.

chapter 7

마아코프 분석

마아코프 분석은 동적인 상황에서 시스템의 행동을 기술하기 위하여 사용하는 절차이다. 특별히 시간이 지남에 따라 시스템의 다양한 상태 사이에서 시스템의 움직임을 기술하고 예측한다. 시스템의 움직임은 확률환경 속에서 일어난다.

사람이나 재고, 금융계정, 심지어 택시의 움직임은 마아코프 프로세스로 설명될 수 있는 예들이다. 이러한 시스템의 미래의 움직임이나 조건을 예측할 수 있다는 것은 분명히 경영 측면에서 가치가 있는 일이며 기본적으로 마아코프 분석의 목적이다.

마아코프 분석은 주어진 특정 시점에서 시스템이 특정의 상태에 있을 확률과 각 상태로 존재할 장기 확률을 예측한다.

7.1 마아코프 시스템

마아코프 분석은 보통 동적인 시장 환경에서 시장점유율을 예측하는데 많이 사용된다. 이러한 예측은 마아코프 분석이라는 개념에 기초를 두고 있으며 제품계획이나 시장전략을 결정하기 위한 기본으로 사용된다. 마아코프 분석에 사용하는 사건들은 다음의 특징을 갖는다.

1) 사건은 보통 고정된 기간 동안 발생하는 2개 이상의 산출물로 구성되는 확률적 상황에서 발생한다. 이러한 프로세스를 확률 프로세스라고 한다.
2) 상황은 여러 기간 동안에 일어난 사실을 포함한다. 예를 들면 고객은 보통 몇 달 동안 브랜드를 교체하는 성향을 가지고 있다. 브랜드를 교체하는 확률을 확률과정의 전이확률(transition probability)이라고 부른다.
3) 고객은 연속적으로 의사결정을 한다. 따라서 상황은 본질적으로 동적이다.
4) 각 전이가 이루어진 후에 프로세스는 관찰되며 전이확률 행렬에 의해 결

정된다.

마아코프 프로세스(Markov process)

고객의 브랜드 교체는 확률과정(stochastic process)이다. 어느 특정 월에 고객의 브랜드 선택이 그 달 전의 선택에 의존한다면, 확률과정은 마아코프 프로세스라고 부른다. 부가하여 고객이 하나의 브랜드로부터 다른 브랜드로 교체할 전이확률이 시간에 따라 일정하다면 그때 마아코프 프로세스는 마아코프 체인(Markov Chain)이라고 한다.

마아코프 분석의 특징

마아코프 분석은 2가지 상이한 확률을 가지고 수행한다. 하나는 어떤 그룹의 부분으로, 예를 들면 제품의 몇 퍼센트가 판매되었는가와 다른 하나는 특정 브랜드를 구매하는 고객의 확률과 같은 개별 확률이다.

마아코프 분석의 주요 목적은 관리시스템의 미래 행동의 예측이다. 의사결정 트리나 시뮬레이션과 같은 도구를 이용해 예측을 할 수 있다. 마아코프 체인의 이점은 계산 작업이 상대적으로 덜 복잡하며, 아주 신속하게 수행할 수 있다는 것이다. 작은 문제는 수작업으로 풀 수 있으며 대형 문제는 표준 컴퓨터 패키지를 이용하여 계산할 수 있다.

필수 가정(necessary assumption)

마아코프 체인은 다음의 가정을 따른다.

1. 시스템은 유한한 이산상태(discrete state)를 가지며, 어느 것도 흡수상태가 되지 않는다,
2. 주어진 기간의 시스템 상태는 단지 선행기간의 조건과 전이확률에 의존한다.
3. 전이확률은 시간에 따라 일정하다.
4. 시스템에서의 변화 즉 전이는 한 번 일어날지 모른다. 그리고 단지 한 기간 동안 한 번만 일어난다.
5. 전이기간은 규칙적으로 발생한다.

상기한 가정에서 **흡수상태**란 고객이 특정 브랜드를 선택한 후 시간이 경과하더라도 다른 브랜드로 결코 전환하지 않는다면 그때 이 브랜드를 흡수상태로 간주한다. 상기한 가정에서 흡수상태가 없다는 것은 어떠한 상태도 흡수상태가 되지 않는다는 것을 의미한다. 그리고 관찰기간은 일정하지는 않다. 한 달에 한 번 관찰할 수도 있고, 분기별 또는 일 년에 두 번 혹은 일 년에 한 번 관찰하지만 항상 동일한 기간을 두고 관찰이 일어난다.

모든 상품에 대하여 관찰기간이 동일하지 않다. 관찰기간의 길이는 분석하고자 하는 상품의 재구매 기간에 의존한다. 고객이 특정 상품 A를 3개월에 한 번씩 구매하는 것으로 알려진다면 관찰기간은 3개월이 한 단위가 되어 고객의 행동을 관찰하고 측정하게 된다.

마아코프 분석에서 정보의 흐름

마아코프 모형은 전이행렬(transition matrix)과 현재조건(초기조건)과 같은 2가지 입력데이터에 의존한다. 모형은 이 2가지 입력데이터를 이용하여 2가지 예측치를 만들어 낸다.

1) 시스템이 특정 시점에서 특정 상태로 놓여 있을 확률

2) 장기 확률(특히 안정상태 확률)

그림 7-1

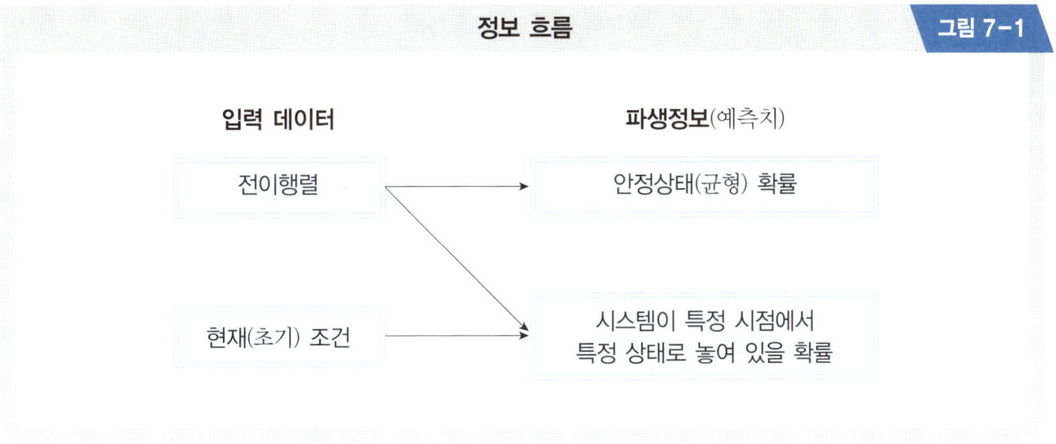

〈그림 7-1〉을 보면 2가지 정보 중에서 전이행렬은 2가지 예측치 모두에게 필요하나 초기조건은 시스템이 특정 시점에서 특정 상태로 놓여 있을 확률의 예측치만을 위해 필요하다.

7.2 전이확률과 초기조건

전이확률(The Transition Probabilities)

마아코프 프로세스는 시스템이 현재 단계(혹은 기간, 시점)에서 특정 조건(혹은 상태)으로부터 다음 단계에서 n개의 가능한 상태들 중의 어느 하나의 상태로 시스템의 이동을 설명한다. 보통 시스템은 불확실한 환경 속에서 이동한다. 여기서 알려진 것은 어느 하나의 전이(혹은 이동)에 관련된 확률뿐이다. 전이확률, P_{ij}는 시스템이 현재 i에서 다음 단계에 j로 움직일 가능성이다. 전이확률 개념이 마아코프 프로세스 분석에서 핵심이다.

전이확률

예를 들면 〈그림 7-2〉와 같이 스마트폰 시장에서 삼성전자의 갤럭시폰을 구매한 고객이 다음 교체시기에 그대로 갤럭시폰을 재구매하든가 아니면

그림 7-2 고객의 브랜드 교체 예시

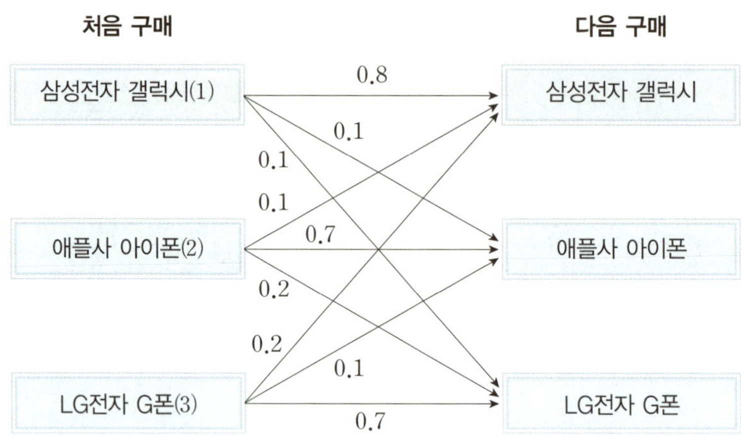

애플사의 아이폰을 구매하든가 혹은 LG전자의 폰으로 교체하든가와 반대로 아이폰을 구매하였던 고객이 다음 교체시기에 아이폰을 재구매하든가 아니면 갤럭시 폰을 구매하든가 또는 LG전자 폰으로 구매하여 구매브랜드를 교체할 가능성을 말한다. LG전자의 폰을 구매한 고객의 브랜드 교체도 동일하게 설명된다.

전이행렬(The transition matrix)

시스템의 이동을 표시하는 또 하나의 방법은 행렬로 표시하거나 표로 나타낼 수 있다. 행렬로 표시할 경우 행렬의 각 행의 확률의 합은 항상 1이다. 즉 행렬 P의 1행을 예로 들어 나타내면 (식 7-1)과 같다.

$$P_{11} + P_{12} + P_{13} + \cdots + P_{1n} = 1 \qquad \text{(식 7-1)}$$

$$\begin{array}{ccc} & & \text{다음 상태로} \\ & & \begin{array}{cccccc} s_1 & s_2 & \cdots & s_j & \cdots & s_n \end{array} \\ \text{현재상태에서} & \begin{array}{c} s_1 \\ \cdot \\ \cdot \\ s_i \\ \cdot \\ \cdot \\ s_n \end{array} & \begin{bmatrix} p_{11} & p_{12} & \cdots & p_{1j} & \cdots & p_{1n} \\ \cdot & \cdot & \cdots & \cdot & \cdots & \cdot \\ \cdot & \cdot & \cdots & \cdot & \cdots & \cdot \\ p_{i1} & p_{i2} & \cdots & p_{ij} & \cdots & p_{in} \\ \cdot & \cdot & \cdots & \cdot & \cdots & \cdot \\ \cdot & \cdot & \cdots & \cdot & \cdots & \cdot \\ p_{n1} & p_{n2} & \cdots & p_{nj} & \cdots & p_{nn} \end{bmatrix} = P \end{array}$$

행렬 P에서 현재 상태는 현재 기간에서 시스템의 상태가 다음 기간에 시스템의 상태로 변화할 확률을 행렬로 표시한 것이다. 따라서 확률 p_{ij}는 현재 상태가 i에서 다음 기간에 상태 j로 전환된 확률을 나타낸다.

〈그림 7-2〉에 나타나 있는 가상 예를 가지고 전이확률표로 작성하면 다음과 같이 표시할 수 있다.

표 7-1. 전이확률 표

현재 브랜드 선택 \ 다음 달 브랜드 선택	삼성 갤럭시폰	애플 아이폰	LG전자 G폰
삼성 갤럭시폰	0.8	0.1	0.1
애플 아이폰	0.1	0.7	0.2
LG전자 G폰	0.2	0.1	0.7

초기조건

초기조건이란 시스템이 현재 기간 동안 놓여 있는 상태를 말한다. 만약 예를 들어 스마트폰 업체 3사가 스마트폰 시장을 모두 점유하고 있다고 가정하고 그때 가상의 점유율이 다음과 같이 조사되었다면 이를 벡터의 형태로 표기할 수 있다.

(삼성폰, 애플폰, LG폰) = (0.65, 0.20, 0.15)

이 벡터의 의미는 현재 시장에서 삼성폰이 65%를 애플과 LG폰이 각각 20%와 15%의 시장점유율을 보이고 있다는 것을 표시한다. 만약 어떤 산업의 시장점유율 형태가 (0, 0, 0, 1)로 표시되었다면 현재 시장에 4개사 브랜드가 있지만 마지막에 표기되는 회사의 브랜드가 시장을 모두 독점하고 있다는 의미이다.

7.3 상태확률(state probability)

마아코프 분석은 다양한 예측치를 제시할 수 있다. 시스템이 기간 t에서 상태 i로 있을 확률을 k라고 할 때 이를 상태확률이라 하고 장기간 동안 시스템이 상태 i로 남아 있을 확률을 장기 확률 또는 **안정상태 확률**이라고 한다.

이제 t가 기간을 나타내고 상태를 i라 할 때 상태확률은 $k_i(t)$로 표기할 수 있다. t가 0이라는 것은 현재를 나타낸다. 상태 i는 가능한 여러 상태 중에 하나의 특정 상태를 지칭한다. 시스템은 특정 기간 동안 가능한 여러 상태들 중에서 어느 한 상태로 반드시 존재한다. 이때 특정 기간 t에서 모든 상태의 확률 값의 합은 항상 1이다. 이를 수식으로 나타내면 아래와 같다. 여기서 $\forall t$는 모든 t에 대해서 성립한다는 것을 의미한다.

$$k_1(t) + k_2(t) + \cdots + k_i(t) + \cdots + k_n(t) = 1, \quad \forall t \qquad \text{(식 7-2)}$$

(식 7-2)에서 n은 상태의 수를 나타내며, t는 전이가 일어난 횟수를 나타낸다. 즉 t가 3이면 기간이 3번 지났으며 그 사이 변화가 3번 일어난 횟수를 의미

한다. 예를 들어 보자. 앞 절에서 가상 예로 들었던 스마트 폰의 공급사 브랜드를 각각 1, 2, 3으로 표기하자. 만약 확률 $k_1(0)$는 이번 달에 고객이 브랜드 1을 선택할 확률을 나타내고 $k_1(1)$은 한 번의 전이가 일어난 후에 브랜드 1을 선택할 확률을 의미한다. 즉 교체기간이 1달이 기본 기간이라고 하면 다음 달에 브랜드 1을 구매할 확률을 나타낸다.

상태확률

만약 브랜드가 1, 2, 3으로 3개 주어지고 특정 기간 t에 브랜드 (1, 2, 3) 중에 어느 한 브랜드를 선택할 확률 $K(t)$는 다음과 같이 행벡터로 표기할 수 있다.

$$K(t) = [k_1(t),\ k_2(t),\ k_3(t)] \qquad \text{(식 7-3)}$$

위 식을 좀 더 일반화한다면 다음과 같다. 초기상태는 $k(0)$로 표기한다.

$$K(t) = [k_1(t),\ k_2(t),\ k_3(t),\ \cdots,\ k_n(t)] \qquad \text{(식 7-4)}$$

스마트폰 시장의 가상 예를 가지고 초기 상태확률을 나타내면 다음과 같다. 초기는 첫 달로 생각하고 즉 $t = 0$,

$k_1(0) = 0.65$ 브랜드 1의 현재 시장점유율
$k_2(0) = 0.20$ 브랜드 2의 현재 시장점유율
$k_3(0) = 0.15$ 브랜드 3의 현재 시장점유율

위의 값들은 다음과 같이 요약될 수 있다.

$$K(0) = [k_1(0),\ k_2(0),\ k_3(0)] = [0.65,\ 0.20,\ 0.15]$$

전이행렬

전이행렬을 이용하여 상태확률을 계산할 수 있다. 3사의 스마트폰 간의 전이행렬을 표시하기 위하여 〈그림 7-2〉에 표시되어 있는 현재 브랜드 선택에서 다음 기간 브랜드 선택에 관한 확률 값을 이용하여 전이행렬 P를 만들 수 있다.

$$P = \begin{pmatrix} 0.8 & 0.1 & 0.1 \\ 0.1 & 0.7 & 0.2 \\ 0.2 & 0.1 & 0.7 \end{pmatrix}$$

다음 달 $t=1$의 상태확률 계산하기

다음 달 상태확률 $k_1(1)$의 의미는 한 달 후 고객이 브랜드 1을 선택하는 확률이다. 한 달 후에 고객이 브랜드 1을 선택하는 경우는 3가지 경우로 생각할 수 있다.

1) 처음에 브랜드 1을 구매한 고객이 다음 달에도 브랜드 1을 구매한다. $(p_{11}=0.8)$
2) 브랜드 2로부터 브랜드 1로 브랜드를 교체한 고객 $(p_{21}=0.1)$
3) 브랜드 3으로부터 브랜드 1로 브랜드를 교체한 고객 $(p_{31}=0.2)$

상기한 3가지 확률은 모두 조건확률들이다. 즉 지난달의 구매에 의존하기 때문이다. 따라서 다음 달에 브랜드 1을 선택할 확률 $k_1(1)$은 다음의 3가지 확률들을 합하면 된다.

1) 브랜드 1을 구매한 고객이 계속적으로 브랜드 1을 선택할 확률은 $k_1(0)p_{11}=0.65\times 0.8=0.52$이다.
2) 지난번에 브랜드 2를 구입하였다가 이번에 브랜드 1을 선택할 고객의 확률은 $k_2(0)p_{21}=0.20\times 0.1=0.02$이다.
3) 지난번에 브랜드 3을 구입하였다가 이번에 브랜드 1을 선택할 고객의 확

률은 $k_3(0)p_{31} = 0.15 \times 0.2 = 0.03$이다.

이들 3가지 확률을 합하면 $k_1(1) = 0.52 + 0.02 + 0.03 = 0.57$이다. 이를 각 상태의 확률 벡터와 각 상태에서 브랜드 1로 전환할 확률벡터의 곱으로 표현될 수 있다.

$$k_1(1) = [K(0)]\begin{bmatrix} 0.8 \\ 0.1 \\ 0.2 \end{bmatrix} = [0.65,\ 0.20,\ 0.15]\begin{bmatrix} 0.8 \\ 0.1 \\ 0.2 \end{bmatrix} = 0.57$$

유사한 방법으로 $k_2(1)$과 $k_3(1)$을 계산하면

$$k_2(1) = [K(0)]\begin{bmatrix} 0.1 \\ 0.7 \\ 0.1 \end{bmatrix} = [0.65,\ 0.20,\ 0.15]\begin{bmatrix} 0.1 \\ 0.7 \\ 0.1 \end{bmatrix} = 0.22$$

$$k_3(1) = [K(0)]\begin{bmatrix} 0.1 \\ 0.2 \\ 0.7 \end{bmatrix} = [0.65,\ 0.20,\ 0.15]\begin{bmatrix} 0.1 \\ 0.2 \\ 0.7 \end{bmatrix} = 0.21$$이다.

일반화(generalization)

지금까지 3사의 브랜드 선택이라는 예제를 통하여 초기 상태에서 다음 기간의 상태확률을 구하는 과정을 살펴보았다. 이를 일반화하면 다음과 같이 식을 유도할 수 있다.

확률 $k_1(1)$, $k_2(1)$ 그리고 $k_3(1)$은 확률벡터 $K(1)$의 구성요소이다. 행렬 표기법으로 확률벡터 $K(1)$을 표기하면 행벡터인 $K(0)$와 전이행렬인 P와의 곱으로 나타낼 수 있다.

$$K(1) = [k_1(1),\ k_2(1),\ k_3(1)] = K(0)P \qquad \text{(식 7-5)}$$

혹은

$$[k_1(1),\ k_2(1),\ k_3(1)] = [k_1(0),\ k_2(0),\ k_3(0)] \times P \qquad \text{(식 7-6)}$$

따라서

$$K(1) = K(0)P \qquad \text{(식 7-7)}$$

이다. 유사한 이유로 다음의 관계도 성립한다.

$$K(2) = K(1)P \qquad \text{(식 7-8)}$$

(식 7-8)에서 $K(1)$ 대신에 (식 7-7)을 대입하면 (식 7-9)가 나온다.

$$K(2) = K(1)P = K(0)PP = K(0)P^2 \qquad \text{(식 7-9)}$$

상기의 과정을 반복하면 (식 7-10)과 같은 일반식을 얻을 수 있다.

$$K(m) = K(m-1)P = K(m-2)P^2 = \cdots = K(m-m)P^m = K(0)P^m \qquad \text{(식 7-10)}$$

(식 7-10)에서 P^m의 의미는 전이행렬 P를 m번 곱했다는 것으로 역시 행렬이다.

〈예제 7-1〉

동네 빵가게 달구나는 최근 판매량 감소에 따라 전업을 할지 아니면 빵가게를 계속할지 고심하고 있다. 향후 3개월간 달구나의 시장점유율이 지금의 10%

범위 내에서 유지된다면 계속 빵가게를 운영하고자 한다. 현재 동네 빵가게는 3개로 달구나, 온달, 반달이 있으며 시장점유율은 각각 40%, 35%, 25%이다. 그리고 동네 주민들 중에서 빵을 구매하는 주민들에게 빵을 구매하는 가게를 변경할 가능성에 대해 조사를 해보니 다음과 같은 결과가 나왔다고 한다. 최적 전략은 무엇인가? 일반적으로 빵을 구매하는 고객은 한 달에 한 번 빵가게를 다른 가게로 옮기는 것으로 조사되었다.

에서 \ 으로	달구나	온달	반달
달구나	0.5	0.2	0.3
온달	0.2	0.4	0.4
반달	0.4	0.2	0.4

현재 3개 빵가게의 시장점유율 $K(0) = (0.40,\ 0.35,\ 0.25)$이며 전이행렬 P는

$$P = \begin{pmatrix} 0.5 & 0.2 & 0.3 \\ 0.2 & 0.4 & 0.4 \\ 0.4 & 0.2 & 0.4 \end{pmatrix} \text{이다.}$$

여기서 우리가 구하고자 하는 정보는 $K(1),\ K(2),\ K(3)$이다. 각각 이를 계산하면

$$K(1) = K(0)P = (0.40,\ 0.35,\ 0.25)\begin{pmatrix} 0.5 & 0.2 & 0.3 \\ 0.2 & 0.4 & 0.4 \\ 0.4 & 0.2 & 0.4 \end{pmatrix}$$

$$= (0.4\times0.5+0.35\times0.2+0.25\times0.4,\ 0.4\times0.2+0.35\times0.4+0.25\times0.2,\ 0.4\times0.3+0.35\times0.4+0.25\times0.4)$$

$= (0.37,\ 0.27,\ 0.36).$

동일한 방법으로 $K(2)$와 $K(3)$를 구하면

$K(2) = K(1)P = K(0)P^2$이고 $K(3) = K(2)P = K(0)P^3$이다. 여기서 P^2과 P^3을 계산하면 다음과 같다.

$$P^2 = \begin{pmatrix} 0.5 & 0.2 & 0.3 \\ 0.2 & 0.4 & 0.4 \\ 0.4 & 0.2 & 0.4 \end{pmatrix} \begin{pmatrix} 0.5 & 0.2 & 0.3 \\ 0.2 & 0.4 & 0.4 \\ 0.4 & 0.2 & 0.4 \end{pmatrix} = \begin{pmatrix} 0.41 & 0.24 & 0.35 \\ 0.34 & 0.28 & 0.38 \\ 0.40 & 0.24 & 0.36 \end{pmatrix} \text{이고}$$

$$P^3 = P^2P = \begin{pmatrix} 0.41 & 0.24 & 0.35 \\ 0.34 & 0.28 & 0.38 \\ 0.40 & 0.24 & 0.36 \end{pmatrix} \times \begin{pmatrix} 0.5 & 0.2 & 0.3 \\ 0.2 & 0.4 & 0.4 \\ 0.4 & 0.2 & 0.3 \end{pmatrix}$$

$$= \begin{pmatrix} 0.393 & 0.248 & 0.359 \\ 0.378 & 0.256 & 0.366 \\ 0.392 & 0.232 & 0.360 \end{pmatrix} \text{이다.}$$

따라서

$$K(2) = K(0)P = (0.40,\ 0.35,\ 0.25) \begin{pmatrix} 0.41 & 0.24 & 0.35 \\ 0.34 & 0.28 & 0.38 \\ 0.40 & 0.24 & 0.36 \end{pmatrix}$$

$$= (0.383,\ 0.254,\ 0.363)$$

$$K(3) = K(0)P^3 = (0.40,\ 0.35,\ 0.25) \begin{pmatrix} 0.393 & 0.248 & 0.359 \\ 0.378 & 0.256 & 0.366 \\ 0.392 & 0.232 & 0.360 \end{pmatrix}$$

$$= (0.389,\ 0.248,\ 0.363)$$

빵가게 달구나는 향후 3달간의 점유율 추이를 보면 각각 0.37, 0.383, 0.389로 처음 시장점유율 0.40에 비하여 3달 동안 변동률은 모두 7.5% 이내로 10% 미만이었기에 계속 빵가게를 유지하는 것이 낫다.

조건 상태확률(conditional state probability)

조건 상태확률이란 초기조건이 주어진 상황에서 변이가 진행된 후 특정 상태에 있을 확률을 의미한다. 즉 초기조건 j가 주어진 후 t번 전이 후에 상태 i에 있을 확률은 $k_{ij}(t)$로 표기한다. 예를 들면 $k_{21}(3)$은 브랜드 1을 처음에 구매했던 고객이 3번 변환 후에 브랜드 2를 구매할 확률을 의미한다. 이를 구하는 절차를 보면 먼저 전이행렬이 3번 변환 후의 전이행렬을 구한다. 그 다음으로 변환된 전이행렬에서 브랜드 1을 구매한 고객이 브랜드 2를 선택할 확률은 변환된 전이행렬의 1행 2열을 읽으면 된다.

$$P^3 = \begin{bmatrix} 0.393 & 0.248 & 0.359 \\ 0.378 & 0.256 & 0.366 \\ 0.392 & 0.232 & 0.360 \end{bmatrix} \text{이다.}$$

여기서 1행 2열은 0.248이다. 동일한 이치로 $k_{13}(3)$은 0.392이고 $k_{32}(3)$은 0.366이다.

7.4 안정상태(혹은 균형)

마아코프 체인의 중요한 특징들 중의 하나가 장기적으로 프로세스가 보통 안정화된다는 점이다. 안정화된 시스템이란 시스템의 상태확률이 시간의 흐름에 관계없이 안정상태(steady state) 혹은 균형(equilibrium)으로 접어든다는 것이다. 따라서 다음의 관계가 성립한다.

$$K(t) = K(t-1) \qquad \text{(식 7-11)}$$

(식 7-11)은 기간 t에서의 상태확률은 이전 기간인 $(t-1)$에서의 상태확률과 동일하다는 것이다. 이는 다음의 관계식을 만족한다.

$$K(t) = K(t)P \text{ 혹은 } K = KP \qquad \text{(식 7-12)}$$

(식 7-12)에서 기간을 나타내는 t를 생략함은 균형상태 확률 또는 균형확률을 나타낸다. 이를 벡터와 행렬의 곱으로 표기하면

$$K = KP = (k_1,\ k_2,\ \cdots,\ k_n)\begin{pmatrix} p_{11} & p_{12} & \cdots & p_{1n} \\ p_{21} & p_{22} & \cdots & p_{2n} \\ \cdot & \cdot & \cdots & \cdot \\ p_{n1} & p_{n2} & \cdots & p_{nn} \end{pmatrix} \qquad \text{(식 7-13)}$$

(식 7-13)의 벡터와 행렬의 곱을 전개하면 n개의 방정식이 나온다.

$$\begin{aligned} k_1 &= p_{11}k_1 + p_{21}k_2 + \cdots + p_{n1}k_n \\ k_2 &= p_{12}k_1 + p_{22}k_2 + \cdots + p_{n2}k_n \\ &\cdot \quad \cdot \quad \cdot \quad \cdot \\ &\cdot \quad \cdot \quad \cdot \quad \cdot \\ k_n &= p_{1n}k_1 + p_{2n}k_2 + \cdots + p_{nn}k_n \end{aligned} \qquad \text{(식 7-14)}$$

여기서 반드시 기억해야 할 것은 (식 7-2)에서 설명하였는데 특정 기간에 모든 상태확률의 합은 1이다.

$$\sum_{i=1}^{n} k_i = 1$$

균형확률을 예를 이용하여 쉽게 이해해 보자. 간단한 예로 2×2 전이행렬

을 들면

$$(k_1,\ k_2) = (k_1,\ k_2)\begin{bmatrix} p_{11} & p_{12} \\ p_{21} & p_{22} \end{bmatrix} = (k_1 p_{11} + k_2 p_{21},\ k_1 p_{21} + k_2 p_{22})$$

(식 7-15)

여기서 $k_1 + k_2 = 1$을 대입하여 방정식을 풀면 다음과 같은 값을 얻을 수 있다.

$$k_1 = \frac{p_{21}}{1 - p_{11} + p_{21}}$$

〈예제 7-2〉

다음과 같이 전이행렬이 주어져 있다. 이를 이용하여 안정상태 확률을 구하라.

$$\begin{array}{cc} & \begin{array}{cc} A & B \end{array} \\ \begin{array}{c} A \\ B \end{array} & \begin{bmatrix} 0.2 & 0.8 \\ 0.3 & 0.7 \end{bmatrix} \end{array}$$

풀이

(식 7-15)를 이용하여 다음과 같은 방정식을 구할 수 있다.

$$k_1 = p_{11}k_1 + p_{21}k_2 = 0.2k_1 + 0.3k_2$$
$$k_2 = p_{12}k_1 + p_{22}k_2 = 0.8k_1 + 0.7k_2$$

그리고 $k_1 + k_2 = 1$이다. $k_2 = 1 - k_1$이므로 이를 위 식에 대입하면
$k_1 = 0.2k_1 + 0.3(1 - k_1)$, $1.1k_1 = 0.3$이다. 따라서

$k_1 = \frac{0.3}{1.1} = 0.273$ 이다. $k_2 = 0.727$ 이다. 따라서 안전상태 확률은

$(k_1,\ k_2) = (0.273,\ 0.727)$ 이다.

〈예제 7-3〉

전이행렬이 아래에 주어져 있다. 이를 이용하여 안정상태 확률을 구하시오.

$$P = \begin{bmatrix} 0.6 & 0.1 & 0.3 \\ 0.2 & 0.5 & 0.3 \\ 0.4 & 0.1 & 0.5 \end{bmatrix}$$

$$K = (k_1,\ k_2,\ k_3) \begin{bmatrix} 0.6 & 0.1 & 0.3 \\ 0.2 & 0.5 & 0.3 \\ 0.4 & 0.1 & 0.5 \end{bmatrix}$$

위 행렬방정식을 풀면

$$k_1 = 0.6k_1 + 0.2k_2 + 0.4k_3$$
$$k_2 = 0.1k_1 + 0.5k_2 + 0.1k_3$$
$$k_3 = 0.3k_1 + 0.3k_2 + 0.5k_3 \text{ 이다.}$$

여기서 $k_1 + k_2 + k_3 = 1$ 이므로 이를 이용하여 방정식을 풀면,

$k_1 = \frac{11}{24}$, $k_2 = \frac{1}{6}$, $k_3 = \frac{3}{8}$ 이다. 따라서 균형확률 $K = \left[\frac{11}{24},\ \frac{1}{6},\ \frac{3}{8}\right]$ 이다. 이 확률 벡터가 정확하게 균형확률이라면 아래와 같이 검증을 해야 한다. 즉

$$\left[\frac{11}{24},\ \frac{1}{6},\ \frac{3}{8}\right] = \left[\frac{11}{24},\ \frac{1}{6},\ \frac{3}{8}\right] \begin{bmatrix} 0.6 & 0.1 & 0.3 \\ 0.2 & 0.5 & 0.3 \\ 0.4 & 0.1 & 0.5 \end{bmatrix}$$

이를 계산하면 $\left[\frac{11}{24}, \frac{1}{6}, \frac{3}{8}\right] = \left[\frac{11}{24}, \frac{1}{6}, \frac{3}{8}\right]$으로 위에 구해진 안정상태 확률은 바르게 계산되었음을 알 수 있다.

안정상태 상황의 특징

안정상태의 조건은 (식 7-13)에서와 같이 일련의 확률의 집합, 특히 상태의 집합 K로 표시하였고 이를 안정상태(균형) 확률이라고 하였다. 그리고 이 확률은 일정한 상태 확률로 단지 전이행렬에 기초하여 계산된다.

대조적으로 균형상태가 아닌 혹은 균형상태에 근접하는 상태확률들도 초기조건에 의하여 결정된다. 비흡수(nonabsorbing) 상황에서 상태확률은 여러 번의 전이를 거치면서 만들어진다.

마아코프 체인이 항상 균형상태에 도달하는 것이 아님을 기억하라!

7.5 흡수상태(absorbing state)

시스템이 일단 어떤 상태에 놓여 있다고 가정하자. 이후 다시는 다른 상태로 빠져 나갈 수 없다면 시스템은 흡수상태에 놓여 있다고 한다. 흡수상태에 대한 실질적으로 아주 많은 예들이 존재한다. 기업도산, 오염과 침전물로 인한 강이나 호수의 파괴, 화재에 의한 건물의 붕괴는 흡수상태 조건의 예들이다.

흡수상태로 빠지는 마아코프 체인의 분석은 기업경영자에게 중요한 4가지 질의사항을 던진다.

1. 시스템이 흡수상태에 빠지기 전에 비흡수상태로 진행되는 평균 기간은 무엇을 의미하는가?
2. 시스템이 흡수상태에 빠지기 전에 얼마나 오랫동안 비흡수상태로 남아

있을 수 있는가?

3. 비흡수상태에 있는 각 상태들이 흡수상태로 이동할 확률은?
4. 각 흡수상태에서 어느 부분만큼 흡수될 것인가?

상기한 정보들은 설비 교체, 마케팅 그리고 유지보수와 같은 영역에서 관리적 의사결정에 중요한 실질적 가치를 제공한다. 이제 흡수상태로 빠지는데 소요되는 평균시간과 비흡수상태를 흡수상태로 이동하게 하는 조건확률들을 구해보자.

1단계 : 전이행렬 구축하기

아래와 같은 전이행렬표가 있다. 이 행렬 표를 보면 2번째 행과 4번째 행의 값이 동일한 상태로 남아 있는 경우를 제외하곤 모두가 그 값이 0이다. 이것은 시스템이 흡수상태에 놓이게 되면 그 상태에서 다른 상태로 이동할 가능성이 전혀 없다는 것이다.

표 7-2. 전이행렬표

에서 \ 으로	1	2	3	4
1	0.1	0.6	0.3	0
2	0	1.0	0	0
3	0.2	0.2	0.5	0.1
4	0	0	0	1.0

2단계 : 기본 행렬 만들기

전이행렬이 작성되고 나면 먼저 전이행렬의 행과 열을 흡수상태에 있는 값들을 모아 행렬의 첫 영역이나 마지막 영역으로 배치함으로써 행렬을 조작한다.

이렇게 함으로써 최초의 전이행렬을 분할하여 4개의 서브행렬(소행렬)로 만들 수 있다.

즉 원래의 행렬을 4개의 소행렬로 나누는데 다음과 같이 분할한다.

I = 단위(항등) 행렬

0 = 0행렬

A = 흡수행렬(absorbing matrix)

N = 비흡수행렬(nonabsorbing matrix)

[표 7-2]의 전이행렬을 조작하여 다음의 행렬로 재작성해 보자.

그림 7-3 전이행렬의 분할

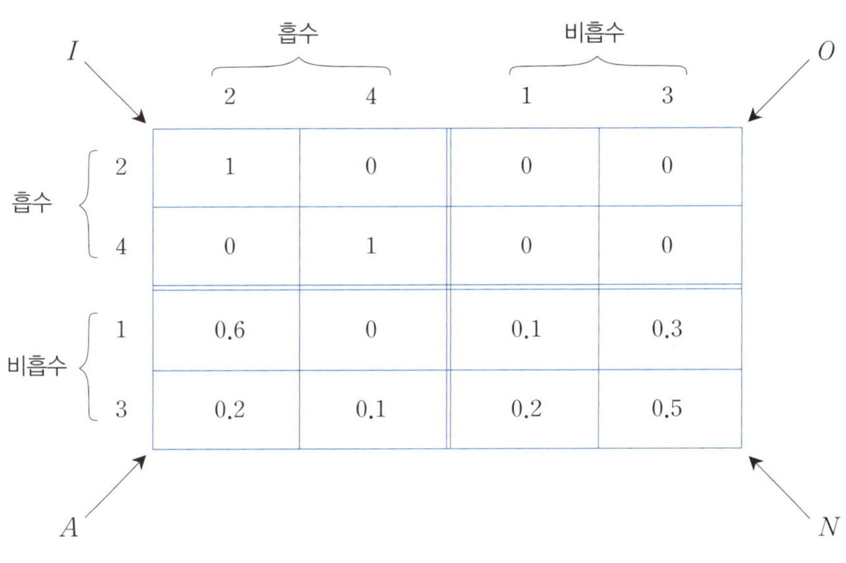

이제 새로운 행렬을 정의하고 만들어 보자. 새로운 행렬을 근원행렬(fundamental matrix, F)이라 하고 이를 표현하면 다음과 같다.

$$F = K(I-N)^{-1} \qquad \text{(식 7-16)}$$

$$F = \left(\begin{bmatrix} 1 & 0 \\ 0 & 1 \end{bmatrix} - \begin{bmatrix} 0.1 & 0.3 \\ 0.2 & 0.5 \end{bmatrix} \right)^{-1} = \begin{bmatrix} 0.9 & -0.3 \\ -0.2 & 0.5 \end{bmatrix}^{-1} = \begin{array}{c} \\ 1 \\ 3 \end{array} \begin{array}{c} \begin{array}{cc} 1 & 3 \end{array} \\ \begin{bmatrix} \frac{50}{39} & \frac{30}{39} \\ \frac{20}{39} & \frac{90}{39} \end{bmatrix} \end{array}$$

근원행렬의 각 원소는 시스템이 흡수상태에 들어가기 전까지 각 비흡수상태로 남아 있을 평균기간을 의미한다. [표 7-2]의 전이행렬을 가진 시스템에서 그 시스템이 흡수상태로 가기 전까지 1 상태에서 $\frac{50}{39}$개월 1 상태로 남아 있을 수 있다는 것이며, 3 상태로는 $\frac{30}{39}$개월 남아 있을 수 있다는 것이다.

흡수까지 소요되는 기간

흡수까지 평균 소요시간을 계산하려면 근본행렬의 행의 값들을 더하면 된다. 만약 시스템이 1 상태에서 시작하였다면 상태 2나 4로 흡수될 때까지 평균 소요시간은

$$\frac{50}{39} + \frac{30}{39} = \frac{80}{39} = 2.05\text{개월이 소요될 것이다.}$$

조건확률(conditional probability)

비흡수상태에 있는 시스템을 흡수상태로 이동하게 하는 확률을 발견하는 것은 아주 흥미로운 일이다. 이러한 확률을 B라고 하면 아래와 같이 구한다.

$$B = FA \qquad \text{(식 7-17)}$$

본 절의 예를 가지고 행렬 B를 구하면

$$B = FA = \begin{bmatrix} \frac{50}{39} & \frac{30}{39} \\ \frac{20}{39} & \frac{90}{39} \end{bmatrix} \begin{bmatrix} 0.6 & 0 \\ 0.2 & 0.1 \end{bmatrix} = \begin{matrix} \\ 1 \\ 3 \end{matrix} \begin{matrix} 2 & 4 \\ \left[\begin{matrix} \frac{36}{39} & \frac{3}{39} \\ \frac{30}{39} & \frac{9}{39} \end{matrix} \right] \end{matrix}$$

행렬 B는 다음과 같이 해석된다. 만약에 시스템이 1의 상태에 있다면 상태 2로 흡수될 가능성이 36/39 혹은 0.92이며, 상태 4로 흡수될 가능성은 3/39 혹은 0.08이 된다. 마찬가지로 시스템이 3의 상태에 있다면 상태 2로 흡수될 가능성은 30/39 혹은 0.77이 되며 상태 4로 흡수될 가능성은 9/39 혹은 0.23이 된다는 것이다. 행렬의 각 행의 원소를 합한 값은 항상 1이라는 것을 유의해야 한다.

흡수상태 확률이 주는 또 하나의 장점은 다양한 영역에서 활용할 수 있다. 예를 들어 국내 자동차 시장의 주요 상위권 4개사의 시장점유율을 분석하는 연구에서 자동차 구매고객 1,000명을 대상으로 실제 구매한 자동차를 조사하니 각각 1사가 200대, 2사가 400대, 3사가 100대 4사가 300대였다고 하자. 구매자를 대상으로 브랜드 교체에 대한 조사를 하였고, 그 결과가 위와 같은 조건확률을 얻었다면 향후 흡수상태가 진행되었을 때 브랜드의 시장점유율을 살펴보면 다음과 같다.

$$(200,\ 100)\begin{bmatrix} 0.92 & 0.08 \\ 0.77 & 0.23 \end{bmatrix} = [200\,(0.92) + 100\,(0.07),\ 200\,(0.08) + 100\,(0.23)]$$

$$= [261,\ 39]$$

이러한 계산의 결과는 흡수가 진행된 후 2사로 261대, 4사로 39대가 이동하였다는 것을 의미한다. 이를 원 구매대수와 합하여 계산하면

2사의 합계 = 400 + 261 = 661대

4사의 합계 = 300 + 39 = 339대

두 회사의 자동차 구매대수를 합하면 모두 1,000대가 되며, 자동차 시장점유율은 결국 2사가 66.1%, 4사가 33.9%이며, 1사와 3사는 시장에서 퇴출될 것으로 해석된다.

7.6 마아코프 분석의 기여

마아코프 분석이 의사결정자에게 제공하는 커다란 기여는 경영에 주요한 정보를 제공한다는 것이다. 마아코프 분석은 미래의 어떤 시점에서 시스템이 어떤 상태로 진행될 것인가에 대한 확률에 관한 정보를 제공한다. 이러한 정보는 다양한 실행 조건 속에서 시스템의 효과성을 결정하는 경영자들이 사용할 수 있다. 경영자는 각 상황에 맞는 정확한 전이행렬에 관한 정보를 사용할 수 있다면 다양한 정책이나 프로젝트를 비교할 수 있게 된다.

그런데 이것이 또한 마아코프 체인 분석을 사용하기 어렵게 만드는 점이기도 하다. 정확한 전이행렬을 작성하는 것은 어려운 일이다. 과거의 데이터는 일부 경우에 있어 이러한 목적을 지원하지만 이렇지 않을 경우 전문가의 주관적인 믿음이 사용될지 모른다.

연습문제

01. 다음과 같이 전이행렬이 있다. 그리고 시스템은 지금 상태 s_2에 있다. 3 기간이 지난 후 확률 벡터 $K(3)$를 구하시오.

$$P = \begin{array}{c} \\ s_1 \\ s_2 \end{array} \begin{array}{c} \begin{array}{cc} s_1 & s_2 \end{array} \\ \begin{bmatrix} 0.2 & 0.8 \\ 0.6 & 0.2 \end{bmatrix} \end{array}$$

02. 전이행렬 P가 아래와 같다. 물음에 답하시오.

$$P = \begin{bmatrix} 0.6 & 0.3 & 0.1 \\ 0.2 & 0.6 & 0.2 \\ 0.1 & 0.4 & 0.5 \end{bmatrix}$$

① P^2을 구하시오.

② P^3을 구하시오.

03. KK대학 인접에 유명한 마트가 2군데 있다. 각각 A와 B라고 하면 A마트의 경우 고객의 80%가 충성고객이며 B마트는 60%의 고객이 충성고객으로 알려져 있다. 즉 A마트는 고객의 20%가 다음주에 B마트로 구매하러 가는 고객이고, B마트는 40% 고객이 다음주 A마트로 상품을 구매하러 A마트로 가는 것으로 알려져 있다. 이러한 고객의 마트 교체 행렬을 제시하면 아래와 같다. 물음에 답하시오. 지금 고객들은 마트 B에서 구매한다고 가정하자.

다음 주

$$\text{이번 주} \begin{array}{c} \\ A \\ B \end{array} \begin{array}{c} \begin{array}{cc} A & B \end{array} \\ \begin{bmatrix} 0.8 & 0.2 \\ 0.6 & 0.4 \end{bmatrix} \end{array} = P$$

① 1주일 후 고객이 마트 A에서 물건을 구매할 확률을 구하시오.

② 1주일 후 고객이 마트 B에서 물건을 구매할 확률을 구하시오.

③ 2주일 후 고객이 마트 A에서 물건을 구매할 확률을 구하시오.

④ 2주일 후 고객이 마트 B에서 물건을 구매할 확률을 구하시오.

⑤ 안정상태 확률을 구하시오.

04. D&U 화학은 그들이 만든 제품 A와 B의 판매촉진을 위하여 2가지 정책을 고려하고 있다. 시장에서 3개의 제품이 경쟁하고 있으며 제품 C는 경쟁사가 만든 제품이다. 이들 제품의 시장점유율을 나타내면 (A, B, C) = (0.275, 0.375, 0.350)이다. 그리고 브랜드에 대해 소비자들의 향후 브랜드 교체 가능성에 대해 조사한 결과가 아래에 제시되어 있다.

$$\begin{array}{c} \\ A \\ B \\ C \end{array} \begin{array}{c} \begin{array}{ccc} A & B & C \end{array} \\ \begin{pmatrix} 0.2 & 0.2 & 0.6 \\ 0.1 & 0.5 & 0.4 \\ 0.5 & 0.2 & 0.3 \end{pmatrix} \end{array}$$

상기한 행렬은 전이행렬이고 행렬 좌측의 브랜드에서 행렬 상단의 브랜드로 교체할 확률을 표시하고 있다.

가) 브랜드 A만 판매촉진 하기

D&U 화학은 이를 위해 한 번에 1억5천만원을 투자하여 전이행렬을 다음과 같이 바꾸고자 한다.

$$\begin{array}{c} \\ A \\ B \\ C \end{array} \begin{array}{c} \begin{array}{ccc} A & B & C \end{array} \\ \begin{pmatrix} 0.6 & 0.2 & 0.2 \\ 0.1 & 0.4 & 0.5 \\ 0.6 & 0.1 & 0.3 \end{pmatrix} \end{array}$$

나) 브랜드 B만 판매촉진하기

D&U 화학은 이를 위해 한 번에 2억8천만원을 투자하여 전이행렬을 다음과 같이 바꾸고자 한다.

$$\begin{array}{c} \\ A \\ B \\ C \end{array}\begin{array}{c} \begin{array}{ccc} A & B & C \end{array} \\ \begin{pmatrix} 0.1 & 0.5 & 0.4 \\ 0.2 & 0.8 & 0 \\ 0.3 & 0.5 & 0.2 \end{pmatrix} \end{array}$$

① 어떤 정책이 장기적인 측면에서 D&U 화학의 총 시장점유율을 더 크게 상승시킬 것인가?

② 어떠한 정책이 장기적으로 보았을 때 투자금액당 더 효율적인가?

③ 2가지 가능한 정책의 손익분기점은?

05. 아래와 같이 전이행렬이 주어져 있다. 이를 적절한 근원행렬(fundamental matrix)로 만들어 보시오.

$$\begin{pmatrix} 1 & 0 & 0 & 0 \\ 0.3 & 0.2 & 0.5 & 0 \\ 0.1 & 0.6 & 0.1 & 0.2 \\ 0 & 0 & 0 & 1 \end{pmatrix}$$

06. 아래에 주어진 표는 특정 제품에 대하여 최근 고객 750명을 조사한 것으로 2월에 조사된 고객이 3월에 다른 브랜드로 교체한 조사결과를 제시한 것이다.

2월 \ 3월	A	B	C	합계
A	216	12	12	240
B	36	306	18	360
C	6	18	126	150
합계	258	336	156	750

① 전이확률 행렬을 작성하시오.

② 2월의 제품 3개의 시장점유율을 각각 제시해 보시오.

③ 4월과 5월의 3개 제품의 시장점유율을 추정해 보시오.

④ 균형상태에 도달할 수 있다면 각 브랜드의 균형상태의 시장점유율을 제

시하시오.

07. K은행은 고객을 매월별로 신용카드 사용에 대한 신용평가를 실시하고 있다. 매월 말 고객의 신용거래에 대한 결제를 바탕으로 고객의 신용도를 평가하였고, 그 결과 고객을 신용불량고객, 우수고객, 최우수고객으로 분류하였다. 아래의 전이확률 행렬은 어느 달의 고객이 특정고객군으로 분류된 후 그 다음 달에 분류된 고객군으로 평가되어지는 확률을 보이고 있다.

에서 \ 으로	신용불량 고객	우수 고객	최우수 고객
신용불량 고객	0.80	0.18	0.02
우수 고객	0.20	0.75	0.05
최우수 고객	0.00	0.16	0.84

① 전이행렬을 제곱하여 그 결과를 제시하고 그 의미를 해석해 보시오.

② 현재 신용불량 고객이 10만명으로 조사되었다. 이들이 신용평가에서 균형상태로 갈 수 있을까? 그렇게 된다면 이들 중에서 몇 명이 신용불량 고객, 우수 고객, 최우수 고객으로 분류될 수 있을까? 이를 설명해 보시오.

08. 주식시장에서 주가의 변동은 확률과정의 예이다. 주식시장에서 마아코프 분석을 적용할 수 있을까? 가능하다면 설명해 보시오.

09. 경영문제에서 마아코프 분석이 적용 가능한 영역이 있다면 예를 들고 설명해 보시오.

10. 마아코프 프로세스는 시스템의 동적성(the dynamics of a system)을 설명하는 것이다, 즉 시간의 기능으로서 시스템의 상이한 상태들 중에서 움직임을 기술하는 것이다. 예를 들면 사람이나 제품재고, 자금 등의 변화는 마아코프 프로세스로 설명이 될 수 있다. 다음의 설명이 마아코프 프로세스인지, 마아코프 프로세스가 아닌지의 여부를 설명하시오.

① 병원에 입원해 있는 환자들의 특정한 날의 건강상태(만족, 양호, 심각 등)의 확률은 그 전날의 환자들의 컨디션에 유일하게 의존하고 있다.

② 병원에 입원해 있는 환자들의 특정한 날 주어진 건강상태는 전날의 컨디션뿐만 아니라 환자가 건강이 나빠져 병이 재발하는 것만큼 병원에서 하루하루의 컨디션에 의존한다.

③ 사람들의 다음 자동차 구매 시 외국차를 구매할 확률은 지난번 자동차 구매 시 외국차인지 아닌지에만 의존한다.

④ 사람들의 다음 자동차 구매 시 외국차를 구매할 확률은 지난번 자동차 구매 시 외국차인지의 여부뿐만 아니라 지난 몇 번간의 자동차 구매와 자동차 사용 경험에 의존한다.

⑤ 다음날 집이 판매될 확률은 집이 주택시장에서 얼마나 오랫동안 판매되지 않은 상태로 나와 있었는지에 관계없이 항상 일정하다.

chapter

8 의사결정 이론

의사결정 이론 혹은 의사결정 분석은 의사결정자가 다수의 의사결정 대안들을 직면하고 있을 때나 불확실성과 위험을 내포한 미래 사건들을 직면하게 될 때 최적 전략을 결정하기 위하여 사용된다. 예를 들면 새로운 스타일이나 라인으로 계절의류를 생산하는 제조업자들은 이들 제품에 대한 고객의 반응이나 수요가 아주 클 것으로 기대되면 이들 제품을 대량으로 생산하고 싶어 한다. 그러나 고객의 반응이나 궁극적으로 수요가 낮게 나타난다면 제조업자들은 그 제품을 아주 적은 양 생산해야 한다. 불행히도 계절의류를 생산하는 제조업자들은 수요가 실제 알려지기 전에 생산량을 결정해야 한다. 신제품에 대한 소비자들의 실제 반응은 그 제품이 상점에 실질적으로 비치되고 구매자들이 그것을 구매할 수 있는 기회를 가지게 될 때까지 알 수 없다. 의사결정자가 미래 수요의 불확실성에 직면할 때 다양한 생산량들 중에서 최적 생산량의 선정은 의사결정 분석에 적합한 문제이다. 본 장은 문제 해결에 대한 의사결정 방법론에 관련된 개념과 절차들을 소개한다.

8.1 의사결정 상황 구축

의사결정 방법론을 도시하기 위하여 최근 설립된 ITS사의 사례를 들어 설명하기로 한다. ITS사는 기업이 필요로 하는 각종 정보서비스, 즉 조사와 데이터 분석 등의 서비스를 제공하는 회사로 전국에 10개 지사를 두고 업무를 시작하였는데, 업무상 필요로 데이터 분석과 관리를 위한 컴퓨터를 리스하려는 의사결정을 앞두고 있다.

주어진 문제 상황의 해결을 위한 의사결정의 첫 번째 단계는 의사결정자가 고려해야 하는 대안들을 확인하는 것이다. ITS사를 위한 최종 결정은 크기와 용량에서 상이한 3가지 컴퓨터 시스템들 중에서 하나를 리스하는 것이다. 세 가지 대안들을 각각 d_1, d_2, d_3라고 하고 이들을 설명하면 다음과 같다.

d_1 = 대형 컴퓨터를 리스
d_2 = 중형 컴퓨터를 리스
d_3 = 소형 컴퓨터를 리스

최적안의 결정은 ITS사의 서비스에 대한 가능한 시장 반응과 궁극적으로 ITS사의 컴퓨터를 이용하여 분석되는 수요의 예측에 의존한다. 문제에 관련된 미래의 상황은 불확실하다. 즉 의사결정자는 가능한 다양한 미래의 상황에 대한 아이디어를 가져야 하며 어떤 상황이 일어날지는 확신할 수 없다. 따라서 의사결정 방법상의 두 번째 단계는 발생 가능한 미래 상황을 규명하는 것이다. 의사결정자가 통제할 수 있는 여건이 아닌 미래 상황을 문제의 '주어진 상황(the states of nature)' 이라고 한다. 가능한 주어진 상황에서 발생할 수 있는 모든 것을 포함하며, 각 상황들 간에는 중복되지 않으며, 주어진 상황들 중의 하나는 최소한 미래에 발생한다.

ITS사의 경영자들은 그들의 서비스에 대한 시장의 반응이 높거나 아니면 낮게 나타나는 것으로 가정할 수 있으며, 이를 각각 S_1, S_2로 표기하고 다음과 같이 정의한다.

S_1 = ITS사의 서비스에 대한 고객들의 높은 호응
S_2 = ITS사의 서비스에 대한 고객들의 낮은 호응

의사결정 대안들과 주어진 상황이 상기와 같이 주어질 때 ITS사는 어떤 컴퓨터를 리스해야 하는가? 이 물음에 답하려면 의사결정 대안과 주어진 상황에 따른 이익에 관련된 정보가 필요하다. 즉 주어진 상황 S_1이 발생할 때 의사결정 대안 1을 선정한다면, 그때 ITS사는 얼마의 이익을 얻을 수 있는가? 또는 주어진 상황 S_2가 발생할 때 의사결정 대안 3의 미래 이익은 얼마일까?

주어진 상황에 따라 의사결정 대안이 얻을 수 있는 미래의 수익을 정리하면 이를 성과표(payoff table)라고 한다. 이는 최상의 정보를 알 수 있다고 가정하였

을 때 각 의사결정 대안에 따른 미래에 ITS사가 얻을 수 있는 성과를 금액으로 표시한 것이다. 성과표의 각 란은 특정한 상황에 따른 적정한 성과로 보통 이익, 비용, 기타 척도로 표시되는데 이를 기호로 일반적으로 표기하면 $V(d_i,\ S_j)$이며, 이는 주어진 상황이 S_j일 때 의사결정을 d_i로 정하면 ITS사가 얻는 이익을 의미한다.

표 8-1. ITS사의 컴퓨터 리스문제에 대한 성과표

(단위 : 백만원)

의사결정 대안	주어진 상황	
	높은 반응(S_1)	낮은 반응(S_2)
대형 컴퓨터 리스 d_1	2,000	−200
중형 컴퓨터 리스 d_2	1,500	200
소형 컴퓨터 리스 d_3	1,000	600

8.2 의사결정 유형

구체적인 의사결정 기준을 논의하기에 앞서 미래에 직면할 수 있는 의사결정 상황을 고려해 보자. 의사결정 상황에 대한 분류체계는 의사결정자가 주어진 상황에 대한 지식에 의존하는데 여기에는 2가지 유형이 있다.

1) **확실한 상황 하의 의사결정**(decision making under certainty)
   주어진 상황이 알려져 있을 때 의사결정 대안을 선택하는 프로세스
2) **불확실한 상황 하의 의사결정**(decision making under uncertainty)
   주어진 상황이 알려져 있지 않을 때 의사결정 대안을 선택하는 프로세스

확실한 상황 하에서 의사결정을 한다는 것은 성과표에서 하나의 열만 선택하게 되는 경우이다. 예를 들어 미래의 주어진 상황이 낮은 반응으로 나타난다면 성

과표에서 낮은 반응을 나타내는 열만 고려하면 된다. 따라서 낮은 반응의 주어진 상황에서 최고의 성과를 나타내는 d_3를 선택하고 그때 성과는 6억이 된다.

의사결정 방법이 적용이 되는 대부분의 상황은 불확실한 상황 하의 의사결정으로 이 경우 최상의 대안을 선택하는 것은 어렵다. 이러한 경우 의사결정자는 먼저 의사결정 기준을 선택하고 다음으로 선택한 의사결정 기준 하에서 최상으로 간주되는 대안을 결정해야 한다.

8.3 확률을 이용하지 않은 불확실한 상황 하의 의사결정 기준

불확실한 상황 하에서 의사결정을 할 때 의사결정자는 주어진 상황의 발생 가능성에 대한 확률을 산정함에 있어 믿음을 가지기 어려울지 모른다. 이럴 경우 의사결정자는 주어진 상황에 대한 발생 가능 확률의 지식을 요구하지 않는 의사결정 기준을 더 선호할 것이다. 이 경우 가장 많이 알려져 있는 이용 가능한 3가지 기준을 제시하면 maximin(혹은 minimax), maximax(혹은 minimin), 그리고 minimax regret가 있다.

각각의 기준은 때때로 상이한 의사결정을 권고할 수 있기 때문에 의사결정자가 의사결정 기준을 알고 그때 자신의 판단 하에 기준을 선택하는 것이 가장 바람직하다. ITS사의 성과표를 이용하여 3가지 의사결정 기준과 이에 따른 의사결정 과정을 살펴보면 다음과 같다.

Maximin 기준

maximin 기준은 의사결정에 이르는 비관적인 혹은 보수적인 접근방법이다. 이 방법에서 의사결정자는 최소의 가능한 이익들 중에서 최대의 것을 선택하는 방법이다. [표 8-1]의 성과표에 주어진 정보를 사용하여 각 대안에 대한 최소의 성과를 먼저 선택한다. 이를 요약하면 [표 8-2]와 같은데 여기서 최대의 이익을

표 8-2. 각 대안에 대한 ITS의 최소 성과표

(단위 : 백만원)

의사결정 대안	minimum
	성과
대형 컴퓨터 리스 d_1	−200
중형 컴퓨터 리스 d_2	200
소형 컴퓨터 리스 d_3	600 ← maximum 이익

주는 대안은 6억원의 이익을 가져다 주는 대안 3이 최적안이며 그때 기대성과는 6억원이다.

비용문제의 경우 maximin의 반대로 진행하면 된다. 성과표가 아닌 비용표에서 먼저 최대의 비용을 선정하고 그 다음 최소의 비용을 주는 대안을 선택하면 된다.

Maximax 기준

maximin이 비관적 의사결정 기준이라면 maximax는 낙천적인 기준이다. 최대화 문제에서 이 기준을 사용하면 의사결정자는 최대의 이익들 중에서 최대의 안을 선택하게 되므로 이 기준을 maximax라고 부른다. maximax 기준 하에 성과표를 재구성하면 [표 8-3]과 같은데 여기서 최적안은 d_1이며 그때 성과는 20억원이다.

표 8-3. 각 대안에 대한 ITS의 최대 성과표

(단위 : 백만원)

의사결정 대안	maximum
	성과
대형 컴퓨터 리스 d_1	2,000 ← maximum 이익
중형 컴퓨터 리스 d_2	1,500
소형 컴퓨터 리스 d_3	1,000

Minimax Regret 기준

minimax regret(후회) 기준 하에서 최적 의사결정안을 선택하려면 먼저 성과표를 기회손실표(Opportunity Loss Table)로 전환해야 한다. 기회손실(Opportunity Loss)이란 실질적으로 발생하지는 않았지만 주어진 상황이 알려진다면 그때 최대 이익을 주는 대안에 비하여 선택한 대안의 성과의 상대적 차이를 의미한다. 예를 들면 주어진 상항이 높은 반응(S_1)으로 나타났다면 그때 최대의 이익을 가져다 주는 대안은 1안이고 그때 이익은 20억원이다. 이때 의사결정자가 대안 1을 선택한다면 상대적 차이는 없고 그때 기회손실은 0이다. 그런데 의사결정자가 대안 2를 선택한다면 그때 이익은 15억원으로 최대이익인 20억원에 비하여 상대적으로 5억원이 적다. 따라서 대안 2의 기회손실은 5억원이 된다. 마찬가지로 대안 3은 기회손실이 10억원이 된다. 이를 정리하면 [표 8-4]와 같다.

표 8-4. ITS사의 컴퓨터 리스문제에 대한 기회손실표

(단위 : 백만원)

의사결정 대안	주어진 상황	
	높은 반응(S_1)	낮은 반응(S_2)
대형 컴퓨터 리스 d_1	0	800
중형 컴퓨터 리스 d_2	500	400
소형 컴퓨터 리스 d_3	1,000	0

의사결정 대안과 주어진 상황이 많은 아주 복잡한 문제일 경우 각 대안과 주어진 상황에 따른 기회손실표를 작성하려면 다음과 같은 공식을 이용하면 편리하다. 각 란에 대한 기회손실액을 $R(d_i, S_j)$라고 하면 일반적인 계산식은 다음과 같다.

$$R(d_i, S_j) = V^*(S_j) - V(d_i, S_j)$$

이때 $V^*(S_j)$는 주어진 상황이 S_j 하에서 최상의 성과이다. 이를 이용하여 계산해 보면

$$R(d_1,\ S_1) = V^*(S_1) - V(d_1,\ S_1) = 2,000(\text{백만원}) - 2,000(\text{백만원}) = 0$$
$$R(d_1,\ S_2) = V^*(S_2) - V(d_1,\ S_2) = 600(\text{백만원}) - (-200\text{백만원})$$
$$= 800(\text{백만원})\text{이다.}$$

이렇게 각 란의 기회손실을 계산하여 요약하면 [표 8-5]와 같다. [표 8-5]를 보면 대안 2가 최적안으로 선택된다.

minimax regret 기준 하에 의사결정과정을 정리하면 먼저 주어진 상황에 따라 각 대안의 maximum 기회손실액을 계산한다. 그 다음 그들 중에서 최소의 기회손실을 주는 대안을 선택한다.

표 8-5. 각 대안에 대한 ITS의 최대 성과표

(단위 : 백만원)

의사결정 대안	maximum 기회손실
대형 컴퓨터 리스 d_1	800
중형 컴퓨터 리스 d_2	500 ← minimum 기회손실
소형 컴퓨터 리스 d_3	1,000

허비쯔 기준(Hurwicz criterion)

허비쯔는 의사결정 시 대안을 평가할 기준으로 자신만이 가지는 상황에 따른 기준을 가지고 있었다. 허비쯔는 주어진 상황과 의사결정 대안에 따른 모든 조건들을 고려하여 의사결정자만이 가질 수 있는 특정 상황의 발생 가능성을 $\alpha(0 \leq \alpha \leq 1)$라 정하고 나머지 상황의 발생 가능성을 $(1-\alpha)$라 정했다. 허비쯔는 α를 운명계수 또는 낙관계수라 불렀는데, 이를 주어진 상황의 가중치로 사용하고 이를 이용하여 각 의사결정 대안의 기댓값을 계산하였다. 그리고 각 대안

의 기댓값이 가장 큰 대안을 최적안으로 선택하였다. 이를 예시하면 다음과 같다.

미래 상황 / 의사결정	주어진 상황	
	높은 반응(S_1)	낮은 반응(S_2)
대형 컴퓨터 리스(d_1)	2,000	−200
중형 컴퓨터 리스(d_2)	1,500	200
소형 컴퓨터 리스(d_3)	1,000	600

여기서 의사결정자가 미래에 나타날 상황을 높은 반응으로 보고 가능성을 70%로 보았다면 허비쯔 기준으로 최적 대안을 구해 보면

d_1의 기댓값 $= 2{,}000 \times 0.7 + (-200) \times 0.3 = 800$

d_2의 기댓값 $= 1{,}500 \times 0.7 + 200 \times 0.3 = 1{,}110$

d_3의 기댓값 $= 1{,}000 \times 0.7 + 600 \times 0.3 = 880$

허비쯔 기준에 의하면 최적 대안은 기댓값이 1,110인 d_2가 최적안이다.

〈예제 8-1〉

DK상사는 신상품을 생산하기 위한 신규공장을 수도권에 건설하려고 한다. 이번에 계획하는 신제품은 첨단기술로 제조되며, 아직 경쟁업체가 거의 없을 것으로 기대하고 있어 신제품 출하로 수익이 많이 개선될 것으로 기대하고 있다. DK상사의 시장조사팀은 시장의 반응과 신규 공장의 생산량에 따른 기대 수익을 분석하니 아래와 같다고 한다. 물음에 답하시오.

	주어진 상황		
	미지근한 반응(S_1)	**보통 반응**(S_2)	**대호평**(S_3)
대규모 생산설비 구축(d_1)	−500	1,000	4,000
중규모 생산설비 구축(d_2)	500	2,000	3,000
소규모 생산설비 구축(d_3)	1,000	1,100	1,400

허비쯔 기준을 적용하여 의사결정을 하고자 할 때 다소 문제가 있다. 주어진 상황이 2개인 경우는 운명계수 α를 어느 하나의 대안에 부여하고 나머지 대안에 $(1-\alpha)$를 부여하여 이들의 기댓값을 구한 후 대안을 비교하여 최적안을 선택하면 된다.

그런데 주어진 상황이 3개 이상인 경우는 의사결정자가 최적의 성과가 있을 것이라는 상황에 낙관계수 α를 부여하고 가장 최악의 성과가 나올 것이라고 믿는 상황에 $(1-\alpha)$를 부여하며 나머지 상황은 0을 부여한다. 즉 0을 부여하는 상황은 고려대상에서 제외한다.

상기한 예에서 대호평을 받을 경우 최상의 성과가 기대된다면 S_3에 α를 부여하고 가장 최악의 성과가 기대되는 상황을 S_1이라고 생각하면 S_1에 $(1-\alpha)$를 부여하며 S_2 열은 고려에서 제외한다. 이제 $\alpha=0.7$로 가정하여 최적안을 찾아보자.

$$d_1\text{의 기댓값} = 4{,}000(0.7) + (0.3)(-500) = 2{,}650$$
$$d_2\text{의 기댓값} = 3{,}000(0.7) + (0.3)500 = 2{,}250$$
$$d_3\text{의 기댓값} = 1{,}400(0.7) + (0.3)1{,}000 = 1{,}280$$

이 경우 d_1의 기댓값이 가장 크므로 최적안이 되며 그때 기댓값은 2,650이다. 그런데 의사결정자는 대호평을 역시 가장 최상의 성과를 준다고 믿지만 낙관계수 값을 0.8이 아닌 0.6으로 본다면 그 결과는 변함이 없을까?

d_1의 기댓값 = 4,000(0.6) + (0.4)(−500) = 2,200

d_2의 기댓값 = 3,000(0.7) + (0.3)500 = 2,250

d_3의 기댓값 = 1,400(0.7) + (0.3)1,000 = 1,280

$\alpha = 0.6$인 경우에는 d_2의 기댓값이 2,250으로 가장 크며 최적안이 된다.

라플라스 기준(Laplace criterion)

라플라스는 불확실한 상황 하에서 어떤 상황이 미래에 발생할지는 아무도 알 수 없다고 생각했다. 따라서 미래에 어떤 특정 상황이 발생할 가능성은 다른 상황의 발생 가능성과 동일하다고 생각하였다. 즉 미래에 발생할 상황이 n개 있다면 각 상황의 발생 가능성은 동등하며 각각 $\frac{1}{n}$이라는 것이다. 이러한 이유로 라플라스 기준법을 동등발생기준법(equal likelihood method)이라고 부르기도 한다.

앞에서 설명한 DK상사의 성과표를 이용하여 라플라스 기준에 의한 각 대안들의 기댓값을 계산하면 다음과 같다.

d_1의 기댓값 = (−500 + 1,000 + 4,000)/3 = 1,500

d_2의 기댓값 = (500 + 2,000 + 3,000)/3 = 1,833.3

d_3의 기댓값 = (1,000 + 1,100 + 1,400)/3 = 1,166.7

라플라스 기준에 의해 의사결정을 한다면 가장 큰 기댓값을 주는 d_2가 최적안이며, 기댓값은 1,833.3이다.

〈예제 8-2〉

의사결정자가 다음의 표와 같이 3개의 주어진 상황과 3개의 의사결정 대안으로 이루어진 문제에 직면하고 있다고 하자. 이때 의사결정자가 주어진 상황에 대한 발생확률을 전혀 모른다고 할 때 다음의 각 기준에 따라 최적 의사결정을 설명하라.

의사결정 대안	주어진 상황		
	S_1	S_2	S_3
d_1	14	8	10
d_2	11	10	8
d_3	9	11	10

① Maximin 기준 하에서 최적안은?

② Maximax 기준 하에서 최적안은?

③ Minimax regret 기준 하에서 최적안은?

풀이 ① 먼저 각 대안별 성과들 중에서 최소의 성과를 먼저 선택하고 다음 그들 중에서 최대의 성과를 선택한다.

	min. 성과	
d_1	8	
d_2	8	
d_3	9	← max. 따라서 d_3가 최적안으로 권고된다.

② maximax 기준은 각 대안별 최대 성과를 먼저 찾고 그 다음 그들 중에서 최대의 성과를 주는 안을 선택한다.

	max. 성과	
d_1	14	← max. 따라서 d_1이 최적안으로 권고된다.
d_2	11	
d_3	11	

③ Minimax regret 기준으로 최적안을 찾을려면 먼저 성과표를 기회손실표로 전환해야 한다. 그 다음 전환된 성과표에서 각 대안들의

max. 기회손실을 찾는다. 끝으로 최대의 기회손실들 중에서 min 기회손실을 주는 대안이 최적안으로 권고된다.

	주어진 상황			
	S_1	S_2	S_3	max. 기회손실
d_1	0	3	0	d_1 3 ← min 기회손실
d_2	3	1	2	d_2 3 ← min 기회손실
d_3	5	0	0	d_3 5

따라서 minimax 후회 기준에서 최적안은 복수개로 d_1과 d_2이다.

8.4 확률을 이용한 불확실한 상황 하의 의사결정 기준

많은 경우에 있어 주어진 상황의 적정한 확률 추정치를 구할 수 있다. 의사결정 대안을 선택하기 위하여 확률 추정치를 사용하는 의사결정 기준은 2가지가 있는데 하나가 기대금전가치(expected monetary value)이고 나머지 하나는 기대기회손실(expected opportunity loss)이다. 불확실한 상황 하에서 의사결정을 할 때 이 2가지 기준을 어떻게 사용하는지 살펴보자.

기대금전가치(EMV, Expected Monetary Value)

기대금전가치 기준은 분석가들이 각 의사결정 대안들의 기댓값을 먼저 구하고 그 다음 가장 큰 값을 주는 대안을 선택하는 방법이다. 먼저 각 주어진 상황(S_j)이 발생할 확률을 $P(S_j)$라 하고 발생 가능한 모든 주어진 상황의 수를 n이라고 하면 각 주어진 상황이 발생할 확률은 반드시 다음의 조건을 만족시켜야 한다.

$$P(S_j) \leq 0, \ \forall j \ (\text{이것은 '모든 } j\text{에 대하여'라는 의미이다}) \qquad (\text{식 } 8-1)$$

$$\sum_{j=1}^{n} P(S_j) = P(S_1) + P(S_2) + \cdots\cdots + P(S_n) = 1 \qquad (\text{식 } 8-2)$$

의사결정 대안 d_j의 기대금전가치는 다음 (식 8 - 3)과 같이 계산된다.

$$EMV(d_i) = \sum_{j=1}^{n} P(S_j) V(d_i, \ S_j) \qquad (\text{식 } 8-3)$$

다시 말하면 의사결정 대안의 기대금전가치는 각 대안들의 성과의 가중치화된 값들의 합으로 이때 성과들에 대한 가중치는 관련된 주어진 상황들의 확률을 의미한다. 이제 이들 계산식을 실제 문제에 적용하여 이해를 돕기 위하여 ITS사의 문제에 적용하여 보자.

ITS사의 경영진들은 그들 상품에 대하여 높은 고객들의 호응이 실제 일어날 가능성을 0.3 정도일 것이라고 추정하고 있다. 반대로 낮은 호응을 받을 확률은 0.7로 추정하고 있다. 따라서 $P(S_1) = 0.3$이고 $P(S_2) = 0.7$이다. [표 8 - 1]과 (식 8 - 3)을 사용하여 각 의사결정 대안들의 기대금전가치를 계산하면 다음과 같다.

$$EMV(d_1) = 0.3(2{,}000\text{백만원}) + 0.7(-200\text{백만원}) = 460(\text{백만원})$$
$$EMV(d_2) = 0.3(1{,}500\text{백만원}) + 0.7(200\text{백만원}) = 590(\text{백만원})$$
$$EMV(d_3) = 0.3(1{,}000\text{백만원}) + 0.7(600\text{백만원}) = 720(\text{백만원})$$

따라서 기대금전가치 기준에 따르면 기대금전가치 720(백만원)을 가져오는 작은 컴퓨터를 리스하는 대안 3이 최적 의사결정으로 추천된다. 이때 만약 주어진 상황의 발생확률이 바뀐다면 최적안이 달라질 수 있다. 예를 들어 높은 호응을 받을 확률이 0.3에서 0.5로 바뀐다면 그때 각 대안들의 기대금전가치는 각각 900(백만원), 850(백만원) 그리고 800(백만원)이 되어 대안 1이 최적 전략으로 선정될 수 있다.

기대기회손실(*EOL*, Expected Opportunity Loss)

8.3절에서 각 의사결정대안들과 주어진 상황이 결합되었을 때 기회손실 또는 후회의 개념을 살펴보았다. [표 8-4]에서 ITS사의 각 대안들의 기회손실(*EOL*)을 계산하여 표시하였는데 이를 나타내면 다음과 같다.

$$EOL(d_i) = \sum_{j=1}^{n} P(S_j)\, R(d_i,\ S_j) \qquad \text{(식 8-4)}$$

여기서 $R(d_i,\ S_j)$는 주어진 상황이 S_j일 때 대안 d_i의 기대기회손실을 의미한다. 다시 ITS사의 문제로 돌아가서 각 대안들의 기대기회손실을 계산하면 다음과 같다. 이때 S_1과 S_2의 발생확률을 각각 0.3과 0.7로 추정한다.

$$EOL(d_1) = 0.3(0) + 0.7(800\text{백만원}) = 560(\text{백만원})$$
$$EOL(d_2) = 0.3(500\text{백만원}) + 0.7(400\text{백만원}) = 430(\text{백만원})$$
$$EOL(d_3) = 0.3(1{,}000\text{백만원}) + 0.7(0) = 300(\text{백만원})$$

보통 의사결정자는 기회손실액을 최소로 하려고 한다. 따라서 기대기회손실 기준에 따르면 최적안은 3안인 d_3가 되며, 그때 기회손실액은 최소로 300(백만원)으로 추정된다.

기대기회손실은 불확실성 하에서 의사결정에 대한 대안적인 기준과 방법을 제공하지만 기대기회손실 기준을 사용한 최적 의사결정은 기대금전가치 기준을 사용한 최적 의사결정과 항상 동일할 것이다. 권고하는 의사결정이 동등하기 때문에 주어진 의사결정 상황에서는 유일하게 하나의 기준만 적용될 필요가 있다. 실질적으로 기대금전가치 기준이 불확실한 상황 하의 의사결정에서 가장 많이 사용되고 채택되고 있다. 그러나 기대 기회손실 기준이 동일한 결과를 제공하고

8.6절에서 보이겠지만 최적 의사결정과 관련된 EOL은 주어진 상황의 발생 가능성에 대한 추가적인 정보를 수집하는 가치 기준을 제공한다.

〈예제 8-3〉

〈예제 8-2〉에서 주어진 상황의 발생확률이 각각 $P(S_1)=0.3$, $P(S_2)=0.4$ 그리고 $P(S_3)=0.3$이라면 기대금전가치 기준에서 최적 전략을 제시하라.

풀이 먼저 각 대안의 EMV를 계산한다. 그 다음 가장 큰 EMV를 주는 대안을 최적안으로 선택하면 된다.

$$EMV(d_1)=(0.3)(14)+(0.4)(8)+(0.3)(10)=10.4$$
$$EMV(d_2)=(0.3)(11)+(0.4)(10)+(0.3)(8)=9.7$$
$$EMV(d_3)=(0.3)(9)+(0.4)(11)+(0.3)(10)=10.1$$

따라서 가장 큰 값을 주는 대안 1이 최적 전략이 된다.

8.5 의사결정 나무(dedision tree)

적정한 수의 의사결정 대안과 주어진 상황을 가지는 의사결정 문제들은 성과표를 사용하여 분석할 수 있지만 의사결정 나무로 불리는 의사결정 프로세스의 그림 표현을 이용하여 분석할 수도 있다.

ITS사의 의사결정 문제를 의사결정 나무를 이용하여 나타내면 〈그림 8-1〉인데 여기서 의사결정 나무는 의사결정 프로세스에서 나타날 논리적 혹은 본연적인 절차를 보여준다. 의사결정 나무를 이용하여 기업이 수행할 수 있는 과정을 설명하면 다음과 같다.

첫째는 의사결정을 반드시 해야 한다. 즉 d_1, d_2, d_3를 먼저 결정한다. 그 다음에 의사결정이 이루어지면 주어진 상황(S_1 혹은 S_2)이 발생하게 된다. 나무의 각 가지 끝에 있는 수는 특정 사건들의 사슬에 관련된 성과이다. 예를 들어 제일 위 가지의 끝에 있는 수 2,000(백만원)은 경영자가 대안 1, 즉 대형 컴퓨터를 리스하고 그때 주어진 상황이 높은 호응으로 나타났을 때 얻을 수 있는 성과이다. 바로 밑의 가지 끝의 수 −200(백만원)은 의사결정을 1로 하고 그때 시장의 반응이 낮게 나타났을 때 ITS사가 얻게 될 성과로, 즉 2억원의 손실을 입게 된다는 의미이다.

ITS사의 문제에서 각 결정에 따른 가능한 성과들을 의사결정 나무로 표시해 보자. 의사결정 수형도에 사용되는 의사결정 나무와 관련된 일반적인 용어를 정의하면 노드(node)와 가지(arc)가 있다. 가지는 노드와 노드 사이를 연결하는 역할을 하며, 노드는 의사결정 노드와 주어진 상황 노드로 구분된다. 의사결정 노드는 사각형으로 표기하며, 주어진 상황 노드는 원으로 표기한다. 〈그림 8−1〉에서 노드 1은 의사결정 노드이고 노드 2와 3 그리고 4는 주어진 상황 노드이다.

의사결정 노드에서 의사결정자는 향후 실행해야 할 특정의 의사결정 가지를 선택하게 된다. 이때 최적의 가지를 선택하는 것은 최적의 의사결정을 내린다는 의미이다. 그러나 주어진 상황 노드에서 연결되는 가지는 의사결정자에 의하여 통제될 수 없는 가지로 각 가지와 관련된 확률에 의존한다.

노드와 가지 번호를 붙인 ITS사의 수형도 **그림 8−1**

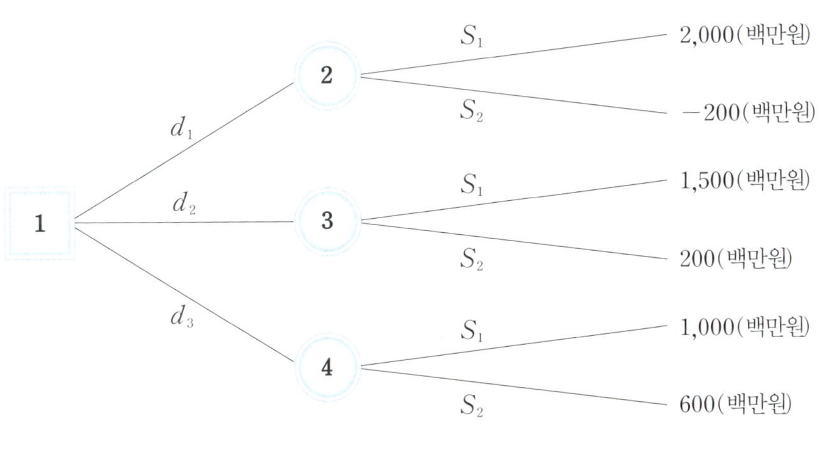

그림 8-2 주어진 상황의 확률을 표시한 ITS사의 수형도

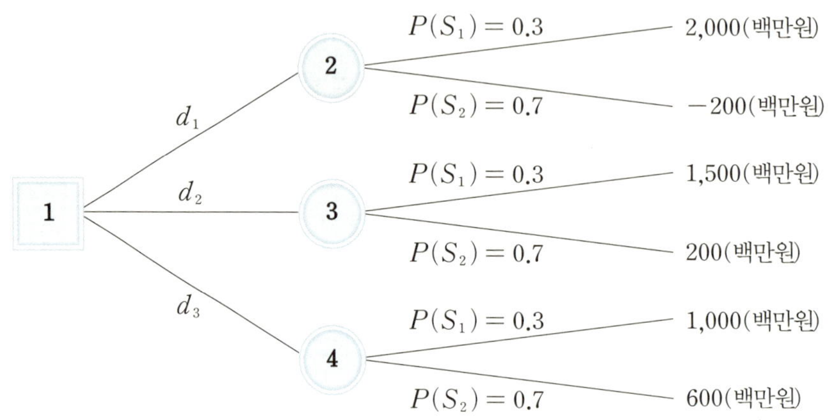

ITS사의 문제에서 주어진 상황 2가지가 발생할 확률이 각각 $P(S_1) = 0.3$, $P(S_2) = 0.7$을 이용하여 의사결정 나무를 그려보면 〈그림 8-2〉와 같다.

여기서 기대금전가치 기준과 의사결정나무의 각 가지들의 확률을 사용하여 ITS사의 최적 의사결정에 도달하기 위하여 주어진 상황 노드의 기대금전가치를 계산하면 다음과 같다.

$$EMV(\text{노드 }2) = 0.3(2,000) + 0.7(-200) = 460(\text{백만원})$$
$$EMV(\text{노드 }3) = 0.3(1,500) + 0.7(200) = 590(\text{백만원})$$
$$EMV(\text{노드 }4) = 0.3(1,000) + 0.7(600) = 720(\text{백만원})$$

주어진 상황 노드에서의 기대금전가치가 이미 알려져 있기 때문에 이를 이용하여 노드 1에서의 기대금전가치를 구하면 〈그림 8-3〉 처럼 의사결정가지 1, 2, 3의 기대금전가치를 비교하여 가장 큰 가치를 주는 의사결정 가지 3을 선정하면 되고 그때 의사결정 노드 1의 기대금전가치는 720(백만원)이 된다. 즉 기대금전가치 기준 하에서 최적 의사결정은 3안인 소형 컴퓨터를 리스하는 것이 최적 전

의사결정 가지의 기대금전가치 그림 8-3

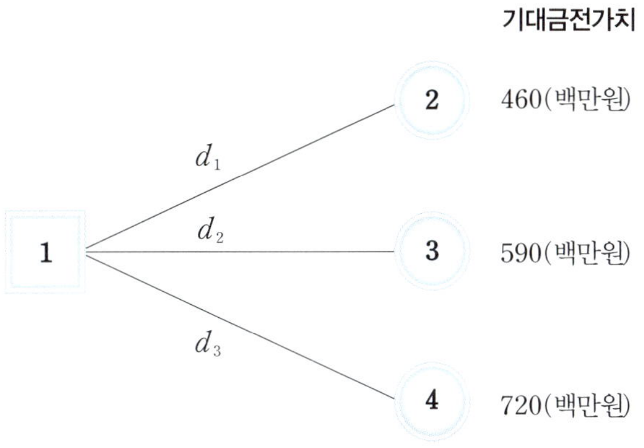

략이다.

의사결정 나무에서 의사결정 노드의 기대금전가치는 720(백만원)이고 의사결정 가지 3이 선택되었다. 따라서 의사결정 나무 그림에서 선택되지 않은 의사결정가지는 채택되지 않았다는 것을 나타내기 위하여 가지 위에 '//'를 표시하도록 한다. 즉 의사결정 가지들 중에서 의사결정자에 의하여 특정의 어느 한 가지만

최적 의사결정과 최고 기대금전가치를 표시한 수형도 그림 8-4

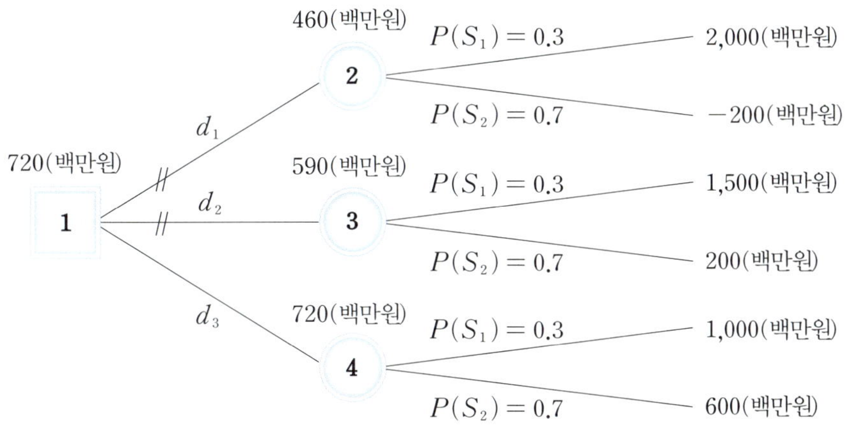

이 선택되며, 나머지 의사결정 가지는 삭제된다는 것을 의미하며, 의사결정 노드 위에 기대금전가치를 표기하도록 한다. 〈그림 8-4〉는 완성된 의사결정 나무 그림(수형도)이다.

8.6 완전정보의 기대가치

우리는 8.4절의 말미에서 기대기회손실이 주어진 상황의 발생 가능성들에 관한 추가적인 정보를 얻는 가치를 결정하는데 유용하다고 언급하였다. ITS사가 그들이 제공하는 서비스에 대한 고객들의 필요성을 충분히 평가하기 위한 시장 탐색 연구를 수행할 수 있는 기회를 가진다고 가정해 보자. 이러한 연구는 주어진 상황의 현재 확률 값을 개선하는데 도움을 준다. 반면에 이러한 정보를 수집하는데 소요되는 비용이 그것의 가치를 넘어설 때는 ITS사는 정보탐구를 중지해야 한다.

ITS사를 위한 추가적인 정보의 최대 지불가치를 결정하는데 도움을 주기 위하여 [표 8-6]과 같이 ITS사의 기회손실표를 다시 그려보자. 기대금전가치 기준을 사용하든 기대 기회손실기준을 사용하든 간에 최적 의사결정은 $P(S_1)=0.3$, $P(S_2)=0.7$일 때 작은 컴퓨터를 리스하는 d_3이었다. 이제 이러한 결정에 관련된 손실에 집중해 보자.

만약 주어진 상황이 S_1으로 나타난다면 d_3는 최적 의사결정이 아닐 것이고, ITS사는 d_1을 선택하지 않은 사실로 인해 10억원의 기회손실을 입게 될 것이다. 즉 주어진 상황이 S_1으로 나타날 것이라는 완전한 정보가 주어진다면 ITS사는 d_3 대신 d_1을 선택하여 이익을 10억원 증가시킬 수 있을 것이다. 반면에 주어진 상황이 S_2로 나타나면 d_3가 최적 의사결정이 되며 기회손실은 0이다. 따라서 S_2가 발생할 것이라는 완전정보는 ITS사가 완전정보 없이 이미 d_3로 의사결정을 하였기 때문에 회사에 어떠한 가치도 되지 못한다.

완전정보의 기대가치는 얼마일까? $P(S_1)=0.3$과 $P(S_2)=0.7$ 및 기대기

표 8-6. ITS사의 기회손실표

(단위 : 백만원)

의사결정 대안	주어진 상황	
	높은 반응(S_1)	낮은 반응(S_2)
대형 컴퓨터 리스 d_1	0	800
중형 컴퓨터 리스 d_2	500	400
소형 컴퓨터 리스 d_3	1,000	0

회손실을 사용하여 계산해 보면 ITS사가 10억원을 얻을 가능성이 30%이고 0원을 얻을 가능성이 70%이므로 따라서 ITS사의 완전정보의 기대가치($EVPI$, Expected Value of Perfect Information)는 다음과 같다.

$$EVPI = (0.3)(10억원) + (0.7)(0원) = 3억원$$

$EVPI$가 최적 의사결정안의 기대기회손실과 동일하다는 것에 주목하자. 따라서 의사결정 기준으로서 기대기회손실을 사용한다면 혹은 최적 의사결정의 기대기회손실을 계산하였다면 이미 $EVPI$를 계산한 것이다.

일반적으로 우리들은 완전정보를 제공하는 시장조사를 기대할 수 없다. 그렇지만 이론적으로 $EVPI$가 EOL과 동일하다는 것을 알 수 있다. ITS의 경우 $EVPI$의 가치는 3억원으로 평가된다. 따라서 어떤 경우이든 간에 ITS사의 경영진은 그 정보가 아무리 좋다고 하더라도 3억원 이상을 지불해서는 안 된다. 만약 시장조사 비용이 합당한 수준으로 적다면 예를 들어 보통 5백만원에서 1,000만원 사이라면 시장조사 연구는 ITS를 위하여 고려할 만한 경제적으로 가치가 있는 것처럼 보인다.

일반적으로 $EVPI$를 구하는 일반 공식을 정리하면 다음과 같다.

$$EVPI = \sum_{j=1}^{n} P(S_j) \cdot R(d^*,\ S_j) \qquad \text{(식 8-5)}$$

d^* = 추가적인 정보를 획득하기 전 최적 의사결정안
$P(S_j)$ = 주어진 상황 j가 발생할 확률
n = 주어진 상황의 수
$R(d^*,\ S_j)$ = 주어진 상황이 j이고 의사결정이 d^*일 때 기회손실 또는 후회

$EVPI$는 이미 설명한 것처럼 완정정보를 얻게 될 때 의사결정자가 이를 이용하여 의사결정을 하고 시행한다면 얻게 되는 성과와 이러한 정보 없이 의사결정하였을 때 기대되는 성과의 차를 의미한다. 그러면 일반적인 경우 의사결정자는 완전정보를 쉽게 얻을 수 있을까? 그렇지 않다. 완전정보는 오직 "신만이 알 뿐이다(Only God Knows!)"라는 말이 있듯이 획득하기 어렵다. 따라서 많은 경우 의사결정자는 완정정보에 가까운 정보를 얻기 위하여 다양한 실험을 행한다. 이렇게 하여 얻어진 정보를 부분정보 또는 표본정보(sample information)라고 한다.

8.7 실험을 동반한 의사결정 이론

불확실성을 갖는 의사결정에서 주어진 상황에 관한 확률정보는 기댓값의 계산과 의사결정안의 선택에 크게 영향을 준다. 의사결정자는 이용 가능한 최상의 확률 값을 갖는 주어진 상황에 대한 기본적인 사전확률 추정치를 가지고 있다. 그러나 최상의 의사결정을 하려면 추가적인 정보가 필요하다. 보통 이러한 정보는 주어진 상황에 대한 더욱 정확한 확률 추정치를 기반으로 최종 의사결정이 이루어질 수 있도록 사전확률(prior probability)을 수정하거나 업데이트한다.

주어진 상황에 대한 가장 최근 자료를 제공하도록 설계되는 실험을 통해 추가적인 정보의 탐색이 이루어진다. 1차 자료 추출, 제품 테스트, 실험시장 연구

와 같은 예는 주어진 상황의 확률을 수정 혹은 업데이트를 가능하게 한다. 컴퓨터 리스와 관련된 의사결정 문제인 ITS사의 예를 이용하여 우리는 새로운 정보가 주어진 상황에 대한 확률을 어떻게 수정하는가를 설명할 것이다. 이와 함께 수정된 확률을 사용하여 ITS사의 최적 의사결정안을 개발할 것이다.

앞에서 ITS사의 경영진은 상황 s_1에 0.3의 확률을, s_2에 0.7의 확률을 부여했다. 즉 사전확률 추정치 $p(s_1) = 0.3$, $p(s_2) = 0.7$을 이용하여 의사결정을 하였고 그 결과 기대금전가치가 720(백만원)인 d_3(소형컴퓨터를 리스)가 최적안이었다. 기대기회손실(EOL) 기준을 적용한 의사결정도 동일하게 기대손실액 300(백만원)을 갖는 d_3를 추천했다. 이러한 결과는 완전정보의 가치가 EOL과 동일하며, 아울러 주어진 상황에 대한 새로운 정보의 기대가치는 300(백만원)임을 알 수 있다.

ITS사는 ITS사의 서비스에 대한 고객의 수용도를 분석하기 위하여 시장조사 전문기업을 고용하는 것을 고려하고 있다. 시장조사기업은 주어진 상황에 대한 확률추정치를 수정하고 업데이트하기 위하여 베이스 추론과정(Bayesian procedure)을 통해 사전확률에 결합되는 새로운 정보를 제공할 것이다. 이렇게 수정된 확률을 사후확률(posterior probability)이라 한다. 확률을 수정하는 과정을 도시하면 〈그림 8-5〉와 같다.

조직들은 연구나 실험을 통해 새로운 정보를 얻는다. 새로운 정보는 지표(indicator) 역할을 한다. 많은 경우에 실험은 통계적 표본으로 구성되는 추가정보를 얻기 위하여 수행되는데 새로운 정보는 표본정보(sample information)가

새로운 정보를 이용한 확률의 수정 그림 8-5

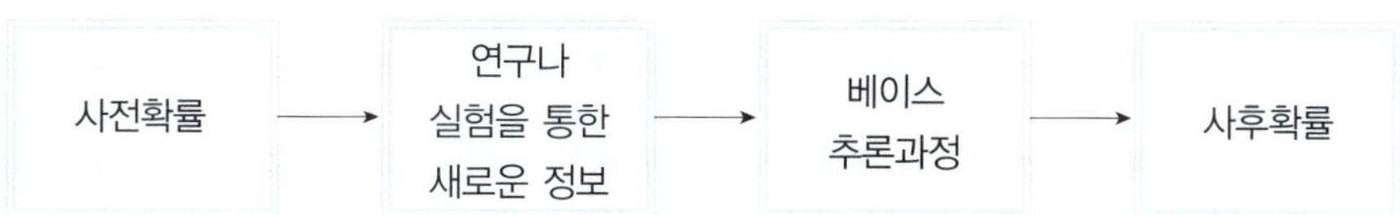

된다.

새로운 지표를 사용하여 ITS사의 시장조사 연구의 결과를 다음과 같이 표시할 수 있다.

I_1 = 연구조사 결과 호감. 즉 시장조사에서 접촉한 고객들이 ITS사의 서비스에 상당한 관심을 보임

I_2 = 연구조사 결과 비호감. 즉 시장조사에서 접촉한 고객들이 ITS사의 서비스에 거의 관심을 보이지 않음

이러한 지표들을 사용하는 목적은 시장조사 결과를 이용하여 다양한 주어진 상황에 대한 개선된 확률추정치를 얻는 것이다. 〈그림 8-5〉에서의 베이스 추론과정은 시장조사의 결과인 지표 I_1과 I_2를 이용하여 주어진 상황에 관한 조건확률 $P(S_j/I_k)$을 구해 준다. 여기서 $P(S_j/I_k)$는 시장조사 결과 I_k가 주어진 후 주어진 상황 S_j가 발생할 확률이라는 의미이다.

이러한 지표정보를 효과적으로 사용하려면 지표와 주어진 상황 사이에 확률관계를 반드시 이해해야 한다. ITS 문제에서 궁극적으로 주어진 상황은 높은 고객의 수용도로 전환되었는데 시장조사가 고객의 호감으로 결론지은 확률은 무슨 의미인가? 즉 s_1이 주어진 후 지표 I_1의 조건확률, $P(I_1/s_1)$에 관하여 살펴보자. 이러기 위해서 주어진 모든 상황에 대한 조건확률을 구해 보자. 이러한 조건확률 값을 구할 때 주관적인 확률추정치나 상대도수 자료는 모두 기본적인 자료가 된다.

시장조사기업의 지난 자료를 이용해 적절한 조건확률 추정치를 나타내면 〈표 8-7〉과 같다.

표 8-7. 시장조사 후 조건확률 표

주어진 상황	시장조사 보고서	
	호감(I_1)	비호감(I_2)
높은 수용도(s_1)	$P(I_1/s_1)=0.8$	$P(I_2/s_1)=0.2$
낮은 수용도(s_2)	$P(I_1/s_2)=0.8$	$P(I_2/s_2)=0.9$

[표 8-7]의 시장조사 후 조건확률표를 보면 시장조사의 결과 신뢰도가 아주 높다고 볼 수 있다. 높은 수용도를 보인 고객의 ITS사의 서비스에 대하여 80%가 호감을 보였고, 단지 20%가 비호감을 보였다. 즉 $P(I_1/s_1)=0.8$이고 $P(I_2/s_1)=0.2$이었다. 마찬가지로 낮은 수용도를 보인 고객은 $P(I_2/s_2)=0.9$로 90%가 비호감을 나타내었고 단지 10%만이 호감을 표시했다. 이러한 결과는 전문기관이 수행하는 시장조사에 대한 회사의 전략개발에 도움이 될 것이다.

8.8 의사결정 전략 개발하기

의사결정 전략은 의사결정자가 수행해야 할 정책 또는 의사결정 규칙이다. ITS사의 경우 의사결정 전략은 시장조사 연구의 결과의 수용 여부를 결정하는 것이다. 시장조사 결과 ITS사의 서비스에 대한 고객의 호감(I_1)과 비호감(I_2)의 확률정보를 얻었으며, 이를 바탕으로 ITS사의 경영진은 주어진 상황에 대한 좀 더 진실한 정보를 확보할 수 있다. ITS사의 전략은 시장조사 결과에 따른 의사결정 대안을 선택하는 것이다. 이제 새로운 시장조사 리포터를 바탕으로 의사결정 전략개발을 의사결정 수형도를 이용하여 분석해 보자.

〈그림 8-6〉은 시장조사 연구가 제공하는 ITS사의 컴퓨터 리스 문제를 위한 의사결정 수형도이다. 수형도를 보면 첫 단계는 시장조사 결과를 보여준다. 시장조사 결과는 2가지로 호감과 비호감이다. 따라서 수형도는 시장조사 결과

를 보여주는 지표노드(indicator node)에서 시작한다. 지표 노드는 의사결정자가 통제할 수 있는 상황이 아니기 때문에 확률노드이다. 동일하게 지표 노드에서 나오는 가지(branch)인 I_1과 I_2는 확률가지이다.

다음 단계는 의사결정을 요구하는 의사결정 노드가 설정된다. 의사결정 노드는 의사결정 대안 가지(d_1, d_2, d_3)들과 연결된다. 각 의사결정 대안은 주어진 상황과 성과가 결합된 기대수익을 계산하여 그 값을 표시하게 된다. 여기서 주의해야 할 것은 주어진 상황의 확률은 단순한 이전 자료에 의한 사전확률이 아니라 연구조사 결과가 반영된 좀 더 진실한 확률이며 조건확률로 사후확률이다.

마지막 단계는 의사결정자가 의사결정 노드에서 사후확률을 이용한 각 의

그림 8-6 ITS사 문제의 의사결정 수형도

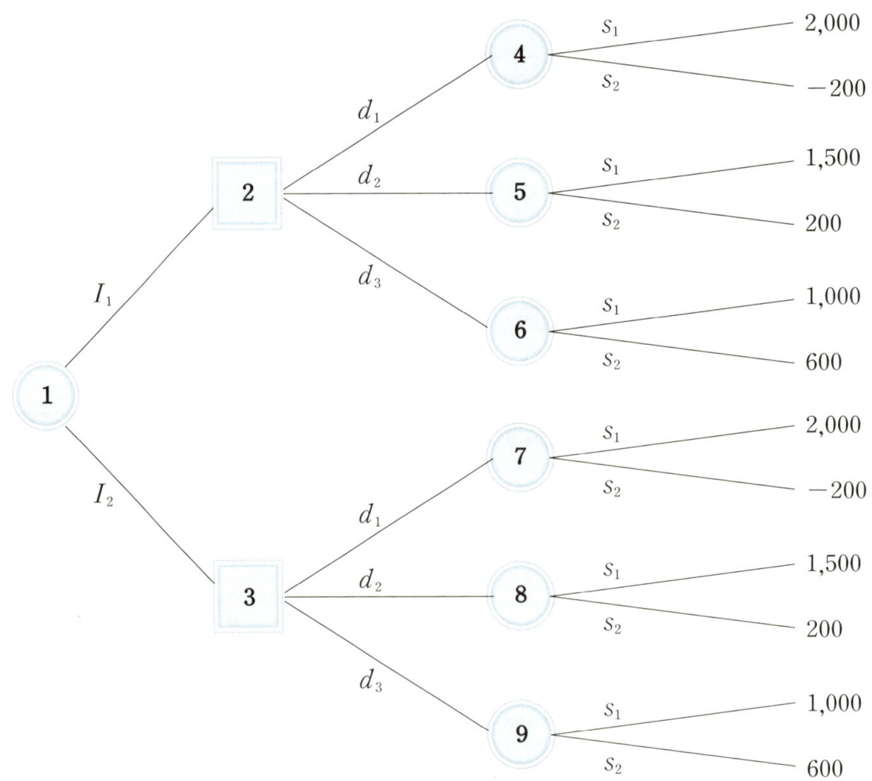

사결정 가지의 기대성과를 계산하고 그들 중에서 가장 큰 값을 선택하는 것이다. 이제 이러한 절차에 따라 최적 전략을 개발하는 과정을 살펴보자.

주어진 상황의 사후확률 구하기—Bayesian Approach

ITS사는 사전확률로 $p(s_1)=0.3$과 $p(s_2)=0.7$을 추정하여 사용하고 있다. 추가적으로 시장조사 결과를 이용하여 좀 더 정확한 의사결정을 하고자 한다. ITS사가 시장조사 결과 얻은 정보는 다음과 같다.

$$P(I_1/s_1)=0.8 \quad P(I_2/s_1)=0.2$$
$$P(I_1/s_2)=0.1 \quad P(I_2/s_2)=0.9$$

〈그림 8-6〉의 수형도를 보면 ITS사가 의사결정을 위하여 필요한 확률정보는 $P(I_1)$과 $P(I_2)$ 그리고 $P(s_j/I_k)$이다. 조건확률을 계산하는 공식을 이용하여 우리가 원하는 각 확률을 구해 보자.

$$P(s_1/I_1)=\frac{P(s_1\cap I_1)}{P(I_1)} \qquad \text{(식 8-6)}$$

여기서 $P(s_1\cap I_1)$은 결합확률로 s_1과 I_1이 동시에 발생한다는 의미이다. (식 8-6)에서 $P(s_1/I_1)$을 바로 계산할 수 없다. 왜냐하면 $P(s_1\cap I_1)$과 $P(I_1)$의 확률 값을 모르기 때문이다. 앞에서 알고 있는 확률들 중에서 다음의 확률을 이용해 원하는 확률정보를 구해 보자.

$$P(I_1/s_1)=\frac{P(I_1\cap s_1)}{P(s_1)} \qquad \text{(식 8-7)}$$

(식 8 – 7)을 이용하여

$$P(I_1 \cap s_1) = P(I_1/s_1)P(s_1) \tag{식 8-8}$$

(식 8 - 8)을 (식 8 - 6)에 대입하면 다음의 식을 얻을 수 있다.

$$P(s_1/I_1) = \frac{P(I_1/s_1)P(s_1)}{P(I_1)} \tag{식 8-9}$$

그리고 $P(I_1) = P(I_1 \cap s_1) + P(I_1 \cap s_2)$이다. 즉

$$P(I_1) = P(I_1/s_1)P(s_1) + P(I_1/s_2)P(s_2) \tag{식 8-10}$$

(식 8 - 10)에 나와 있는 확률의 값은 이미 알고 있다. 이를 이용하여 $P(I_1)$의 확률값을 계산하면 $P(I_1) = (0.8) \times (0.3) + (0.1) \times (0.7) = 0.31$이다. 동일한 방법으로 $P(I_2)$를 구하면 $P(I_2) = (0.2) \times (0.3) + (0.9) \times (0.7) = 0.69$이다.

다음으로 $P(s_1/I_1)$, $P(s_2/I_1)$ 그리고 $P(s_1/I_2)$, $P(s_2/I_2)$를 구해 보기로 하자.

$$P(s_1/I_1) = \frac{P(I_1 \cap s_1)}{P(I_1)} = \frac{P(I_1/s_1)P(s_1)}{P(I_1)} = \frac{(0.8)(0.3)}{0.31} = 0.7742$$

그리고

$$P(s_2/I_1) = \frac{P(I_1 \cap s_2)}{P(I_1)} = \frac{P(I_1/s_2)P(s_2)}{P(I_1)} = \frac{(0.1)(0.7)}{0.31} = 0.2258$$

$$P(s_1/I_2) = \frac{P(I_2 \cap s_1)}{P(I_2)} = \frac{P(I_2/s_1)P(s_1)}{P(I_2)} = \frac{(0.2)(0.3)}{0.69} = 0.0870$$

$$P(s_2/I_2) = \frac{P(I_2 \cap s_2)}{P(I_2)} = \frac{P(I_2/s_2)P(s_2)}{P(I_2)} = \frac{(0.9)(0.7)}{0.69} = 0.9130$$

수정된 사후확률을 이용한 의사결정 수형도 그림 8-7

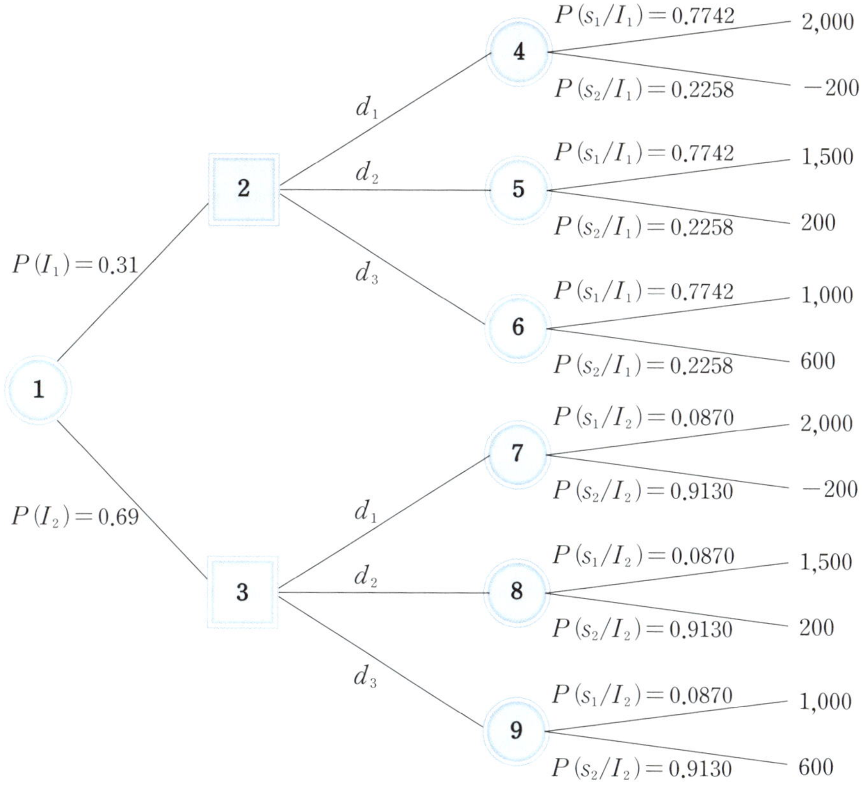

이제 이들 수정된 확률(사후확률)을 이용하여 의사결정 수형도에서 최적 의사결정을 하면 〈그림 8-7〉과 같다.

최적 의사결정 전략

이제 수정된 사후확률 정보와 기대금전가치(EMV) 기준을 이용하여 ITS사의 최적 전략을 찾아보자. 수형도에서 후진접근법으로 주어진 상황 가지에서 기댓값을 구하면 다음과 같다.

$$EMV(\text{노드 } 4) = (0.7742) \times (2{,}000) + (0.2258) \times (-200) = 1{,}503.24$$

$$EMV(\text{노드 } 5) = (0.7742) \times (1{,}500) + (0.2258) \times (200) = 1{,}206.46$$

$$EMV(\text{노드 } 6) = (0.7742) \times (1{,}000) + (0.2258) \times (600) = 909.68$$

$$EMV(\text{노드 } 7) = (0.0870) \times (2{,}000) + (0.9130) \times (-200) = -8.6$$

$$EMV(\text{노드 } 8) = (0.0870) \times (1{,}500) + (0.9130) \times (200) = 313.10$$

$$EMV(\text{노드 } 9) = (0.0870) \times (1{,}000) + ((0.9130) \times (600) = 634.80$$

각 노드의 기댓값이 구해졌다. 이를 이용하여 노드 2와 노드 4의 의사결정 노드에서 하나의 가지를 선택하는 즉 대안들 중에서 가장 큰 기댓값을 주는 가지를 선택하기로 한다.

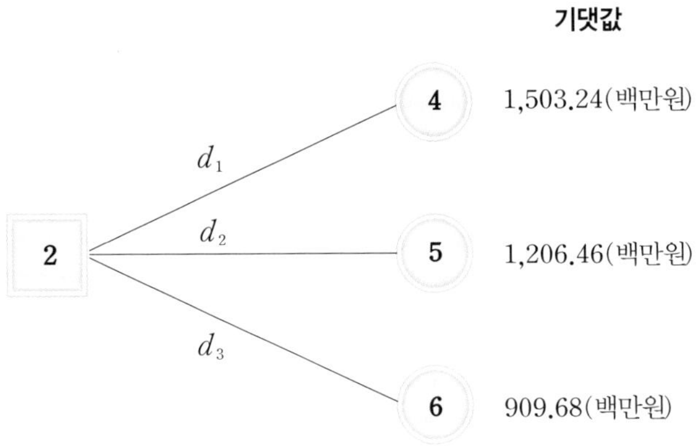

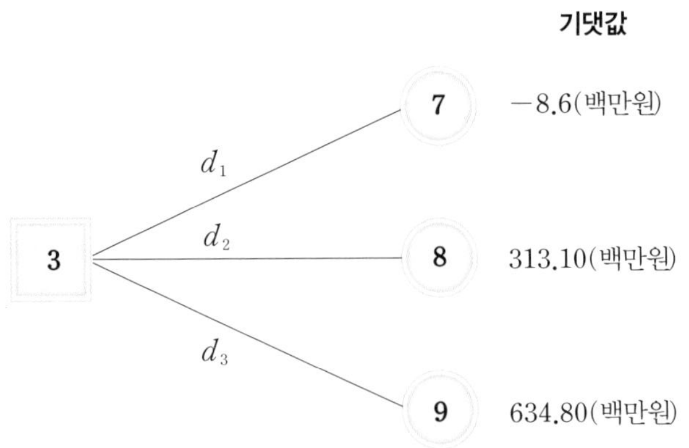

노드 2에서는 의사결정 가지 d_1이 선택되며 그때 기댓값은 1,503.24(백만원)이고 노드 4에서는 기댓값이 634.80(백만원)으로 가장 큰 의사결정 가지 d_3가 선택된다. 이제 다음으로 노드 1에서의 기댓값을 계산하면 다음과 같다.

노드 1은 확률노드로 노드 2와 노드 3를 연결하는 가지도 확률가지이다. 따라서 노드 2와 노드 4의 기댓값에 확률가지의 확률 $P(I_1)$과 $P(I_2)$을 곱한 값을 합산하면 된다. 즉

$$
\begin{aligned}
EMV(\text{노드 } 1) &= P(I_1) \times 1{,}503.24(\text{백만원}) + P(I_2) \times 634.80(\text{백만원}) \\
&= 904.02(\text{백만원})
\end{aligned}
$$

904.02(백만원)는 시장조사 연구를 사용한 혹은 시장조사를 통해 얻은 표본의 정보를 이용하여 얻은 최적 의사결정 전략의 기댓값이다. 그러나 아직 최적 결정에 도달하지 않았다. 컴퓨터를 어떤 사이즈로 리스할 것인가의 문제를 결정하기에 앞서 시장조사 연구의 결과를 알 필요가 있다. 의사결정 이론의 분석은 바로 이 시점에서 시장조사 연구가 수행된다면 다음의 최적 의사결정 전략을 우리에게 제공한다.

최적 의사결정 전략

만약(if)	**그때**(then)
시장조사 결과가 호감이라면(I_1)	대형 컴퓨터를 리스(d_1)
시장조사 결과가 비호감이라면(I_2)	소형 컴퓨터를 리스(d_2)

기업이 추가적인 정보를 얻기 위하여 실험을 행할 때 불확실한 상황 하에서 최적 의사결정 전략을 개발하는데 의사결정 수형도가 어떻게 사용될 수 있는가를 살펴보았다.

8.9 표본정보의 기댓값(Expected Value of Sample Information)

ITS사는 시장조사 연구가 호감으로 나타나면 그때 대형 컴퓨터를 리스하고, 만약 시장조사 연구가 비호감으로 나타난다면 소형 컴퓨터를 리스하는 의사결정 전략을 가질 수 있다. 이러한 추가적인 정보는 시장조사를 전문적으로 수행하는 기업에서 제공하기 때문에 조사기업에게 제공하는 비용 관점에서 ITS사에게 추가적인 비용을 발생시킨다. ITS사의 경영진은 시장조사 연구를 통해 얻는 정보의 가치에 대하여 의문점을 가질 수 있다.

정보의 가치는 표본정보의 기대가치(Expected Value of Sample Information, $EVSI$)를 계산하여 얻을 수 있다. 의사결정 문제가 최대화 문제라면 $EVSI$를 구하는 과정은 다음과 같다.

$$EVSI = \text{표본정보를 이용한 최적 의사결정의 기댓값} - \text{표본정보 없이 최적 의사결정을 하였을 때 기댓값}$$

ITS사는 표본정보를 이용하여 최적 의사결정을 한다면 그때 기댓값은 904.02(백만원)이었다. 8.5절에서 표본정보 없이 의사결정을 하였을 때 기댓값은 720(백만원)이었다. 따라서 $EVSI = 904.02$(백만원) $- 710$(백만원) $=$ 184.02(백만원)이다. ITS사는 시장조사비로 기꺼이 184.02(백만원)까지 지불할 수 있다.

표본정보의 효율성(Efficiency of Sample Information)

8.6절에서 우리는 완전정보의 가치가 300(백만원)임을 알고 있다. 시장조사를 통하여 완전한 정보를 얻을 수 있기를 결코 기대할 수 없다. 여기서 관심이 있는 것은 우리가 추가적으로 얻고자 하는 정보가 과연 어느 정도 효율적인가

하는 것이다. 완전정보는 100%의 효율성을 가지지만 표본정보의 효율성(E)은 어느 정도 될까? 표본정보의 효율성을 구하는 공식은 다음과 같다.

$$E = \frac{EVSI}{EVPI} \times 100$$

ITS사가 얻은 표본정보의 효율성을 구하면 $E = 184.02/300 \times 100 = 61.34\%$이다. 이 값의 의미는 ITS사가 얻은 표본정보는 완전정보에 대하여 61.34%의 효율성이 있다는 것이다. 보통 추가적으로 얻는 정보의 효율성이 떨어지면 기업은 다른 정보를 얻고자 노력할 것이다. 상대적으로 높은 효율성이 있는 정보를 얻게 될 경우 더 이상의 추가적인 정보를 위하여 노력하지는 않을 것이다.

지금까지의 의사결정 이론을 통한 문제의 분석은 의사결정 시 고려해야 하는 주어진 상황의 수가 유한한 경우의 문제이었다. 그러나 때때로 주어진 상황의 수가 너무 크거나 무한한 경우 여기서 설명하는 의사결정 이론으로 문제를 해결하는 것이 어려울지도 모른다. 그리고 때로는 미래의 성과가 확정적인 값이 아니고 가능한 미래의 성과의 비율로 얻게 되는 경우가 있다. 주로 금융투자에 관한 문제에서 발생하는데 이러한 경우 미래의 성과에 대해 리스크를 가지게 된다. 여기에 대해서는 개인의 유틸리티(utility)에 따라 의사결정이 달라진다. 유틸리티 이론에 대한 설명은 본 교과서에서 다루지 않는다.

연습문제

01. 다음과 같이 성과표가 주어져 있을 때 각 의사결정 기준에 따라 최적 전략을 선택하시오.

대안	주어진 상황		
	S_1	S_2	S_3
d_1	−100	50	150
d_2	100	100	100

① maximin 기준 하 최적안은?

② maximax 기준 하 최적안은?

③ minimax 후회 기준 하 최적안은?

02. 새한건설회사는 제주도 중문단지에 콘도미니엄을 건설하려는 계획을 수립하고 있다. 3가지 타입의 콘도를 계획하고 있는데, 콘도수요에 따라 새한건설회사가 얻을 수 있는 미래의 수익은 다음의 표로 요약되어 있다. 각 물음에 답하시오.

(단위 : 백만원)

	수요		
	낮음	보통	높음
소형	400	400	400
중형	100	600	600
대형	−300	300	900

① maximin 기준 하 최적 의사결정은 무엇인가?

② maximax 기준 하 최적 의사결정은 무엇인가?

③ minimax 후회 기준 하 최적 의사결정은 무엇인가?

④ 콘도의 수요에 대한 발생확률을 알 수 있다고 할 때 최적 의사결정은 무엇

인가?

단, P(낮음) $= 0.3$, P(보통) $= 0.4$, P(높음) $= 0.3$이다.

⑤ 만약 새한건설회사의 경영진들은 콘도 수요에 대한 결정적으로 중요한 내부정보를 얻을 수 있다고 한다면 그러한 정보에 대하여 지불할 수 있는 최대 금액은 얼마인가?

⑥ 이 문제를 의사결정 나무 그림을 통해 최적해를 구하시오.

03. 다음의 성과표를 보고 물음에 답하시오.

	S_1	S_2
d_1	15	10
d_2	10	12
d_3	8	20

① minimax 후회 기준에서의 최적 전략은 무엇인가?

만약 $P(S_1)$이 0.8이고 $P(S_2)$가 0.2일 때

② 기대금전가치 기준에서 최적 전략을 찾아보시오.

③ $EVPI$를 구하시오.

04. 3개의 의사결정안과 4개의 발생확률 값을 가진 주어진 상황으로 구성된 성과표(payoff table)가 아래에 주어져 있다. 물음에 답하시오.

	s_1	s_2	s_3	s_4
d_1	9.50	9.50	11.00	11.00
d_2	9.25	10.75	10.00	11.50
d_3	9.00	12.00	9.00	12.00
확률	0.1	0.5	0.3	0.1

① 금전가치기댓값(Expected monetary value) 기준으로 의사결정한다면 최적안은?

② maximax, maximin, minimax regret 기준으로 최적안을 제시하시오.

③ 허비쯔($\alpha = 0.3$) 기준에서 최적안은?

05. 어느 대학의 구내식당은 비빔밥의 일일 생산량을 100인분, 200인분 그리고 300인분을 고려하고 있다. 이때 실제 비빔밥의 1일 판매량이 100인분, 200인분, 그리고 300인분이 팔릴 수 있는 것으로 보고 있다. 구내식당 경영자는 생산량과 판매량에 따라 구내식당이 얻을 수 있는 수익을 예상해 보니 다음과 같았다. 단 생산량보다 수요가 많이 발생하게 되면 이로 인해 손실을 볼 수도 있음을 고려하고 있다.

첫째, 1일 100인분을 생산할 때 수요가 100인분, 200인분, 그리고 300인분으로 나타날 때 수익은 각각 500, 200, −100이다.

둘째, 1일 200인분을 생산할 때 수요가 100인분, 200인분, 그리고 300인분으로 나타날 때 수익은 각각 −400, 800, 700이다.

셋째, 1일 300인분을 생산할 때 수요가 100인분, 200인분, 그리고 300인분으로 나타날 때 수익은 각각 −1,000, −200, −1,600이다.

① 성과표를 작성하시오.

② maximax 기준에서 최적 전략은?

③ 수요가 각각 $P(100) = 0,2$, $P(200) = 0.2$ 그리고 $P(300) = 0.6$이라면 여러분은 어떤 전략을 권고하겠는가?

06. 품질관리 검사 프로세스를 100% 검사를 하거나 검사를 하지 않는 2가지로 고려하고 있다. 이때 발견될 수 있는 불량률은 아래 표와 같이 4가지로 보고된다고 한다. 의사결정 나무 그림을 이용하여 최적 의사결정을 한다면 무엇이 최적일까?

(단위 : 백만원)

	불량률			
	0%	1%	2%	3%
검사 안 함	250	250	250	250
100% 검사	0	125	250	375
확률	0.15	0.25	0.40	0.20

07. D대학 학생회는 올해 축제를 다양하게 진행하려고 한다. 축제행사는 예전과 같이 체육관에서 진행하는 행사와 야외특설무대를 꾸며 진행하는 행사 그리고 이 두 가지 모두를 진행하는 축제행사를 계획하고 있다. 축제규모와 경비를 고려하여 축제진행에 따른 부대경비를 축제행사장에서 참여하는 학생들로부터 직접 판매를 통하여 조달하려고 한다. 그런데 축제기간 동안 기상조건에 따라 축제행사에 따른 수익표가 다음과 같을 때 물음에 답하시오.

(단위 : 만원)

	기상조건		
	맑음	흐림	비
실내행사	100	130	150
야외행사	200	100	−100
2가지 모두 진행	250	150	−150

① maximin 기준에서 최적 전략 방안은 무엇인가?

② maximax 기준에서 최적 전략은?

③ minimax 기회손실 기준에서 최적 전략은?

④ 축제기간 동안 기상상황을 보면 맑을 확률이 0.3, 흐릴 경우가 0.4, 비가 올 확률이 0.3이라고 한다면, 기대금전가치 기준에서 최적 전략은 무엇인가?

⑤ $EVPI$를 구하시오.

⑥ 의사결정 나무 그림을 이용하여 의사결정해 보시오.

08. 백두산업은 구매와 제조를 결정해야 하는 문제에 놓여 있다. 성과표가 아래와 같이 주어져 있다. 백두산업은 제품에 대한 잠재수요를 알기 위하여 시장조사를 할 경우 두 가지 가능한 반응 호감(I_1)과 비호감(I_2)에 대한 조건을 알 수 있을 것으로 기대하고 있다. 조건확률 정보가 아래와 같다. 물음에 답하시오.

	수요		
	저조 s_1	보통 s_2	높음 s_3
부품 제조 d_1	−20	40	100
부품 구매 d_2	10	45	70
확률	0.35	0.35	0.30

$$P(I_1/s_1) = 0.10 \qquad P(I_2/s_1) = 0.90$$
$$P(I_1/s_2) = 0.40 \qquad P(I_2/s_2) = 0.60$$
$$P(I_1/s_3) = 0.60 \qquad P(I_2/s_3) = 0.40$$

① 시장조사 결과 고객의 반응은 백두산업에 대하여 어떠한가?
② 백두산업의 최적 전략은?
③ 시장조사 결과 얻게 되는 정보의 가치는 얼마 정도 되는가?
④ 시장조사 정보의 효율성을 구하시오.

09. 철수와 영희는 아침 출근 때 직장까지 드라이브하는데 소요되는 시간 성과표를 가지고 있다.

	고속도로 상황	
	한가함 s_1	교통지옥 s_2
고속도로 d_1	25	45
국도 k d_2	30	30
확률	0.85	0.15

시간이 조금 흐른 후 철수와 영희는 기상상황이 고속도로의 도로상황에 영향을 주고 있는 것을 알게 되었다. 철수와 영희는 기상상황이 3가지가 있으며 기상상황과 도로상황이 결합된 조건확률이 다음과 같을 때 물음에 답하시오.

$$I_1 = \text{맑음},\quad I_2 = \text{흐림},\quad I_3 = \text{비}$$

$$P(I_1/s_1) = 0.8 \qquad P(I_2/s_1) = 0.2 \qquad P(I_3/s_1) = 0$$
$$P(I_1/s_2) = 0.1 \qquad P(I_2/s_2) = 0.3 \qquad P(I_3/s_2) = 0.6$$

① 아침 출근 상황을 의사결정 수형도로 나타내 보시오.
② 최적 의사결정은 무엇이며 기대 출근시간은?
③ 기상정보의 효율성을 구하시오.

10. 어떤 벤처기업의 성과표가 다음과 같을 때 물음에 답하시오.

		주어진 상황					
		s_1	s_2	s_3	s_4	s_5	s_6
의사결정 대안	d_1	280	300	260	360	400	450
	d_2	320	420	540	300	280	380
	d_3	200	360	400	440	250	320
	d_4	350	260	390	500	380	260
확률 추정치		0.18	0.10	0.16	0.24	0.20	0.12

① 기대성과를 최대로 가져오는 의사결정 대안을 찾으시오.

② 확실한 상황 하에서 기댓값을 구하시오.

③ 완전정보의 기대가치를 제시하시오.

부록

Appendix

◎ 연습문제 해답

◎ 표준정규분포표

◎ 연습문제 해답

제1장 경영과학이란?

01. 경영과학은 관리적 의사결정 문제의 분석과 솔루션에 대한 과학적 방법의 적용이다. 경영과학은 종종 운영연구, 운영분석, 계량분석, 계량적 방법, 시스템 분석, 의사결정 분석 등의 이름으로 사용되기도 한다.

03. 구조화된 문제는 모든 단계가 구조화된 문제로 절차가 표준화되어 있고 목표가 명확하며 투입과 산출이 명확히 구체화되어 있는 단계로 이루어진 문제이다.

비구조화된 문제는 3단계 중 어느 하나라도 구조화되어 있지 않은 것이며, 반구조화된 문제(semi-structured problem)는 모두는 아니지만 단계들 중 일부가 구조화된 문제로 정의된다.

구조화된 문제에서 최상의 해를 구하거나 적어도 충분히 좋은 해를 구하는 절차는 알려져 있다. 예를 들어 적정 재고수준을 구하는 문제나 최상의 투자전략을 구하는 문제의 경우 문제해결을 위한 의사결정의 목표는 분명하게 정의된다.

비구조화된 문제의 해를 구할 때는 인간의 직감이 좋은 의사결정의 기본이 될 수 있다. 전형적인 비구조화 문제를 살펴보면 새로운 서비스를 계획하거나 관리자를 고용하는 문제가 있다. 구조화된 문제와 비구조화된 문제 사이에 놓이는 반구조적인 문제는 표준적인 해를 구하는 절차와 개인의 판단 모두를 포함하고 있다. 반구조적인 문제의 예를 들면 채권 거래, 소비재를 위한 마케팅 예산결정, 자본획득분석 수행 등이 있다.

제2장 의사결정과 모델링

02. 효과성은 목적의 달성 정도로 정의된다. 따라서 시스템의 산출물 혹은 결과와 관련되며 성과와 동의어이다. 효율성은 때로는 생산성의 개념과 동일하게 사용된다. 보통 투입 대 산출의 비율과 동일시한다. 효율성을 높이려면 투입이 일정하게 유지하고 산출을 늘리거나, 산출을 일정하게 가정한 후 투입을 줄이는 방법이 있다.

효과성은 목적의 달성 정도를 측정하지만 효율성은 조직이 자원을 얼마나 잘 사용했는가를 측정한다. 효과성은 효율성을 필수적으로 의미하지 않는다. 시스템은 시스템의 목적을 달성하기만 한다면 이를 위해 엄청난 비용이 소요되어 비효율적이더라도 효과적일 수 있다. 반면에 시스템은 비효과적이더라도 효율적일 수 있다. 시스템의 목적을 달성하지 못했다고 하여도 자원을 최상으로 사용했을 경우이다.

04. 오늘날 많은 관리적 문제들은 복잡하고 문제와 관련된 요인들 간에 상호작용하고 있어 대안 솔루션을 검색하고 평가하는 것이 엄청난 계산과정을 가져온다. 많은 경우에 분석을 위한 계산절차의 수작업은 비현실적이거나 심지어 아예 불가능할지 모른다. 따라서 고속의 계산능력을 가지 컴퓨터의 도움이 있어야 문제들의 해를 구하는 것이 가능해진다. 경영과학의 문제를 해결하는 과정에서 컴퓨터를 사용해야 하는 이유와 이익을 설명하면 다음과 같다.

1) 모델의 해를 구하기 위해 필수적인 계산의 실행뿐만 아니라 데이터의 수집과 저장, 검색과 분석을 위해서도 컴퓨터의 사용은 필수적이다.
2) 그래프를 이용한 표현과 민감도 분석(what-if analysis)에 컴퓨터를 사용하거나 실행함으로써 경영자들이 모델의 결과를 이해하고 사용하는 것을 더욱 쉽게 한다.
3) 컴퓨터의 사용은 경영모델을 실험하거나 의사결정의 해를 구하는데 있어

훨씬 저렴하고 빠르며 정확성과 신축성을 제공한다.

4) 정보기술은 경영과학에서 컴퓨터의 사용의 증가와 데이터 처리비용 및 계산비용을 더욱 감소시킨다.

제3장 행렬

02. ① $u+v=\begin{bmatrix} 3 \\ -3 \end{bmatrix}$ ② $u'+v'=[3 \quad -3]$

③ $u-v=\begin{bmatrix} -1 \\ 7 \end{bmatrix}$ ④ $v'-u'=[1 \quad -7]$

⑤ $4u+3v=\begin{bmatrix} 10 \\ -7 \end{bmatrix}$ ⑥ $2v'-2u'=[2 \quad -14]$

04. ① 불가능 ② 불가능

③ 가능 $\underset{(3\times5)}{vu'}$ ④ 가능 $\underset{(5\times3)}{vu'}$

⑤ 가능 $\underset{(3\times3)}{vv'}$ ⑥ 가능 $\underset{(1\times1)}{uu'}$

06. ① $\begin{bmatrix} 14 & 2 \\ 32 & 5 \\ 50 & 8 \end{bmatrix}$ ② $\begin{bmatrix} 14 & 3 \\ 32 & 6 \end{bmatrix}$

③ $\begin{bmatrix} x+2y+3z \\ 4x+5y+6z \end{bmatrix}$ ④ $[a+c \quad b]$

08. ① $A+0=A=\begin{bmatrix} 1 & 2 & 3 \\ 4 & 5 & 6 \end{bmatrix}$ ② $0+b=b=\begin{bmatrix} 1 \\ 0 \\ 0 \end{bmatrix}$

③ $x-0=x=\begin{bmatrix} x_1 \\ x_2 \end{bmatrix}$ ④ $0A=\begin{bmatrix} 0 & 0 \\ 0 & 0 \end{bmatrix}\begin{bmatrix} 1 & 2 & 3 \\ 4 & 5 & 6 \end{bmatrix}=\begin{bmatrix} 0 & 0 \\ 0 & 0 \end{bmatrix}$

10. ① $A+B=\begin{bmatrix}5 & 5\\5 & 5\end{bmatrix}$, $(A+B)'=\begin{bmatrix}5 & 5\\5 & 5\end{bmatrix}$,

$A'+B'=\begin{bmatrix}1 & 3\\2 & 4\end{bmatrix}+\begin{bmatrix}4 & 2\\3 & 1\end{bmatrix}=\begin{bmatrix}5 & 5\\5 & 5\end{bmatrix}$

$\therefore\ (A+B)'=A'+B'$

② $AC=\begin{bmatrix}3 & 4 & 7\\7 & 8 & 15\end{bmatrix}$, $(AC)'=\begin{bmatrix}3 & 7\\4 & 8\\7 & 15\end{bmatrix}$, $C'A'=\begin{bmatrix}3 & 7\\4 & 8\\7 & 15\end{bmatrix}$

$\therefore\ (AC)'=C'A'$

12. ① $\sum_{i=1}^{3}x_i=x^1+x^2+x^3$

② $\sum_{i=1}^{3}x_{i-1}=x^0+x^1+x^2$

③ $\sum_{i=2}^{5}a_i\,x_i=a_2x^2+a_3x^3+a_4x^4+a_5x^5$

④ $\sum_{k=0}^{3}(x_k+k)=x_0+(x_1+1)+(x_2+2)+(x_3+3)=x_0+x_1+x_2+x_3+6$

14. ① 0 ② 0 ③ -12

④ -2 ⑤ $abc-a^3+b^3-c^3$ ⑥ $-2x+10$

16. ① 33 ② 50

18. $|A|=-34\neq 0$ $\therefore$ 비특이행렬이므로 유일한 해를 가진다.

20. ① $\begin{bmatrix}2 & -3\\-1 & 6\end{bmatrix}\begin{bmatrix}x_1\\x_2\end{bmatrix}\begin{bmatrix}10\\5\end{bmatrix}$에서

$|A|=15\neq 0$

$|A_1|=\begin{vmatrix}10 & -3\\5 & 6\end{vmatrix}=75$

$|A_2|=\begin{vmatrix}2 & 10\\-1 & 5\end{vmatrix}=20$이다. 따라서

$x_1=\dfrac{|A_1|}{|A|}=\dfrac{75}{15}=5,\ x_2=\dfrac{|A_2|}{|A|}=\dfrac{20}{15}=\dfrac{4}{3}$ 이다.

② $\begin{bmatrix} 1 & 2 \\ -4 & 5 \end{bmatrix} \begin{bmatrix} x_1 \\ x_2 \end{bmatrix} = \begin{bmatrix} 3 \\ 6 \end{bmatrix}$에서

$|A| = 13 \neq 0$

$|A_1| = \begin{vmatrix} 3 & 2 \\ 6 & 5 \end{vmatrix} = 3$

$|A_2| = \begin{vmatrix} 1 & 3 \\ -4 & 6 \end{vmatrix} = 18$이다. 따라서

$x_1 = \dfrac{|A_1|}{|A|} = \dfrac{3}{13}$, $x_2 = \dfrac{|A_2|}{|A|} = \dfrac{18}{13}$ 이다.

③ $|A| = 0$이므로 해를 구할 수 없다.

④ $\begin{bmatrix} 1 & -1 & 1 \\ 0 & 4 & 3 \\ -2 & 1 & 0 \end{bmatrix} \begin{bmatrix} x_1 \\ x_2 \\ x_3 \end{bmatrix} = \begin{bmatrix} 11 \\ 2 \\ -1 \end{bmatrix}$에서

$|A| = 17 \neq 0$

$|A_1| = \begin{vmatrix} 11 & -1 & 1 \\ 2 & 4 & 3 \\ -1 & 1 & 0 \end{vmatrix} = -24$

$|A_2| = \begin{vmatrix} 1 & 11 & 1 \\ 0 & 2 & 3 \\ -2 & -1 & 0 \end{vmatrix} = -60$

$|A_3| = \begin{vmatrix} 1 & -1 & 11 \\ 0 & 4 & 2 \\ -2 & 1 & -1 \end{vmatrix} = 86$이다. 따라서

$x_1 = \dfrac{|A_1|}{|A|} = -\dfrac{24}{17}$, $x_2 = \dfrac{|A_2|}{|A|} = -\dfrac{60}{17}$, $x_3 = \dfrac{|A_3|}{|A|} = \dfrac{86}{17}$ 이다.

22. ② $\begin{array}{r} x_1 + 2x_2 = 3 \\ -4x_1 + 5x_2 = 6 \end{array} \rightarrow \begin{array}{r} x_1 + 2x_2 = 3 \\ 13x_2 = 18 \end{array} \rightarrow \begin{array}{r} x_1 \quad = \dfrac{3}{13} \\ x_2 = \dfrac{18}{13} \end{array}$

④ $\begin{pmatrix} x_1 - x_2 + x_3 = 11 \\ 4x_2 + 3x_3 = 2 \\ -2x_1 + x_2 = -1 \end{pmatrix} \rightarrow \begin{pmatrix} x_1 - x_2 + x_3 = 11 \\ 4x_2 + 3x_3 = 2 \\ -x_2 + 2x_3 = 21 \end{pmatrix} \rightarrow$

$$\begin{pmatrix} x_1 + \frac{7}{4}x_3 = \frac{23}{2} \\ x_2 + \frac{3}{4}x_3 = \frac{1}{2} \\ \frac{11}{4}x_3 = \frac{43}{2} \end{pmatrix} \rightarrow \begin{pmatrix} x_1 = -\frac{24}{11} \\ x_2 = -\frac{59}{11} \\ x_3 = \frac{86}{11} \end{pmatrix}$$

25. $\begin{bmatrix} 1 & -1 \\ -\beta & 1 \end{bmatrix} \begin{bmatrix} Y \\ C \end{bmatrix} = \begin{bmatrix} I \\ \alpha \end{bmatrix}$

26. ① 고유벡타가 v_1일 때

$\begin{pmatrix} 3 & 1 \\ -3 & 7 \end{pmatrix}\begin{pmatrix} 1 \\ 3 \end{pmatrix} = \lambda\begin{pmatrix} 1 \\ 3 \end{pmatrix}$는 $\begin{pmatrix} 3+3 \\ -3+21 \end{pmatrix} = \begin{pmatrix} 6 \\ 18 \end{pmatrix} = \lambda\begin{pmatrix} 1 \\ 3 \end{pmatrix}$이니

고유치 $\lambda=6$이다.

고유벡타가 v_2일 때

$\begin{pmatrix} 3 & 1 \\ -3 & 7 \end{pmatrix}\begin{pmatrix} 1 \\ 1 \end{pmatrix} = \lambda\begin{pmatrix} 1 \\ 1 \end{pmatrix}$는 $\begin{pmatrix} 3+1 \\ -3+7 \end{pmatrix} = \begin{pmatrix} 4 \\ 4 \end{pmatrix} = \lambda\begin{pmatrix} 1 \\ 1 \end{pmatrix}$이므로

고유치 $\lambda=4$이다.

② 고유벡타가 v_1일 때

$\begin{pmatrix} 2 & -3 \\ 2 & 9 \end{pmatrix}\begin{pmatrix} -3 \\ 1 \end{pmatrix} = \lambda\begin{pmatrix} -3 \\ 1 \end{pmatrix}$는 $\begin{pmatrix} -6-3 \\ -6+9 \end{pmatrix} = \begin{pmatrix} -9 \\ 3 \end{pmatrix} = \lambda\begin{pmatrix} -3 \\ 1 \end{pmatrix}$이니

고유치 $\lambda=3$이다.

고유벡타가 v_2일 때

$\begin{pmatrix} 2 & -3 \\ 2 & 9 \end{pmatrix}\begin{pmatrix} 1 \\ -2 \end{pmatrix} = \lambda\begin{pmatrix} 1 \\ -2 \end{pmatrix}$는 $\begin{pmatrix} 2+6 \\ 2-18 \end{pmatrix} = \begin{pmatrix} 8 \\ -16 \end{pmatrix} = \lambda\begin{pmatrix} 1 \\ -2 \end{pmatrix}$이니

고유치 $\lambda=8$이다.

③ 고유벡타가 v_1일 때

$$\begin{pmatrix} 4 & 1 \\ -8 & -2 \end{pmatrix}\begin{pmatrix} -1 \\ 2 \end{pmatrix}=\lambda\begin{pmatrix} -1 \\ 2 \end{pmatrix}\text{는 }\begin{pmatrix} -4+2 \\ 8-4 \end{pmatrix}=\begin{pmatrix} -2 \\ 4 \end{pmatrix}=\lambda\begin{pmatrix} -1 \\ 2 \end{pmatrix}\text{이니}$$

고유치 $\lambda=2$이다.

고유벡타가 v_2일 때

$$\begin{pmatrix} 4 & 1 \\ -8 & -2 \end{pmatrix}\begin{pmatrix} -1 \\ 4 \end{pmatrix}=\lambda\begin{pmatrix} -1 \\ 4 \end{pmatrix}\text{는 }\begin{pmatrix} -4+4 \\ 8-8 \end{pmatrix}=\begin{pmatrix} 0 \\ 0 \end{pmatrix}=\lambda\begin{pmatrix} -1 \\ 4 \end{pmatrix}\text{이니}$$

고유치 $\lambda=0$이다.

④ 고유벡타가 v_1일 때

$$\begin{pmatrix} 1 & -2 \\ -3 & 6 \end{pmatrix}\begin{pmatrix} 1 \\ -3 \end{pmatrix}=\lambda\begin{pmatrix} 1 \\ -3 \end{pmatrix}\text{는 }\begin{pmatrix} 1+6 \\ -3-18 \end{pmatrix}=\begin{pmatrix} 7 \\ -21 \end{pmatrix}=\lambda\begin{pmatrix} 1 \\ -3 \end{pmatrix}\text{이니}$$

고유치 $\lambda=7$이다.

고유벡타가 v_2일 때

$$\begin{pmatrix} 1 & -2 \\ -3 & 6 \end{pmatrix}\begin{pmatrix} 2 \\ 1 \end{pmatrix}=\lambda\begin{pmatrix} 2 \\ 1 \end{pmatrix}\text{는 }\begin{pmatrix} 2-2 \\ -6+6 \end{pmatrix}=\begin{pmatrix} 0 \\ 0 \end{pmatrix}=\lambda\begin{pmatrix} 2 \\ 1 \end{pmatrix}\text{이니}$$

고유치 $\lambda=0$이다.

제4장 선형계획법

01. ①

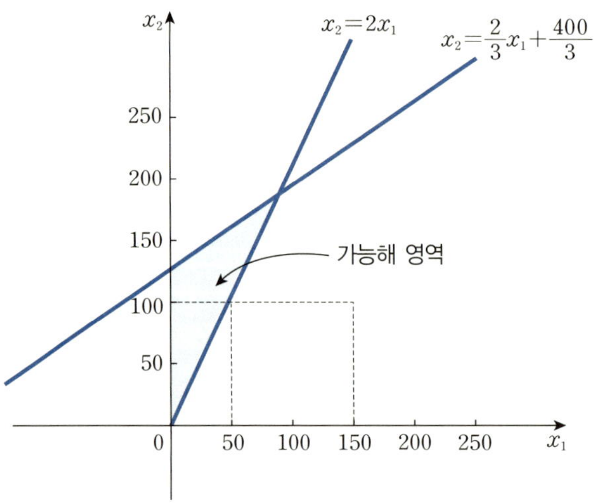

②

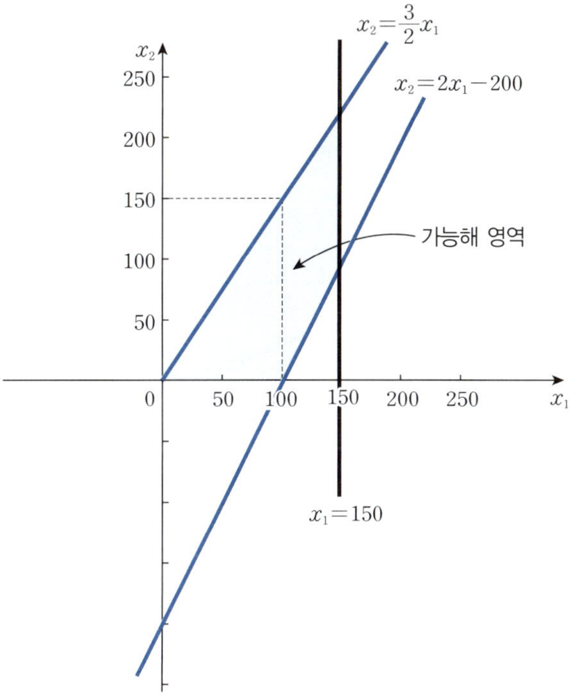
$x_2 = \frac{3}{2}x_1$
$x_2 = 2x_1 - 200$
x_2
250
200
150
100
50
0
50
100
150
200
250
x_1
가능해 영역
$x_1 = 150$

03. ①

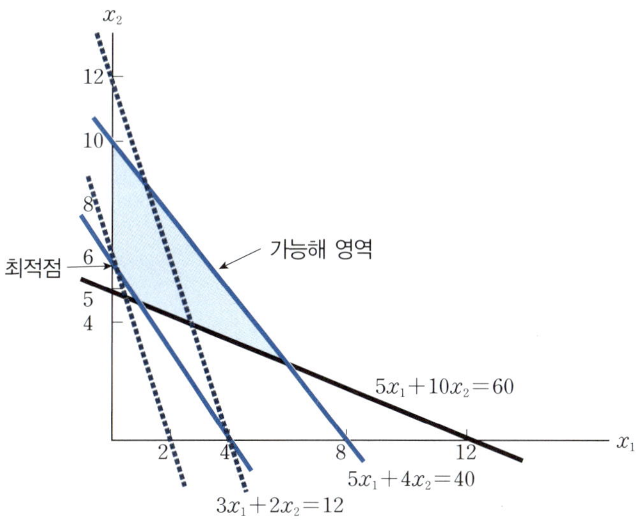
x_2
12
10
8
6
5
4
최적점
가능해 영역
$5x_1 + 10x_2 = 60$
2
4
8
12
x_1
$5x_1 + 4x_2 = 40$
$3x_1 + 2x_2 = 12$

②

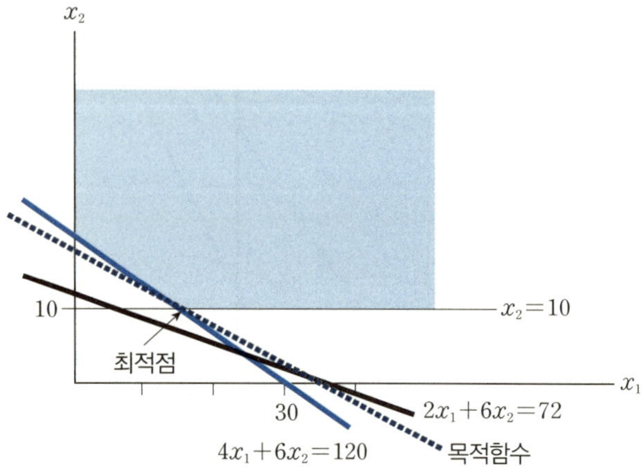

$x_1^*=15$, $x_2^*=10$이고 최적값은 70이다.

③

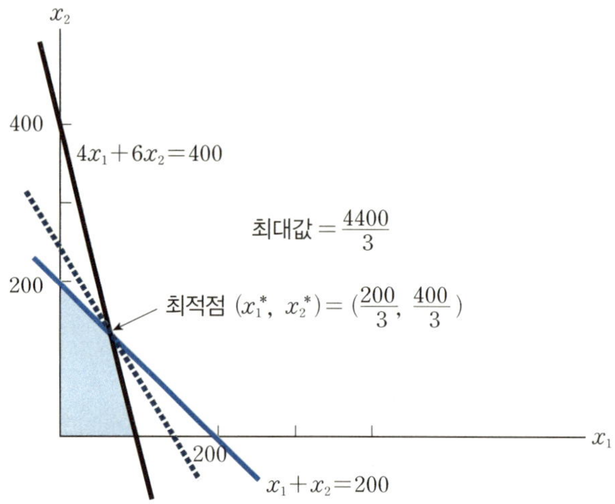

④

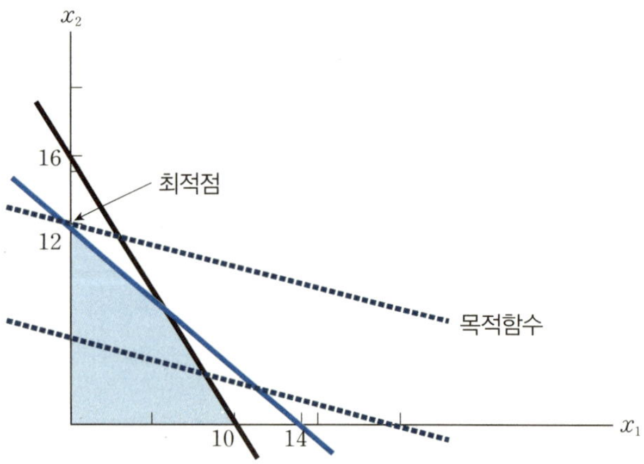

최적점 $(x_1^*, x_2^*)=(0, 12)$이며 최대값은 120이다.

05. 심플렉스법을 이용한 최적해 구하기

standard form으로 전환

$$\begin{aligned} \max.\ z &= 10x_1+8x_2 \\ \text{st.}\quad 3x_1+6x_2 &\le 48 \\ 2x_1+x_2 &\le 20 \\ x_1,\ x_2 &\ge 0 \end{aligned} \quad \Rightarrow \quad \begin{aligned} \max.\ z &= 10x_1+8x_2+0s_1+0s_2 \\ \text{st.}\quad 3x_1+6x_2+s_1 &= 48 \\ 2x_1+x_2+0s_2 &= 20 \\ x_1,\ x_2,\ s_1,\ s_2 &\ge 0 \end{aligned}$$

C_j			10	8	0	0	
	bv	RHS	x_1	x_2	s_1	s_2	
0	s_1	48	3	6	1	0	$48/3=16$
0	s_2	20	2	1	0	1	$20/2=10$
	Z_j	0	0	0	0	0	
	C_j-Z_j		10	8	0	0	
0	s_1	18	0	$\frac{9}{2}$	1	$-\frac{3}{2}$	$18/\frac{9}{2}=4$
0	x_1	10	1	$\frac{1}{2}$	0	$\frac{1}{2}$	$10/\frac{1}{2}=20$
	Z_j	100	10	$\frac{10}{2}$	0	$\frac{10}{2}$	
	C_j-Z_j		0	3	0	-5	
8	x_2	4	0	1	$\frac{2}{9}$	$-\frac{1}{3}$	
10	x_1	8	1	0	$-\frac{1}{9}$	$\frac{2}{3}$	
	Z_j	112	10	8	$\frac{2}{3}$	4	
	C_j-Z_j		0	0	$-\frac{2}{3}$	-4	≤ 0 optimal

최적해는 $x_1=8$, $x_2=4$이고 그때 최적값은 112이다.

07. ① 선형계획모형의 작성

$$\begin{aligned} \max.\ z &= 30x_1+40x_2+25x_3 \\ \text{st.}\quad 3x_1+2x_2+x_3 &\le 120 \\ x_1+2x_2+3x_3 &\le 90 \\ x_1+x_2+2x_3 &\le 120 \\ x_1,\ x_2,\ x_3 &\ge 0 \end{aligned}$$

② 심플렉스법으로 최적해를 구하기 위해 ①항의 선형계획모형을 standard form으로 바꾸면

$$\max.\ z = 30x_1 + 40x_2 + 25x_3 + 0s_1 + 0s_2 + 0s_3$$

$$\begin{aligned} \text{st.}\quad 3x_1 + 2x_2 + x_3 + s_1 \qquad\qquad &= 120 \\ x_1 + 2x_2 + 3x_3 \quad + s_2 \qquad &= 90 \\ x_1 + x_2 + 2x_3 \qquad\quad + s_3 &= 120 \\ x_1,\ x_2,\ x_3,\ s_1,\ s_2,\ s_3 &\geq 0 \end{aligned}$$

이다.

이를 이용하여 심플렉스 테이블을 작성하면 다음과 같다.

C_j			30	40	25	0	0	0
	bv	RHS	x_1	x_2	x_3	s_1	s_2	s_3
0	s_1	120	3	2	1	1	0	0
0	s_2	90	1	2	3	0	1	0
0	s_3	120	1	1	2	0	0	1
	Z_j	0	0	0	0	0	0	0
	$C_j - Z_j$		30	40	25	0	0	0

첫 번째 테이블의 $C_j - Z_j$값을 보면 모두 0보다 크거나 같은 값이므로 최적해가 아니다. $C_j - Z_j$값들 중 가장 큰 값을 갖는 x_2가 진입변수가 되며 ratio test값이 가장 작은 s_2가 퇴거변수가 된다. 피벗 엘리먼트가 2이므로 s_2행을 2로 나누어 정리한 후 두 번째 테이블을 작성하면 다음과 같다.

C_j			30	40	25	0	0	0
	bv	RHS	x_1	x_2	x_3	s_1	s_2	s_3
0	s_1	30	2	0	-2	1	-1	0
40	x_2	45	$\frac{1}{2}$	1	$\frac{3}{2}$	0	$\frac{1}{2}$	0
0	s_3	75	$\frac{1}{2}$	0	$\frac{1}{2}$	0	$-\frac{1}{2}$	1
	Z_j	180	20	40	60	0	20	0
	$C_j - Z_j$		10	0	-35	0	-20	0

두 번째 테이블의 경우도 최적해가 아니다. 따라서 $C_j - Z_j$값 중 0보다 큰 값을 갖는 x_1이 진입변수가 되며, s_1이 퇴거변수가 된다. s_1행과 x_1행이 만나는 칸이 피벗 엘리먼트가 2이므로 s_1행을 2로 나누어 정리한 후 세 번째 테이블을 작성하면 다음과 같다.

C_j			30	40	25	0	0	0
	bv	RHS	x_1	x_2	x_3	s_1	s_2	s_3
30	x_1	15	1	0	−1	$\frac{1}{2}$	$-\frac{1}{2}$	0
40	x_2	$\frac{75}{2}$	0	1	2	$-\frac{1}{4}$	$\frac{3}{4}$	0
0	s_3	$\frac{135}{2}$	0	0	1	$-\frac{1}{4}$	$-\frac{1}{4}$	1
	Z_j	1,950	30	40	80	5	15	0
	$C_j - Z_j$		0	0	−55	−5	−15	0

세 번째 테이블의 해는 $C_j - Z_j$값들이 모두 0보다 작거나 같아 최적해이다. 즉 $x_1 = 15$, $x_2 = 37.5$, $x_3 = 0$일 때 목적함수의 최적값은 1,950이다. 그리고 제1공정과 제2공정은 여분의 이용량이 없으며 제3공정만 67.5만큼 이용량이 남아 있게 된다.

09. ① max. $z = 10000x_1 + 9000x_2$

$$\begin{aligned} \text{st.} \quad & \frac{7}{10}x_1 + x_2 \le 630 \\ & \frac{1}{2}x_1 + \frac{5}{6}x_2 \le 600 \\ & x_1 + \frac{2}{3}x_2 \le 708 \\ & \frac{1}{10}x_1 + \frac{1}{4}x_2 \le 135 \\ & x_1,\ x_2 \ge 0 \end{aligned}$$

② 위의 문제를 심플렉스법으로 해를 구하기 위하여 standard form으로 전환하면 다음과 같다.

$$\max.\ z = 10000x_1 + 9000x_2 + 0s_1 + 0s_2 + 0s_3 + 0s_4$$

$$\text{st.}\quad \frac{7}{10}x_1 + x_2 + s_1 = 630$$

$$\frac{1}{2}x_1 + \frac{5}{6}x_2 + s_2 = 600$$

$$x_1 + \frac{2}{3}x_2 + s_3 = 708$$

$$\frac{1}{10}x_1 + \frac{1}{4}x_2 + s_4 = 135$$

$$x_1,\ x_2,\ x_3,\ s_1,\ s_2,\ s_3,\ s_4 \geq 0$$

C_j			10000	9000	0	0	0	0	ratio test
	bv	RHS	x_1	x_2	s_1	s_2	s_3	s_4	
0	s_1	630	7/10	1	1	0	0	0	900
0	s_2	600	1/2	5/6	0	1	0	0	1200
0	s_3	708	1	2/3	0	0	1	0	708
0	s_4	135	1/10	1/4	0	0	0	1	1350
	Z_j	0	0	0	0	0	0	0	
	Z_j-C_j		10000	9000	0	0	0	0	
0	s_1	1344/10	0	16/30	1	0	−7/10	0	252
0	s_2	246	0	1/2	0	1	−1/2	0	492
10000	x_1	708	1	2/3	0	0	1	0	1062
0	s_4	642/10	0	22/120	0	0	−1/10	1	350
	Z_j		10000	20000/3	0	0	10000	0	
	Z_j-C_j		0	7000/3	0	0	−10000	0	
9000	x_2	252	0	1	30/16	0	−21/16	0	
0	s_2	129	0	0	−15/16	1	17/8	0	
10000	x_1	540	1	0	−20/16	0	15/8	0	
0	s_4	18	0	0	−11/32	0	9/64	1	
	Z_j	7668000	10000	9000	70000/16	0	$6937\frac{1}{2}$	0	
	Z_j-C_j		0	0	-70000/16	0	$-6937\frac{1}{2}$	0	

최적해는 $x_1^* = 540$, $x_2^* = 252$, $s_2^* = 129$, $s_4^* = 18$이며 비기저변수 s_1과 s_3는 0이다. 회사가 얻는 최대이익은 7,668,000원이다. 동해를 540개 남해를 252개 생산해야 한다.

③ 절삭공정은 630시간 그리고 마무리 공정은 708시간 모두 소요되었고 페인팅은 471시간, 포장과 검수 작업은 117시간 소요되었다.

④ 페인팅 공정은 전체 600시간 중에서 129시간이 남았으며, 검수와 포장 공정도 전체 135시간 중에서 18시간 남았다.

11. ① $x_1=5 \quad x_2=0$ 이때 $z=35$

② 심플렉스법으로 해를 구하기

$$\begin{aligned} \text{max. } z &= 70x_1 + 30x_2 \\ \text{st. } \quad 2x_1 + \ \ x_2 &\le 1 \\ x_1 + 8x_2 &\le 4 \\ x_1,\ x_2 &\ge 0 \end{aligned}$$

먼저 주어진 문제를 standard form으로 전환한다.

$$\begin{aligned} \text{max. } z &= 70x_1 + 30x_2 + 0s_1 + 0s_2 \\ \text{st. } \quad 2x_1 + \ \ x_2 + s_1 \qquad &= 1 \\ x_1 + 8x_2 + \qquad s_2 &= 4 \\ x_1,\ x_2,\ s_1,\ s_2 &\ge 0 \end{aligned}$$

C_j			70	30	0	0	
	bv	RHS	x_1	x_2	s_1	s_2	
0	s_1	1	2	1	1	0	1/2
0	s_2	4	1	8	0	1	4/1=4
	Z_j	0	0	0	0	0	
	C_j-Z_j		70	30	0	0	
70	x_1	1/2	1	1/2	1/2	0	
0	s_2	7/2	0	15/2	−1/2	1	
	Z_j	35	70	35	35	0	
	C_j-Z_j		0	−5	−35	0	

2번 반복으로 최적해에 도달했다. 즉 $C_j-Z_j \leq 0$이므로 2번째 테이블에서 최종해에 도달했으며 최적해는 $x_1^*=0.5$, $x_2^*=0$, $s_2^*=3.5$이고 그때 최대값 $z^*=35$이다.

③ x_2의 목적함수에서의 계수가 반드시 35보다 커야 한다.

제5장 수송모형

02.

공급지 \ 수요지	1	2	3	공급량
1	[20] 150	[10] 50	[25]	200
2	[20]	[30] 150	[5] 125	325
3	[10]	[30]	[10] 300	300
수요량	150	200	475	825

공급지에서 수요지로의 공급량은 표와 같으며 초기해의 총 수송비용은 150×20+50×10+150×30+125×5+300×10=11,625이었다.

디딤돌법(stepping stone method)으로 해를 수정하면 먼저 비어 있는 셀의 평가치를 구한다.

비어 있는 셀	1-3셀	2-1셀	3-1셀	3-2셀
폐쇄 경로	13−23−22−12	21−11−12−22	31−11−12−22−23−33	32−22−23−33
셀 평가치	40	−20	−35	−5

셀 평가치를 구하면 −로 평가되는 셀이 있어 아직 최적해가 아님을 알 수 있다. 이들 중 절대값이 가장 큰 셀이 3-1셀이다. 3-1셀을 중심으로 해를 개선하면 다음과 같다. 이때 수송비용은 6,625이었다.

공급지 \ 수요지	1	2	3	공급량
1	(20) 0	(10) 200	(25)	200
2	(20)	(30) ε	(5) 325	325
3	(10) 150	(30)	(10) 150	300
수요량	150	200	475	825

여기서 비어 있는 셀의 평가치를 구해 보자. 그런데 비어 있는 셀의 수가 6개로 하나의 해가 퇴화되었다. 그래서 2-2셀에 가상의 양 ε이 배당되었다고 가정하여 셀 평가치를 구해 보자.

비어 있는 셀	1-1셀	1-3셀	2-1셀	3-2셀
폐쇄 경로	11−12−22−23−33−31	13−23−22−12	21−23−33−31	32−22−23−33
셀 평가치	35	40	15	−5

3-2셀의 평가치가 -5이므로 최적해가 아니다. 따라서 32셀에 최대량 ε을 배당하여 구성하면 아래와 같다. 여기서 비어 있는 셀의 평가치를 구하면 모든 셀의 평가치가 양의 값으로 최적해에 도달하였음을 알 수 있다. 이때 총 수송비용은 6,625이다.

공급지 \ 수요지	1	2	3	공급량
1	(20) 0	(10) 200	(25)	200
2	(20)	(30)	(5) 325	325
3	(10) 150	(30) ε	(10) 150	300
수요량	150	200	475	825

비어 있는 셀	1-1셀	1-3셀	2-1셀	2-2셀
폐쇄 경로	11−12−32−31	13−33−32−12	21−23−33−31	22−23−33−32
셀 평가치	30	35	15	5

04. min. $z = 20x_{11}+10x_{12}+25x_{13}+20x_{21}+30x_{22}+5x_{23}$

$+10x_{31}+30x_{32}+10x_{33}$

st. $x_{11}+x_{12}+x_{13}=200$

$x_{21}+x_{22}+x_{23}=325$

$x_{31}+x_{32}+x_{33}=300$

$x_{11}+x_{21}+x_{31}=150$

$x_{12}+x_{22}+x_{32}=200$

$x_{13}+x_{23}+x_{33}=475$

$x_{11},\ x_{12},\ x_{13},\ x_{21},\ x_{22},\ x_{23},\ x_{31},\ x_{32},\ x_{33} \geq 0$

06. ① 초기 수송표를 작성하시오.

수요량이 공급량보다 많은 경우 가상공급지를 설정하여 초기 수송표를 작성한다.

수요지 / 공급지	1	2	3	공급량
A	[1]	[2]	[3]	200
B	[4]	[1]	[5]	100
dummy	[0]	[0]	[0]	60
수요량	80	120	160	360 / 360

② 북서코너법으로 초기해를 구하시오.

수요지 / 공급지	1	2	3	공급량
A	[1] 80	[2] 120	[3]	200
B	[4]	[1]	[5] 100	100
dummy	[0]	[0]	[0] 60	60
수요량	80	120	160	360 / 360

③ 최적해를 구하시오. (생략)

④ 위의 문제 해를 구하기 위하여 LP 모형으로 나타내 보시오.

$$\text{min. } z = A_1 + 2A_2 + 3A_3 + 4B_1 + B_2 + 5B_3$$

$$\begin{array}{llllllll}
\text{st.} & A_1 + & A_2 & + A_3 & & & & = 200 \\
 & & & & B_1 + & B_2 & + B_3 & = 100 \\
 & A_1 + & & & B_1 & & & \leq 80 \\
 & & A_2 + & & & B_2 & & \leq 120 \\
 & & & A_3 & & & + B_3 & \leq 160 \\
 & & & & & & & A_1,\ A_2,\ A_3,\ B_1,\ B_2,\ B_3 \geq 0
\end{array}$$

08. ① 북서코너법으로 초기해를 구하고 다음으로 최적해를 구하시오.

– 초기해 :

from \ to	1	2	3(가상)	공급
부산	6 50	4 −4	0 −1	50
대구	3 30	5 50	0 +2	80
서울	8 +1	7 50	0 10	60
대전	5 0	9 +2	0 40	40
수요	80	100	50	230

초기해에서 총 이익은 990이다. 그리고 비기저 셀의 평가치를 구해 보면 다음과 같다. 이 문제는 이익을 구하는 문제로 최대화 문제이다. 따라서 셀 평가치가 양의 값을 가지는 것들 중에 최대값을 가지는 셀이 기저해로 진입한다. 대전–2셀의 평가치가 +2로 가장 큰 양의 값을 가지므로 아직 최적해가 아니다. 대전–2셀을 둘러싼 폐쇄 경로를 이용하여 해를 개선하면 다음과 같다.

from \ to	1	2	3(가상)	공급
부산	[6] 50	[4] −4	[0] −1	50
대구	[3] 30	[5] 50	[0] +2	80
서울	[8] +3	[7] 40	[0] 20	60
대전	[5] −5	[9] 10	[0] 30	40
수요	80	100	50	230

개선된 해의 총 이익은 1,010으로 20만큼 이익이 증가하였다. 현재의 해가 최적해인지 아닌지를 평가하기 위하여 최적성 검사를 한다. 셀 평가치가 모두 −이면 최적해에 도달했다. 서울-1셀이 +3으로 최적해가 아니다. 따라서 해를 개선하면 다음과 같다.

from \ to	1	2	3(가상)	공급
부산	[6] 50	[4] −1	[0] +2	50
대구	[3] 0 −3	[5] 80	[0] +2	80
서울	[8] 30	[7] 10	[0] 20	60
대전	[5] −5	[9] 10	[0] 30 −2	40
수요	80	100	50	230

총 이익이 1,100으로 90 증가하였다. 그리고 각 비기저 셀의 평가치를 구하여 표에 나타내면 다음과 같다. 가상수요 외에 모든 비기저 셀이 −값이므로 최적해이다.

② LP 모형으로 제시하시오. (문제의 해를 구할 필요는 없음)

$$\max.\ z = 6x_1 + 4x_2 + 3y_1 + 5y_2 + 8m_1 + 7m_2 + 5n_1 + 9n_2$$

$$\begin{aligned}
\text{st.}\quad & x_1 + x_2 && \leq 50 \\
& y_1 + y_2 && \leq 80 \\
& m_1 + m_2 && \leq 60 \\
& n_1 + n_2 && \leq 40 \\
& x_1 + y_1 + m_1 + n_1 && = 80 \\
& x_2 + y_2 + m_2 + n_2 && = 100
\end{aligned}$$

$$x_1,\ x_2,\ y_1,\ y_2,\ m_1,\ m_2,\ n_1,\ n_2 \geq 0$$

제6장 네트워크 모형 : PERT/CPM

02.

1 → 2 → 5 → 8 → 10 21일

1 → 2 → 4 → 7 → 8 → 10 26일 주요경로

1 → 2 → 4 → 7 → 10 20일

1 → 2 → 4 → 9 → 10 22일

1 → 3 → 6 → 9 → 10 24일

04. ①

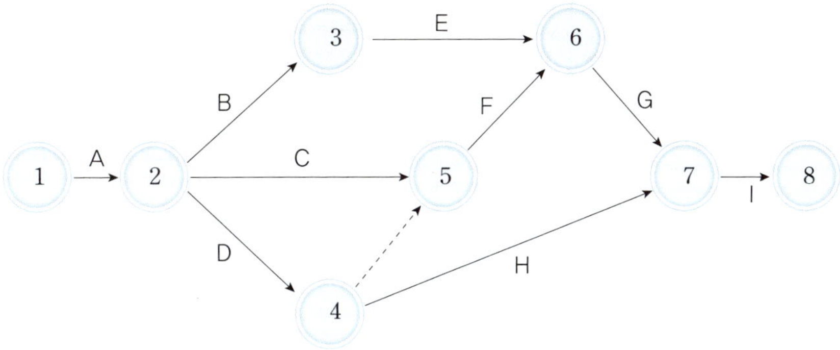

②

A			B			C			D			E		
	0	1		1	5		1	4		1	8		5	11
	0	1		1	5		6	9		2	9		5	11

F			G			H			I		
	8	10		11	18		8	17		18	22
	9	11		11	18		9	18		18	22

③ ① → ② → ③ → ⑥ → ⑦ → ⑧ 22일

① → ② → ⑤ → ⑥ → ⑦ → ⑧ 17일

① → ② → ④ → ⑦ → ⑧ 21일

① → ② → ④ → ⑤ → ⑥ → ⑦ → ⑧ 21일, 여기서 ④ → ⑤는 가상 경로이다.

④ 주요 경로 ① → ② → ③ → ⑥ → ⑦ → ⑧

완성일자 22일

06. ①

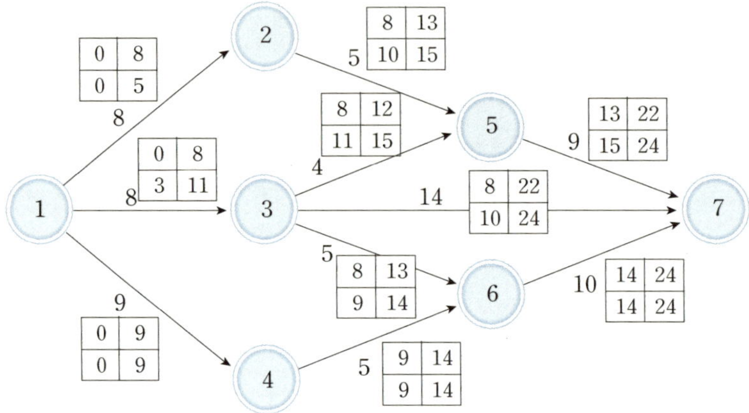

② ① → ④ → ⑥ → ⑦

③ 최단 완성시간 : 24일

08. ① 프로젝트 완성시간 : 118/6일

② 2번 노드의 여유시간 : 2번 노드는 주요 경로상 노드이기 때문에 여유시간이 없다.

3번 노드의 여유시간 : 1/6일

③ G 활동의 여유시간 : 107/6 － 101/6 ＝ 1일

H 활동은 주요 활동이기 때문에 여유시간이 없다.

④ $P(X \leq 20) = P(Z \leq \frac{20-148/6}{2.86}) = P(Z \leq -1.632)$

여기서 주요 경로의 표준편차는

$\sigma_{cp} = \sqrt{\Sigma(\sigma_A^2 + \sigma_E^2 + \sigma_H^2 + \sigma_I^2 + \sigma_K^2)} \fallingdotseq 2.86$이다.

그리고 $Z=1.632$의 확률은 0.4486이다.

따라서 $Z=-1.632$는 0.5－0.4486＝0.0514 또는 5.1%이다.

⑤ $P(X \leq 30) = P(Z \leq \frac{30-148/6}{2.86}) = P(Z \leq 1.865)$

$P(Z \leq 1.865) = 0.46895$이다.

따라서 30일 이내 완성할 확률은 0.5＋0.4690＝96.9%이다.

⑥ 90%의 확률을 보이는 Z값은 1.282이다. 즉

$$P(Z \le 1.282) = 0.40. \text{ 이는 } \frac{X - 148/6}{2.86} = 1.286\text{이다.}$$

따라서 $X = 2.86 \times 1.282 + 148/6 \fallingdotseq 28.33$일이다.

⑦ 95% 확률을 보이는 Z값은 1.645이다. 즉

$$P(Z \le 1.645) = 0.45. \ \frac{X - 148/6}{2.86} = 1.645\text{이다.}$$

$X = 2.86 \times 1.645 + 148/6 \fallingdotseq 29.4$일이다.

10. ①

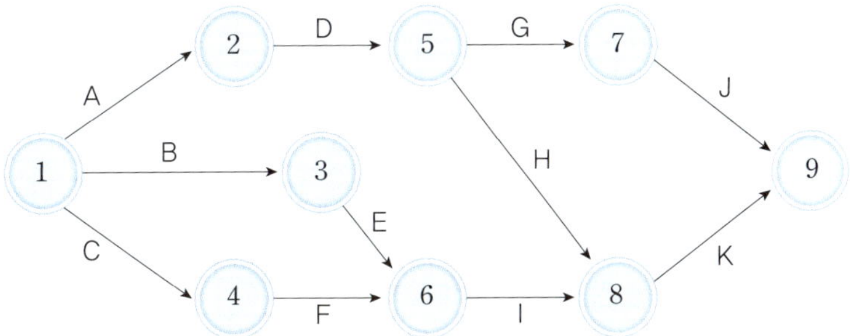

② ① → ② → ⑤ → ⑦ → ⑨ 16일

① → ② → ⑤ → ⑧ → ⑨ 16일

① → ③ → ⑥ → ⑧ → ⑨ 18일

① → ④ → ⑥ → ⑧ → ⑨ 17일

③ 주요 경로와 최단 작업완성시간 : ① → ③ → ⑥ → ⑧ → ⑨ 18일

④ 완성일자를 1일 단축

- 프로젝트 완성일자를 단축하고자 한다면 각 활동의 1일당 단축비용을 계상해야 한다. 이를 위해 주어진 데이터 테이블을 재작성해 보자.

(단위 : 월, 만원)

활동	정상 시간	정상 비용	단축 시간	단축 비용	선행 활동	1일당 단축비용
A	3	900	1	1,200		150
B	5	2,000	3	2,400		200
C	4	1,600	2	2,500		450
D	5	1,000	4	1,300	A	300
E	4	2,000	3	2,400	B	400
F	4	1,600	3	2,000	C	400
G	4	2,400	2	3,400	D	500
H	3	1,500	2	1,800	D	300
I	4	2,000	3	2,400	E, F	400
J	4	1,200	2	2,000	G	400
K	5	2,000	4	2,150	H, I	150
소계		18,200		23,550		

주요 경로의 주요 활동 중에서 1일당 단축비용이 가장 저렴한 활동이 K이며 단축비용은 150만원이다.

⑤ 프로젝트 완성일자를 3일 단축 가능하다. 단축방법은 다음과 같다.

- 프로젝트 완성일자를 1일 단축함으로써 주요 경로는 불변이나 2일을 단축하면 주요 경로는 기존 B–E–I–K 외에 A–D–G–J와 C–F–I–K가 주요 경로가 된다. 3일을 줄일 경우 각각 1일을 단축하면 된다. 그러나 B–E–I–K와 C–F–I–K 경로는 I 활동을 공유하고 있으므로 3일째 단축은 I 활동을 1일 단축하면 양 경로 모두 1일이 단축되어 경비를 절감할 수 있다.

단축 일	경로	단축 활동	단축 비용
1일 단축	B–E–I–K 경로	활동 K 1일 단축	150만원
2일 단축	B–E–I–K 경로	활동 B 1일 단축	200만원
3일 단축	B–E–I–K 경로	활동 I 1일 단축	400만원
	A–D–G–J 경로	활동 A 1일 단축	150만원
누계			900만원

⑥ 최대 단축 가능일자

– 모든 활동을 단축하여 공사 완성일자를 구해 보면 12일이다 따라서 6일을 단축할 수 있으며 이때 총 공사완성비용은 23,550(만원)이 된다.

제7장 마아코프 분석

01. $K(3)=P^3=\begin{pmatrix}0.2 & 0.8\\ 0.6 & 0.4\end{pmatrix}^3=\begin{pmatrix}0.2 & 0.8\\ 0.6 & 0.4\end{pmatrix}\begin{pmatrix}0.2 & 0.8\\ 0.6 & 0.4\end{pmatrix}\begin{pmatrix}0.2 & 0.8\\ 0.6 & 0.4\end{pmatrix}$

03. $P=\begin{pmatrix}0.8 & 0.2\\ 0.6 & 0.4\end{pmatrix}$

① 1주일 후 $P=\begin{pmatrix}0.8 & 0.2\\ 0.6 & 0.4\end{pmatrix}\begin{pmatrix}0.8 & 0.2\\ 0.6 & 0.4\end{pmatrix}=\begin{pmatrix}0.76 & 0.24\\ 0.72 & 0.28\end{pmatrix}$이다.

따라서 마트 B에서 구매하는 고객이 1주일 후 A마트로 물건을 구매할 확률은 0.72 즉 72%이다.

② 마트 B에서 구매하는 고객이 1주일 후 마트 B에서 물건을 구매할 확률은 0.28 즉 28%이다.

③ $P^2=\begin{pmatrix}0.76 & 0.24\\ 0.72 & 0.28\end{pmatrix}\begin{pmatrix}0.8 & 0.2\\ 0.6 & 0.4\end{pmatrix}=\begin{pmatrix}0.752 & 0.248\\ 0.744 & 0.256\end{pmatrix}$

2주일 후 고객이 마트 A에서 물건을 구매할 확률은 0.744이다.

④ ③번에서 구한 확률에 의하여 고객이 마트 B에서 구매할 확률은 0.256이다.

⑤ $(A,\ B)=(A,\ B)\begin{pmatrix}0.8 & 0.2\\ 0.6 & 0.4\end{pmatrix}$

$A=0.8A+0.6B$

$B=0.2A+0.4B$

여기서 $A+B=1$이다. 즉 $B=1-A$이다. 이를 위 식에 대입하면

$0.8A+0.6(1-A)=A$이다. 따라서

$0.8A=0.6$

$A=0.75,\ B=0.25$이다.

안정상태 확률은 $(A,\ B)=(0.75,\ 0.25)$이다.

05. 근원행렬 F는 다음과 같다.

$$\begin{array}{c} \\ 1 \\ 4 \\ 2 \\ 3 \end{array}\begin{array}{c} \begin{array}{cccc} 1 & 4 & 2 & 3 \end{array} \\ \begin{bmatrix} 1 & 0 & 0 & 0 \\ 0 & 1 & 0 & 0 \\ 0.3 & 0 & 0.2 & 0.5 \\ 0.1 & 0.2 & 0.6 & 0.1 \end{bmatrix} \end{array}$$

07. ① 전이행렬제곱(P^2)

$$P^2=\begin{bmatrix} 0.80 & 0.18 & 0.02 \\ 0.20 & 0.75 & 0.05 \\ 0 & 0.16 & 0.84 \end{bmatrix}\begin{bmatrix} 0.80 & 0.18 & 0.02 \\ 0.20 & 0.75 & 0.05 \\ 0 & 0.16 & 0.84 \end{bmatrix}$$

$$=\begin{bmatrix} 0.676 & 0.2822 & 0.0418 \\ 0.310 & 0.6065 & 0.0835 \\ 0.032 & 0.2544 & 0.7136 \end{bmatrix}$$ 이다.

이러한 결과는 신용불량자가 점점 감소할 것이라는 것과 우수와 최우수 회원의 수도 점점 줄어들 것이라는 것을 설명하고 있다.

② 안정상태 확률

신용불량자를 x_1, 우수회원을 x_2, 그리고 최우수회원을 x_3라고 하면 안정상태 확률은 $(x_1,\ x_2,\ x_3)\begin{bmatrix} 0.80 & 0.18 & 0.02 \\ 0.20 & 0.75 & 0.05 \\ 0 & 0.16 & 0.84 \end{bmatrix}=(x_1,\ x_2,\ x_3)$이다.

이를 계산하면

$0.8x_1+0.2x_2=x_1$

$0.18x_1+0.75x_2+0.16x_3=x_2$

$0.02x_1+0.05x_2+0.84x_3=x_3$이고 $x_1+x_2+x_3=1$이다.

연립방정식의 해를 구하여 제시하면 다음과 같다.

안정상태 확률은 (신용불량자, 우수, 최우수회원) = (0.4103, 0.4103, 0.1794)이다. 이 결과의 의미는 전체 회원들 중에서 장기적으로 신용불량자와 우수회원의 수가 같아질 것이며, 최우수회원은 전체 17.94% 정도 될 것으로 본다.

다만 전이확률에 따라 현재 신용불량자 10만명 중에서 80,000명은 신용불량자로, 18,000명은 우수회원으로, 2,000명은 최우수회원으로 분류될 수 있을 것이다.

09. 생략

10. ① 마아코프 프로세스

② 아님

③ 마아코프 프로세스

④ 아님

⑤ 아님

제8장 의사결정 이론

01. ① maximin 기준 : 먼저 각 대안의 min. 성과를 선택하고, 그 다음 max. 성과를 주는 대안을 선택한다.

	min. 성과
d_1	−100
d_2	100 ← max.

d_2안이 maximin 기준 하에서 최적 전략으로 권고된다.

② maximax 기준

	max. 성과
d_1	150 ← max.
d_2	100

따라서 maximax 기준에서는 대안 d_1이 최적안으로 권고된다.

③ minimax 기준

먼저 opportunity Loss table을 작성하면

	기회손실표		
	S_1	S_2	S_3
d_1	200	50	0
d_2	0	0	50

이다. 여기서 먼저 max. Loss를 대안에 따라 선정한다. 그 다음 min. 손실을 주는 안을 선택한다.

	max. 손실
d_1	200
d_2	50 ← min. 손실

따라서 d_2가 기회손실 50으로 최적안이 된다.

03. ① minimax 후회기준에서 최적 전략은?

– 먼저 기회손실표를 작성한다.

	S_1	S_2
d_1	0	10
d_2	5	8
d_3	7	0

- 각 대안별로 max. 손실액을 구한다.

	max. 손실	
d_1	10	
d_2	8	
d_3	7	← min.

- 그 다음 min. 손실을 주는 대안을 최적안으로 선택하면 d_3가 기회손실이 7로 최소의 기회손실을 주는 최적안이다.

② $P(S_1)=0.8$, $P(S_2)=0.2$이면

$EMV(d_1)=0.8(15)+0.2(10)=14$

$EMV(d_2)=0.8(10)+0.2(12)=10.4$

$EMV(d_3)=0.8(8)+0.2(20)=10.4$

EMV 기준 하 최적안은 d_1이며 그때 기대되는 금전가치는 14이다.

③ $EVPI=0.8(15)+0.2(10)-\max. EMV$

$=12+4-14=2$ 혹은 EMV 기준에서 d_1이 최적 전략이므로

$\Rightarrow EVPI=\sum_{j=1}^{n} P(S_j) \cdot R(d_1,\ S_j)$ 이다.

$EVPI=P(S_1) \cdot R(d_1,\ S_1)+P(S_2) \cdot R(d_1,\ S_2)$

$=0.8(0)+0.2(10)=2$이다.

05. ① 성과표

		1일 수요		
		100	**200**	**300**
생산량	**100**	500	200	−100
	200	−400	800	700
	300	−1,000	−200	1,600
발생확률		0.2	0.2	0.6

② maximax 기준

		① maxi. 수익	
생산량	100	500	
	200	800	
	300	**1,600**	← ② max. 값

따라서 1일 300인분을 생산하는 것이 최적안으로 권고되며 그때 예상수익은 1,600이다.

③ P(수요＝100)＝0.2, P(수요＝200)＝0.2, P(수요＝300)＝0.6이라면

EMV(100 생산)＝0.2(500) ＋0.2(200) ＋0.6(−100) ＝80

EMV(200 생산)＝0.2(−400) ＋0.2(800) ＋0.6(700) ＝500

EMV(300 생산)＝0.2(−1,000)＋0.2(−200)＋0.6(−1,600)＝720

따라서 1일 300인분을 생산하는 것이 최적안이며 기대수익은 720이다.

06.

	불량률			
	0%	**1%**	**2%**	**3%**
d_1 검사 안 함	250	250	250	250
d_2 100% 검사	0	125	250	375
확률	0.15	0.25	0.40	0.20

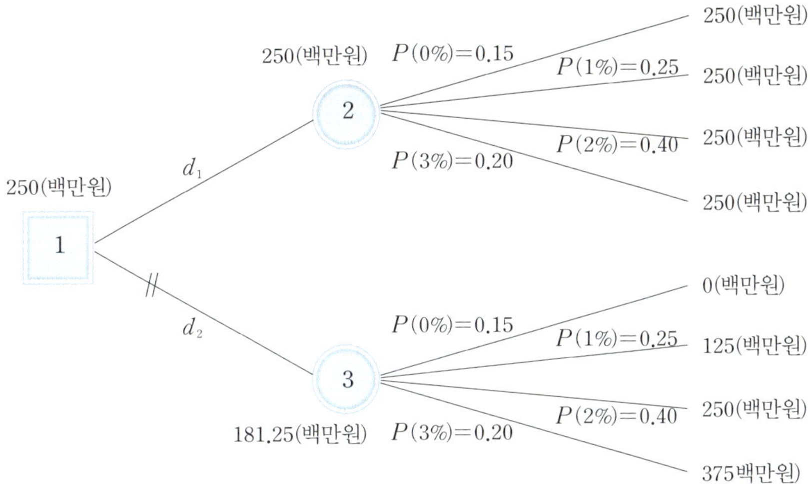

node 2의 기댓값은 0.15(250)+0.25(250)+0.40(250)+0.20(250)

=250(백만원)이고

node 3의 기댓값은 0.15(0)+0.25(125)+0.40(250)+0.20(375)

=181.25(백만원)이다.

따라서 d_1(검사 안 함)이 최적안이며 기댓값은 250(백만원)이다.

09. ①

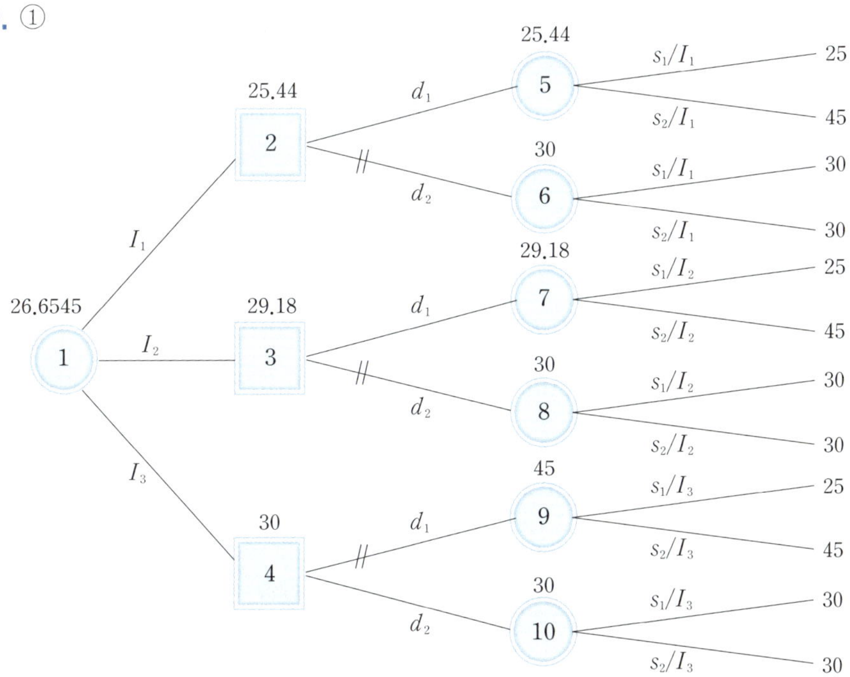

② 최적의사결정

$$P(I_1)=P(I_1 \cap s_1)+P(I_1 \cap s_2)$$
$$=P(s_1)P(I_1/s_1)+P(s_2)P(I_1/s_2)$$
$$=0.85\times0.8+0.15\times0.1=0.695$$
$$P(I_2)=P(I_2 \cap s_1)+P(I_2 \cap s_2)$$
$$=P(s_1)P(I_2/s_1)+P(s_2)P(I_2/s_2)$$
$$=0.85\times0.2+0.15\times0.3=0.215$$
$$P(I_3)=P(I_3 \cap s_1)+P(I_3 \cap s_2)$$
$$=P(s_1)P(I_3/s_1)+P(s_2)P(I_3/s_2)$$
$$=0.85\times0+0.15\times0.6=0.090$$

전기 의사결정 수형도에 표시한 것처럼 각 기상상황에 따른 확률을 가지 끝의 기댓값과 곱하여 모두 더한 결과 26.65가 추정되었다. 이는 기상상황이 맑을 때는 고속도로를, 흐릴 때는 역시 고속도로를, 기상상황이 비가 올 때는 국도를 이용하는 것이 최적의 의사결정이다.

③ 기상정보의 효율성

*EVPI*를 구해야 한다. 그런데 *EVPI*는 min. *EOL*과 같다. *EOL*을 구하면 기회손실표를 작성하여 구한다.

	s_1	s_2
d_1	5	0
d_2	0	15

$$EOL(d_1)=5\times0.85+0\times0.15=28$$
$$EOL(d_2)=0\times0.85+15\times0.15=2.25$$

따라서 효율성은 $\frac{1.3455}{2.25}=59.8\%$이다.

여기서 *EVSI*는 시간기댓값이 28분에서 ②번에서 계산한 기상정보를 이용했을 때 기대시간 26.6545를 뺀 1.3455가 정보를 이용한 가치이다.

◎ 표준정규분포표

$$P_r(0 \le Z \le z) = \int_0^z \frac{1}{\sqrt{2\pi}} e^{-\frac{1}{2}x^2}\, dx$$

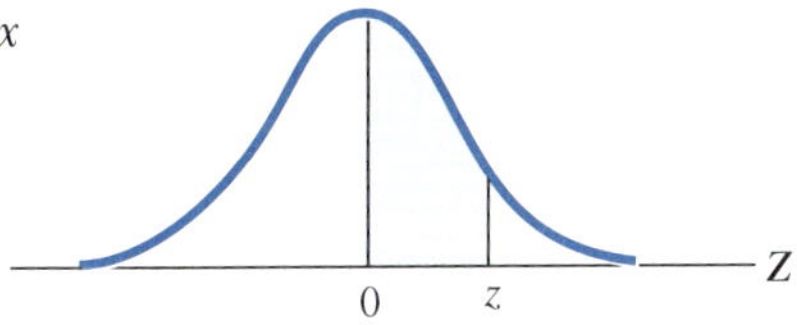

z	.00	.01	.02	.03	.04	.05	.06	.07	.08	.09
0.0	.0000	.0040	.0080	.0120	.0160	.0199	.0239	.0279	.0319	.0359
0.1	.0398	.0438	.0478	.0517	.0557	.0596	.0636	.0675	.0714	.0753
0.2	.0793	.0832	.0871	.0910	.0948	.0987	.1026	.1064	.1103	.1141
0.3	.1179	.1217	.1255	.1293	.1331	.1368	.1406	.1443	.1480	.1517
0.4	.1554	.1591	.1628	.1664	.1700	.1736	.1772	.1808	.1844	.1879
0.5	.1915	.1950	.1985	.2019	.2054	.2088	.2123	.2157	.2190	.2224
0.6	.2257	.2291	.2324	.2357	.2389	.2422	.2454	.2486	.2517	.2549
0.7	.2580	.2611	.2642	.2673	.2704	.2734	.2764	.2794	.2823	.2852
0.8	.2881	.2910	.2939	.2967	.2995	.3023	.3051	.3078	.3106	.3133
0.9	.3159	.3186	.3212	.3238	.3264	.3289	.3315	.3340	.3365	.3389
1.0	.3413	.3438	.3461	.3485	.3508	.3531	.3554	.3577	.3599	.3621
1.1	.3643	.3665	.3686	.3708	.3279	.3749	.3770	.3790	.3810	.3830
1.2	.3849	.3869	.3888	.3907	.3925	.3944	.3962	.3980	.3997	.4015
1.3	.4032	.4049	.4066	.4082	.4099	.4115	.4131	.4147	.4162	.4177
1.4	.4192	.4207	.4222	.4236	.4251	.4265	.4279	.4292	.4306	.4319
1.5	.4332	.4345	.4357	.4370	.4382	.4394	.4406	.4418	.4429	.4441
1.6	.4452	.4463	.4474	.4484	.4495	.4505	.4515	.4525	.4535	.4545
1.7	.4554	.4564	.4573	.4582	.4591	.4599	.4608	.4616	.4625	.4633
1.8	.4641	.4649	.4656	.4664	.4671	.4678	.4686	.4693	.4699	.4706
1.9	.4713	.4719	.4726	.4732	.4738	.4744	.4750	.4756	.4761	.4767
2.0	.4772	.4778	.4783	.4788	.4793	.4798	.4803	.4808	.4812	.4817
2.1	.4821	.4826	.4830	.4834	.4838	.4842	.4846	.4850	.4854	.4857
2.2	.4861	.4864	.4868	.4871	.4875	.4878	.4881	.4884	.4887	.4890
2.3	.4893	.4896	.4898	.4901	.4904	.4906	.4909	.4911	.4913	.4916
2.4	.4918	.4920	.4922	.4925	.4927	.4929	.4931	.4932	.4934	.4936
2.5	.4938	.4940	.4941	.4943	.4945	.4946	.4948	.4949	.4951	.4952
2.6	.4953	.4955	.4956	.4957	.4959	.4960	.4961	.4962	.4963	.4964
2.7	.4965	.4966	.4967	.4968	.4969	.4970	.4971	.4972	.4973	.4974
2.8	.4974	.4975	.4976	.4977	.4977	.4978	.4979	.4979	.4980	.4981
2.9	.4981	.4982	.4982	.4983	.4984	.4984	.4985	.4985	.4986	.4986
3.0	.4987	.4987	.4987	.4988	.4988	.4989	.4989	.4989	.4990	.4990

참고문헌
Reference

국내

김성문 · 문상호 · 서동원 · 장우진 공역, 『경영과학』, 시그마프레스, 2011.

양정식, 『경영경제수학 입문』, 율곡출판사, 2014. 08.

정기호 · 백천현, 『엑셀을 활용한 경영과학』, 비엔앰북스, 2013.

홍성필, 『경영과학—기초부터 심화까지』, 율곡출판사, 2014.

국외

Anderson D. R., Sweeney D. J., Williams T.A., *Quantitative Methods for Business*, 8th. ed., South-Western College Publishing, 2001.

Anthony, R. N., *Planning and Control Systems : A Framework for Analysis*, Harvard Business Schools, 1965.

Budnick F. S., McLeavey D., Mojena R., *Principles of Operations Research for Management*, 2nd ed., Richard D Irwin Inc., 1988.

Chase R. B., Aquilano N. J., *Production and Operations Management—A life cycle Approach*, 5th ed. ,Richard D Irwin Inc., 1989.

Forgionne G. A., "Corporate Management Science Activities," *Interfaces* 3, 1983, pp.20-28.

Gorry, G. M. , Scott-Morton, M. S., "A Framework for Management Information Systems," *Management Review*, Fall 1971.

Morgan, C., "A Survey of MS/OR Surveys," *Interfaces*, November - December 1989.

Shannon, R. E. et al, "Operations Research Methodologies in Industrial

Engineering : A Survey," *AIEE Transactions* 12, 1980.

Turban E., Meredith J. R., *Fundamentals of Management Science*, 5th ed., Richard D. Irwin Inc., 1991.

찾아보기
Index

나

다

라

마

바

사

자

파

하

영문

지은이에 대하여

양정식

고려대학교 경영대학 경영학과 졸업(경영학사)
고려대학교 대학원 경영학과 졸업(경영학석사, 경영학박사)
고려대학교 부설 기업경영연구원 연구원
고려대학교 경영학과 및 경영대학원 강사
국민대, 한성대, 동덕여대, 경기대, 호서대, 성심가톨릭대 강사
관동대학교 경상대학 경영학과 부교수
동의대학교 상경대학 경영정보학과 교수
현재 동의대학교 상경대학 경영학과 교수
한국경영학회 상임이사, 경영정보학회 이사, 한국정보시스템학회 이사 역임
한국인터넷전자상거래학회 회장 역임
경제인문사회연구회 정부출연 연구기관 평가교수 역임
한국연구재단 평가교수 역임

주요 논문

「대학에서의 e-러닝 실태조사」(2012)
「외환위기 이후의 정보통신 산업의 외국인 직접투자 생존률에 관한 연구」(2010)
「대학과 기업의 연계」(2009)
「정보통신 서비스 기업의 부실예측모형 구축」(2008)
「정보기술과 성과의 연계」(2007)
「온라인 증권거래의 서비스 품질이 고객만족과 고객행동의도에 미치는 영향」(2006)
「신발산업의 e-marketplace 참여의도에 영향을 미치는 요인분석」(2004)
「정보기술 가치와 투자전략」(2003)
「고객만족 전략의 과학적 수립절차에 관한 연구」(2003)
「기업의 경영능력 강화를 위한 경영정보학의 역할과 경영정보학과 교과과정 개선방안」(2002)
「New economy 시대에 있어 IT와 경영정보학의 역할」(2001)

주요 저서

『경영 · 경제수학 입문』(2014)
『정보시스템 개론』(2012)
『정보시스템』(2012)
『경영 · 경제수학의 이해』(2003)
『엑셀 XP와 매크로』(2003)
『엑셀 2002』(2002)
『경영 · 경제수학』(1988) 외 다수

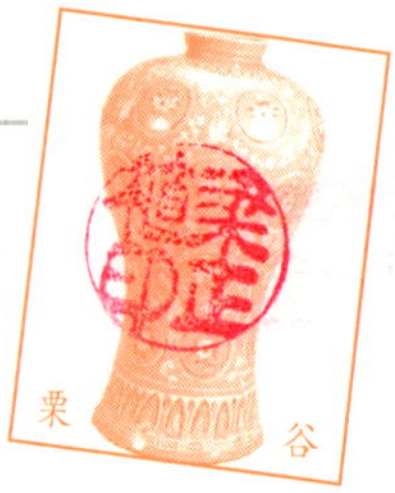

경영과학의 이해와 활용

초판 1쇄 인쇄 2016년 8월 25일
초판 1쇄 발행 2016년 8월 31일

지은이 양정식
펴낸이 박기남
펴낸곳 **율곡출판사**
08590 서울시 금천구 가산디지털1로 84, 803호
전화 (代) 02) 718-9872/3
팩스 02) 718-9874
홈페이지 www.yulgokbooks.co.kr
이메일 yulgokbook@naver.com
등록 1989.11.10. 제2014-000031호
ISBN 978-89-97428-93-9 93320

정가 27,000원